集人文社科之思 刊专业学术之声

集 刊 名：中国社会组织研究
主办单位：上海交通大学国际与公共事务学院
　　　　　上海交通大学中国公益发展研究院
　　　　　上海交通大学第三部门研究中心
主　　编：徐家良

Vol.23 CHINA SOCIAL ORGANIZATIONS RESEARCH

编委会名单

主　　任：吴建南　　副主任：徐家良

编　　委（按首字母顺序排列）

陈锦棠	香港理工大学	刘玉照	上海大学
陈　宪	上海交通大学	刘洲鸿	腾讯公益慈善基金会
程　玉	南都公益基金会	卢汉龙	上海社会科学院
David Horton Smith	美国波士顿学院	马庆钰	国家行政学院
丁元竹	国家行政学院	彭　勃	上海交通大学
Dwight F.Burlingame	美国印第安纳大学	丘仲辉	爱德基金会
高丙中	北京大学	师曾志	北京大学
官有垣	台湾中正大学	唐兴霖	华东理工大学
顾东辉	复旦大学	王丽丽	美国亚利桑那州立大学
郭　超	美国宾夕法尼亚大学	王　名	清华大学
郭俊华	上海交通大学	王行最	中国扶贫基金会
黄浩明	深圳国际公益学院	王振耀	北京师范大学
江明修	台湾政治大学	吴建南	上海交通大学
金锦萍	北京大学	吴玉章	中国社会科学院
敬乂嘉	复旦大学	徐家良	上海交通大学
康晓光	中国人民大学	袁瑞军	北京大学
李景鹏	北京大学	郁建兴	浙江大学
刘世定	北京大学		

编辑部

主　　任：徐家良

责任编辑：卢永彬　田　园　陈　阵　吴　磊　郜鹏峰　汪锦军　赵　挺　许　源　薛美琴　朱志伟

编辑助理：季　曦

第23卷

集刊序列号：PIJ-2015-157
中国集刊网：www.jikan.com.cn
集刊投约稿平台：www.iedol.cn

中文社会科学引文索引（CSSCI）来源集刊
上海交通大学国际与公共事务学院
上海交通大学中国公益发展研究院
上海交通大学第三部门研究中心

中国社会组织研究

徐家良 / 主编

CHINA
SOCIAL ORGANIZATIONS
RESEARCH

第 23 卷
Vol. 23 (2022 No.1)

社会科学文献出版社
SOCIAL SCIENCES ACADEMIC PRESS (CHINA)

主编的话

值《中国社会组织研究》第 23 卷出版之际，有必要回顾上海交通大学中国公益发展研究院、第三部门研究中心自 2021 年 9 月至 2022 年 3 月在举办和参加学术会议、智库建设、科研和社会服务等方面所做的工作，具体可概括为以下 23 件事。

第一件事，参加多场以"慈善"为主题的研讨会。2021 年 9 月 9 日，上海市法学会慈善法治研究会围绕《上海市慈善条例（草案）》召开征求意见座谈会，我在会上提出了有针对性的修改意见。10 月 13 日，我在上海参加由深圳市慈善事业联合会组织的"《深圳经济特区慈善事业促进条例》专家座谈会"并提出相应的立法修改建议。12 月 30 日，中国劳动关系学院公共管理学院组织召开公益慈善论坛，我在线上做了以"社区慈善的现状与走向"为主题的报告。12 月 19 日，应贵州省民政厅邀请，我参加贵州省第八届慈善项目推介会，做了题为"慈善组织的有效治理与高质量发展"的报告。

第二件事，参加"公益之申"评审。2021 年 9 月 14 日，由上海公益新媒体中心组织的 2021 年度"公益之申"评选进行终审，本次"公益之申"评选活动将选出"年度十佳公益机构"、"年度十佳公益项目"、"年度十佳公益故事"、"年度十佳公益校园"、"年度十佳公益基地"和"年度十佳公益伙伴企业"六个榜单。这是从 2017 年开始、每年举办一次的公益评选项目,反映出上海公益的最新进展。

第三件事,参与培训授课。2021年9月15日,应上海市青浦区民政局邀请,为全区村居社区工作者专题培训班授课,授课主题为"'十四五'时期的基层社区治理与社会创新"。9月16日,应浙江省象山县民政局邀请,为社会组织负责人培训班授课,授课主题为"行业协会商会治理结构:理论、实践与案例"。9月28日,应浙江省宁波市慈善总会邀请,为新时代慈善项目创新管理高级研修班授课,授课主题为"慈善组织如何在社会治理中发挥作用"。10月19日,参加由无锡市民政局组织举办的2021年中央财政支持社会组织参与社会服务示范项目培训班,授课主题为"社会组织内部治理和规范化发展"。10月21日,应上海市残疾人联合会邀请,为政府购买助残服务工作培训班讲授"政府购买社会组织服务理论实践"课程。12月13日、12月16日,应新疆生产建设兵团民政局邀请,为2021年中央财政支持社会组织参与社会服务示范项目培训班讲授"社区社会组织内部治理与规范建设"课程。

第四件事,参加以"第三次分配与共同富裕"为主题的学术研讨会。2021年9月30日,山东工商学院举办以"第三次分配与共同富裕"为主题的第三届中国第三次分配高峰论坛,我做了题为"第三次分配与国家治理"的演讲。10月24日,参加由重庆工商大学召开的第五届慈善法治与政策学术年会暨"互联网+慈善法"高端论坛,分享对慈善法修改以及慈善与第三次分配之间关系的学术观点。11月26日,应喀什大学邀请,做了题为"第三次分配与共同富裕"的主题报告。2022年2月18日,应上海仁德公益基金会邀请,做了题为"共同富裕和第三次分配政策下企业和高净值人群如何参与公益事业"的报告。

第五件事,协办中央财政支持社会组织参与社会服务示范项目的培训工作。2021年10月11日,由上海市民政局指导、上海交通大学教育发展基金会立项承办、上海交通大学中国公益发展研究院组织的2021年中央财政支持社会组织参与社会服务示范项目"社区社会组织领军人才培训班（第一期）"举行开班仪式，上海交通大学党委副书记周承致辞，我讲授"中国特色社会组织发展之路和社区社会组织党建"课程。11月12日，2021年中央财政支持社会组织参与社会服务示范项目"社区社会组织领军人才培训（第二期）"举行结业典礼。中央财政支持社会组织参与社会服务－社区社会组织领军人才培训班共分两期，每期50名学员，学员主要是上海、浙江、江苏、安徽等地的社区社会组织负责人。在发挥第三次分配对促进共同富裕的积极作用的时代使命下，通过本次培训，上海交通大学借助民政部全国社会组织教育培训基地的优势，为上海和长三角地区的社会组织培训优秀人才，贡献高校的智慧和力量。

第六件事，参加品牌社会组织评选活动。2021年10月20日，上海市社会组织服务中心组织开展2021年上海市品牌社会组织的专家评审会，我作为专家参加评审工作。

第七件事，参加慈善教育研讨会。2021年10月23日，北京师范大学人文与社会科学高等研究院健康与社会政策研究中心在珠海举办"中国慈善教育专业化"高峰论坛，我围绕"慈善教育专业化"做了主题发言。11月6日，首届"清华－敦和中国高校公益慈善教育发展论坛"由清华大学公益慈善研究院联合浙江敦和慈善基金会共同举办，我做了题为"慈善课程、慈善知识与慈善实践"的主旨发言。

第八件事，参加有关行业协会商会的会议。2021年10月31日，浙江大学公共管理学院召开"2021中国民间商会论坛"，我在会上做了题为"共同富裕与行业协会商会的使命"的报告。

第九件事，参加以"韧性城市"为主题的研讨会。2021年11月10日，参加由中国发展研究基金会举办的"增强中国城市发展韧性"研讨会。我在会上就"社会组织在城市发展韧性中的地位与作用"做了发言。

第十件事，解读慈善条例。2021年11月19日，应上海市慈善基金会邀请，做了题为"上海市慈善条例、第三次分配中基金会的机遇与挑战"的报告。12月4日，应邀到上海人民广播电台FM89.9长三角之声频率《情义东方》节目畅谈《上海市慈善条例》的主要内容与特点。

第十一件事，参加网络文明大会。2021年11月19日，由中央网信办、中央文明办、中共北京市委、北京市人民政府共同主办的以"汇聚向上向善力量，携手建设网络文明"为主题的首届中国网络文明大会在北京召开，我以"中国互联网公益标准研究报告及行动倡议"为题做了线上发言。

第十二件事，参加民政论坛。12月2日，应民政部邀请参加2021年民政论坛，做了题为"第三次分配与社会组织高质量发展"的报告。民政部党组书记、部长李纪恒出席论坛并讲话，民政部党组成员、副部长高晓兵主持论坛。

第十三件事，参加以"海峡两岸社区服务"为主题的学术会议。2021年12月3日，应中国社会治理研究会邀请，我参加"两岸城乡社区服务交流互鉴"会议，在线上做了题为"提升社区服务质量　共享社区发展成果"的发言。

第十四件事，《中国第三部门研究》获优秀集刊奖。2021年12月24日，《中国第三部门研究》（现更名为《中国社会组织研究》）等20种集刊入选社会科学文献出版社2021年度CNI名录集刊、优秀集刊。

第十五件事，主持公益优才研究生奖学金颁奖仪式。12月28日，2021年度上海交通大学仁泽公益优才研究生奖学金颁奖仪式顺利举办。北京仁泽公益基金会理事长庞健、上海交通大学国际与公共事务学院院长吴建南、上海交通大学教育发展基金会秘书长程骄杰、上海交通大学国际与公共事务学院党委副书记王培丞、上海交通大学国际与公共事务学院教授郭俊华、上海交通大学国际与公共事务学院副研究员田园出席颁奖仪式。评奖委员会在20名申请者中，评出一等奖1名、二等奖2名、三等奖5名，其中博士研究生6人、硕士研究生2人。北京仁泽公益基金会已经连续三年委托上海交通大学中国公益发展研究院颁发公益优才研究生奖学金。

第十六件事，参加上海交通大学智库考核会议。12月30日，上海交通大学文科建设处召开2021年度新型智库与文科基地考核大会，我代表上海交通大学中国公益研究院参加会议并做了汇报。2021年，上海交通大学中国公益研究院共向上海市或中央有关部门递交决策咨询报告43篇，其中副部级以上领导批示或采纳的有12篇。

第十七件事，发布社会企业研究报告。2022年1月12日，上海交通大学国际与公共事务学院、中国公益发展研究院联合中国社会治理研究会，举行《中国社会企业发展研究报告（No.1）》发布会暨社会企业高质量发展研讨会。上海交通大学党委常务副书记顾锋、民政部政策研究中心副主任付长良、社会科学文献出版社总编辑杨群、中国社会治理研究会秘书长何立军等嘉宾与会致辞。《中国社会企业发展研究报告（No.1）》由我和何立军主编。

第十八件事，联合多家机构共同发布"2021年社会组织十件大事"。2022年1月12日，上海交通大学中国公益发展研究院联合中国社会组织促进会、清华大学公益慈善研究院、北京万众社会创新研究院、《中国社会组织》杂志共同发布"2021年社会组织十件大事"。

第十九件事，参加上海市慈善基金会理事会。2022年1月14日，上海市慈善基金会召开第五届理事会换届会议和第六届理（监）事会第一次会议，我作为专家学者当选为第六届理事会理事。

第二十件事，成为上海交通大学校务委员会委员。2022年1月22日，上海交通大学召开第十三届校务委员会会议，我作为教授代表被聘任为委员，为学校的新发展谋篇布局、建言献策。

第二十一件事，参加上海交通大学校领导班子和领导干部年度考核述职测评会。2022年2月23日，上海交通大学在闵行校区陈瑞球楼100号报告厅举行2021年度校领导班子和领导干部考核述职测评会及选人用人"一报告两评议"会议。我作为教授代表参加了会议。

第二十二件事，召开"慈善组织数字化建设"线上会议。2022年3月16日，上海交通大学中国公益发展研究院邀请专家学者和慈善组织负责人,就慈善组织数字化指标体系进行了线上交流。

第二十三件事,召开以"第三次分配与慈善组织作用"为主题的线上学术会议。2022年3月22日,上海交通大学中国公益发展研究院邀请专家学者和基金会负责人,就第三次分配中发挥慈善组织作用的指导意见和行动方案进行了线上交流。

特别值得一提的是,2021年10月,我被民政部聘为专家咨询委员会委员,这是对我近些年参与智库工作和社会服务的肯定和认可。

通过梳理以上工作,上海交通大学中国公益发展研究院和第三部门研究中心做了一些实事,在国内外发挥着积极作用。

本期主题论文有八篇。第一篇论文由中山大学政治与公共事务管理学院教授朱亚鹏,中山大学政治与公共事务管理学院博士研究生、中山大学南方学院讲师唐海生所写,题目为"民营企业党组织的慈善捐赠作用与机制分析"。该文基于2012年第十次全国私营企业调查数据,分析了民营企业党组织的慈善捐赠作用与机制。该文有两个发现:一是民营企业党组织不仅可以直接提升民营企业慈善捐赠的积极性,增加民营企业与官办公益组织合作的可能性,也可以通过加强民营企业与官办公益组织合作来调动民营企业慈善捐赠的积极性;二是民营企业党组织对慈善捐赠金额并无显著影响。通过稳健性检验发现,研究结论基本稳健。

第二篇论文由华东理工大学社会与公共管理学院教授范斌、华东理工大学社会与公共管理学院博士研究生朱海燕所写,题目为"赋权与约制:政府购买服务的多重逻辑"。该文以S市政府购买服务政策实施过程为例,发现政府采取行政科层建构逻辑、风险控制防范逻辑、技术主义执行逻辑的方式,赋权并约制社会组织的发展。社会组织策略性地解构制度的限制,以获得发展空间。

第三篇论文由上海大学社会学院教授彭善民、上海大学社会学院博士研究生朱海燕所写,题目为"社会组织评估动员的共意建构"。上海P区在社会组织评估实践中通过社会性评估动员体系的构建、评估公共话语及政策的构建、劝说性沟通机制的构建三个维度，在一定范围内形成了共意动员。共意动员这一策略的建构与生成过程，较为依赖动员主体的能动性和专业性。

第四篇论文由山东理工大学法学院副教授张进美、山东理工大学硕士研究生马俊秋、山东理工大学科技信息研究所研究馆员谢怡所写，题目为"五维赋能：公益组织发展型助学模式与发展策略——以江苏J基金会为例"。该文以个案研究为基础，通过访谈和比较总结归纳出五维赋能式发展型助学模式。该模式包括经济赋能、心理赋能、学业赋能、实践赋能和创业赋能五个维度。这一模式破除了仅为受助学生提供物质资助这种浅层助学的弊端，培养和提升了受助学生的综合能力，助力他们成人、成才、成业。

第五篇论文由中共浙江省委党校社会学文化学教研部副教授葛亮所写，题目为"国家视角下的行政逻辑——对支持型社会组织生成和发展动因的研究"。该文认为，如果社会内在动因足以解释近年来中国支持型社会组织的兴盛，那么自上而下和自下而上支持型社会组织应该以同等速度发展，然而现实情况并非如此，因此需要在支持型社会组织以外寻找其生成和发展的动因。作为国家视角的中观分析要素，"行政逻辑"呈现了国家通过大力培育与发展支持型社会组织的方式来实现自身理性化目标的过程。

第六篇论文由北京工业大学文法学部副教授邢宇宙、北京工业大学文法学部硕士研究生李琳所写，题目为"使命驱动型社会组织的嵌入式发展——以F环保社会组织为案例的探讨"。该文以F环保社会组织为案例。F环保社会组织在20余年中经历了从志愿者团体向专业社会组织的转型，在环保公益领域具有较大的影响力。该文发现，F环保社会组织的嵌入式发展策略包括三个方面：一是通过获得合法性身份和加强策略性互动，构建良好的政社关系；二是通过多元组合策略倒逼企业履行环保责任，积极回应社会需求；三是整合各类社会资源，加强与公众之间的联系。F环保社会组织的发展不仅得益于构建良性互动的多方合作关系，也得益于通过加强组织文化建设坚守环保公益使命，从而实现使命驱动下的嵌入式发展，这为从实践层面推动民间社会组织的可持续发展带来一定启示。

第七篇论文由上海师范大学哲学与法政学院副教授张振洋所写，题目为"社会组织契约的双重执行与情境合法性的提升——基于上海城市社区自治项目的分析"。该文认为社会组织项目合作预期下的行为是讨论这一问题的重要情境。基于对上海城市社区自治项目的考察，采用案例研究法，该文发现，社会组织基于稳定的合作预期，通过契约的双重执行提升情境合法性。该文的发现加深了对社会组织情境合法性的认识，后续研究需厘清情境合法性的决定因素及其与其他要素的转化机制。

第八篇论文由清华大学公共管理学院博士研究生林顺浩、沙思廷所写，题目为"志愿者会成为捐赠者吗——志愿经历对个人捐款影响的混合研究"。该文认为，志愿者在现代慈善事业中发挥着重要作用。志愿者不仅提供志愿服务，也愿意通过金钱捐赠的方式支持慈善事业发展。然而，非营利组织内部志愿者的金钱捐赠行为还未引起学界关注。该文通过选取C县470名应急救援社会组织的志愿者为研究样本，构建Tobit回归模型，深入检验了志愿经历与捐赠额度之间的关系，并考察了政府资助对二者间关系的调节效应。该文发现，志愿者的志愿经历越丰富，其向所服务非营利组织提供的捐款越多，同时政府资助力度对二者间关系具有正向调节作用。通过进一步访谈，本文发现，志愿者之所以能成为组织的捐赠者，是因为其在志愿经历中的信息获取、使命达成和激励机制发挥了重要作用。

除了"主题论文"栏目外，本书还有"书评"、"访谈录"和"域外见闻"三个栏目。

"书评"栏目有两篇文章。第一篇书评的题目是"实效利他主义及其挑战——评《行最大的善：实效利他主义改变我们的生活》"。该书评介绍了美国学者辛格的新作《行最大的善：实效利他主义改变我们的生活》。实效利他主义是当代西方世界新兴的一种大众慈善形式，该书系统归纳和分析了实效利他主义的思想理念及行动机制。受功利主义影响，实效利他主义特别强调理性的价值，鼓励人们用证据和推理选择行善的方式，以最大限度实现慈善的效益。在促进传统慈善方式变革的同时，实效利他主义受到了不少的批评、面临着不小的挑战。借鉴西方的经验，我国慈善事业的未来发展需要鼓励慈善形式的创新，提高慈善透明度，同时要加强对新型慈善的管理，防止慈善过度市场化和技术化。

第二篇书评的题目是"非营利组织的专业之道——评《创业型非营利组织：社会企业家的战略工具》"。《创业型非营利组织：社会企业家的战略工具》由 J. 格雷戈里·迪斯、杰德·艾默生和彼得·伊卡诺米共同编写。该书主要由"社会企业家精神""制定组织使命""识别和评估新的机遇"等十章组成。该书以社会创业为核心，系统而全面地梳理了社会创业的基础概念和实践操作，是一本非营利组织、社会创新等领域的重要著作。

"访谈录"栏目包括"人物访谈"和"机构访谈"两部分内容。"人物访谈"部分访谈了北京仁泽公益基金会理事长庞健。庞健本科毕业于中国药科大学企业管理专业，在医疗健康领域有二十余年的医疗传播和组织管理经验。他于 2017 年进入基金会，主要负责项目创新和技术研发工作。

"机构访谈"部分访谈了安徽省君善公益发展中心理事长梅绍辉。安徽省君善公益发展中心于 2014 年 7 月注册成立，是中国社会组织评估等级为 5A 级的社会组织，同时是合肥市首家慈善组织以及中央财政支持社会组织示范项目单位。它的活动领域主要包括公益慈善捐赠、政府服务购买、儿童教育及青少年专业服务、社会组织孵化、高校社会服务人才（见习）基地、精准扶贫、社会捐赠及公益活动承接。2016 年，安徽省君善公益发展中心荣获"市级双比双争"先进社会组织党组织称号、合肥市社会组织党建示范基地。2018 年，安徽省君善公益发展中心荣获第二批省级"双比双争"先进社会组织党组织称号。2019年，安徽省君善公益发展中心荣获"安徽省社会组织优秀党组织"称号。

"域外见闻"栏目介绍了经合组织下属的发展援助委员会。发展援助委员会通过民间社会组织执行运作大量发展援助项目，提供的援助多集中在社会基础设施与服务、人道主义援助领域。发展援助委员会长期将民间社会组织作为对外发展援助的合作者，其经验值得我国民间社会组织在推动国际援助合作方面借鉴。

上海交通大学文科建设处处长吴文锋、副处长解志韬和高延坤，上海交通大学国际与公共事务学院院长吴建南、党委书记章晓懿等领导对中国公益发展研究院、第三部门研究中心和《中国社会组织研究》集刊提供了强有力的支持和诸多便利。我担任《中国社会组织研究》主编的工作，也是上海交通大学国际与公共事务学院教授和上海交通大学中国城市治理研究院研究员工作的一部分。

特别感谢社会科学文献出版社王利民社长、杨群总编辑的关心，杨桂凤老师的支持，以及孟宁宁编辑的认真负责！

为了提高出版水平，编辑部充分发挥集体智慧，确保论文质量。《中国社会组织研究》将努力为国内外学术界、实务界和管理机构提供一个研讨交流社会组织信息与平等对话的平台，倡导有自身特色的学术研究，发表创新论文，不懈追求对理论创新的贡献。为了梦想，鼎力共行，我们一同成长！

徐家良

2022年3月31日于上海囿川路中骏天悦心斋

内容提要

《中国社会组织研究》是中文社会科学引文索引（CSSCI）来源集刊，主要发表国家与社会关系、社会创新、社会组织、基层治理、慈善公益等方面的研究成果。本期收录主题论文8篇、书评2篇、访谈录2篇、域外见闻1篇。主题论文涉及党组织与企业慈善参与、政社互动关系、社会组织评估、公益助学、支持型社会组织、社会组织嵌入式发展、基层自治项目、志愿者经历与捐赠。书评分别介绍了《行最大的善：实效利他主义改变我们的生活》和《创业型非营利组织：社会企业家的战略工具》的写作框架和现实价值。访谈录介绍了北京仁泽公益基金会的规范化建设过程以及安徽省君善公益发展中心理事长梅绍辉扎根社区做公益的具体实践。域外见闻介绍了经合组织发展援助委员会在增进民间社会组织参与发展合作中的功能和角色。

目　录

主题论文

民营企业党组织的慈善捐赠作用与机制分析 …… 朱亚鹏　唐海生 / 1
赋权与约制：政府购买服务的多重逻辑 ………… 范　斌　朱海燕 / 26
社会组织评估动员的共意建构 …………………… 彭善民　朱海燕 / 48
五维赋能：公益组织发展型助学模式与发展策略
　　——以江苏 J 基金会为例 ………… 张进美　马俊秋　谢　怡 / 62
国家视角下的行政逻辑
　　——对支持型社会组织生成和发展动因的研究 ……… 葛　亮 / 80
使命驱动型社会组织的嵌入式发展
　　——以 F 环保社会组织为案例的探讨 ……… 邢宇宙　李　琳 / 95
社会组织契约的双重执行与情境合法性的提升
　　——基于上海城市社区自治项目的分析 ……………… 张振洋 / 116
志愿者会成为捐赠者吗
　　——志愿经历多少对个人捐款影响的混合研究
　　　　　　　　　　　　　　　　……………… 林顺浩　沙思廷 / 139

书　评

实效利他主义及其挑战
　　——评《行最大的善：实效利他主义改变我们的生活》
　　　　　　　……………………………… 黄　杰　薛美琴 / 161
非营利组织的专业之道
　　——评《创业型非营利组织：社会企业家的战略工具》
　　　　　　　……………………………………………… 季　曦 / 171

访谈录

慈善组织规范化建设之思
　　——访北京仁泽公益基金会理事长庞健　…………… 成丽姣 / 180
根植社区，党建引领，探寻慈善组织发展之路
　　——访安徽省君善公益发展中心理事长梅绍辉
　　　　　　　………………………………… 张煜婕　梅　俊 / 187

域外见闻

增进民间社会组织参与发展合作
　　——经合组织发展援助委员会的角色与实践
　　　　　　　………………………………… 吴维旭　张友谊 / 196

致　谢 / 210
Table of Contents & Abstracts / 211
稿约及体例 / 220

主题论文

民营企业党组织的慈善捐赠作用与机制分析*

朱亚鹏　唐海生**

摘　要： 明确民营企业党组织调动民营企业慈善捐赠的作用与机制，对完善三次分配、实现共同富裕具有重要意义。但现有研究主要集中于企业经营绩效和内部劳资关系两个层面，对慈善捐赠的作用与机制关注较少。本文基于2012年第十次全国私营企业调查数据，分析了民营企业党组织的慈善捐赠作用与机制。本文发现，民营企业党组织不仅可以直接提升民营企业慈善捐赠的积极性，增加民营企业与官办公益组织合作的可能性，也可以通过加强民营企业与官办公益组织合作来调动民营企业慈善捐赠的积极性。另外，本文还发现，民营企业党组织对慈善捐赠金额并无显著影响。通过稳健性检验发现，研究

---

* 基金项目：国家社科重大项目"健全退役军人工作体系和保障制度研究"（项目编号：21ZDA102）、广东省社科规划2020年度特别委托项目"改革开放以来广东城市土地使用制度改革历史研究"（项目编号：GD20TW05-11）、广东省哲学社会科学规划"建设粤港澳大湾区"和"支持深圳建设中国特色社会主义先行示范区"专项课题"跨境治理和政策协调视角下的深圳住房保障模式及其优化研究"（项目编号：GD2OSQ39）。

** 朱亚鹏，中山大学政治与公共事务管理学院教授，博士生导师，哲学博士，主要从事公共政策方面的研究，E-mail：lpszyp@mail.sysu.edu.cn；唐海生（通讯作者），中山大学政治与公共事务管理学院博士研究生、中山大学南方学院讲师，主要从事政治参与、政府回应等方面的研究，E-mail：tang_hs@qq.com。

结论基本稳健。本文意在厘清民营企业党组织对民营企业慈善捐赠的作用与机制的基础上，为加强共同富裕机制建设、打造共建共治共享的社会治理格局提供一定启示。

关键词：党组织；民营企业；慈善捐赠；官办公益组织；双向组织嵌入

一　引言

完善三次分配制度，是实现共同富裕的有效路径。随着民营经济的不断发展，我国民营企业正成为慈善捐赠等公益事业的主力军。据《2018～2019年度中国慈善捐赠报告》显示，我国民营企业捐赠占企业总体捐赠的50.55%，高居各类企业捐赠的首位（宋宗合，2020）。因此，建立和完善各种机制，有效调动民营企业参与公益事业的积极性，对实现共同富裕有重要意义。

有关民营企业慈善捐赠积极性的研究较多，既有文献主要从政治因素（戴亦一等，2014；贾明、张喆，2010；Sánchez，2000）、经济因素（卢正文、刘春林，2011；王宇光等，2016；徐莉萍等，2015；许评、申明珠，2017；张建君，2013；Zhang et al.，2010）、社会文化心理因素（王营、曹廷求，2017；钟惠波、吴碧媛，2015）和组织结构因素（陈凌、陈华丽，2014；梁建等，2010）等方面展开。本文试图从民营企业党建这一中国特色制度安排角度出发，探讨其在动员我国民营企业慈善捐赠方面的作用。

党的十八大以来，民营企业党建取得了很大成就。中组部发布的《2016年中国共产党党内统计公报》显示，截至2016年底，有185.5万个非公有制企业已建立党组织，占非公有制企业总数的67.9%。为此，学界开始探讨党组织在民营企业中的作用，但主要关注其在提高经营绩效（何轩、马骏，2018；叶建宏，2017）、维护职工权益和福利（董志强、魏下海，2018；龙小宁、杨进，2014）等方面的作用，对其在促进慈善捐赠方面发挥的作用，现有文献还讨论不足。少量文献虽涉及该议题，但研究结论并不一致。比如，梁建等（2010）认为党组织可以提高民营企业的捐赠水平，而周怡、胡安宁（2014）则认为党组织并无此作用。这种结论上的矛盾使研究者无法明确党组织在调动民营企业慈善捐赠积极性方面的作用。此外，现有文献鲜少涉及党组织影响民营企业慈善捐赠的机制。

基于此，本文利用2012年第十次全国私营企业调查（CPES）数据，分析了民营企业党组织在调动民营企业参与慈善公益、促进民营企业与官办公益组织合作等方面的作用，并检验了民营企业与官办公益组织合作对调动民营企业慈善捐赠积极性的影响。本文发现，民营企业党组织不仅可以直接提升民营企业慈善捐赠的积极性，增加与官办公益组织合作的可能性，也可以通过加强民营企业与官办公益组织合作的方式来调动民营企业慈善捐赠的积极性。另外，本文还发现，民营企业党组织对慈善捐赠金额并无显著影响。经稳健性检验发现，本文结论基本稳健。本文意在厘清党组织对民营企业慈善捐赠作用与机制的基础上，为加强共同富裕机制建设、打造共建共治共享的社会治理格局提供一定启示。

本文结构安排如下：首先，在对既有文献进行综述和民营企业党建进行理论分析的基础上，提出检验的研究假设；其次，介绍研究的数据与变量测量；再次，呈现主要研究发现，并对研究中可能存在的问题进行稳健性检验；最后，对主要研究发现进行总结，并对可能的贡献和缺陷进行讨论。

二 文献综述、理论分析和研究假设

（一）民营企业慈善捐赠动机

民营企业慈善捐赠对调节贫富差距、促进社会公平具有重要意义

（梁建等，2010）。为此，学界积极探究民营企业慈善捐赠动机。虽有研究发现民营企业可能是出于对政府改进社会福利目标的认同和理解（张建君，2013）等利他缘由而积极捐赠，但更多研究发现，民营企业捐赠是一种战略自利行为，是为了建立和巩固政府间关系资源（戴亦一等，2014；贾明、张喆，2010），以获得融资（王宇光等，2016）和税收优惠（徐莉萍等，2015；许评、申明珠，2017），以及产品竞争力和影响力的提升（卢正文、刘春林，2011；Zhang et al.，2010）。民营企业高管也会为了私人利益而动用公司资源进行捐助（贾明、张喆，2010），家族控制民营企业则是为了家族企业存续而捐赠（陈凌、陈华丽，2014）。

既有文献论证了民营企业捐赠的利己和利他动机，丰富了研究者对民营企业捐赠动机的认识。但仅从民营企业自身角度出发来探究其捐赠动机，限制了研究者观照民营企业捐赠的视野。民营企业并非孤立存在的，而是内嵌于各种组织网络之中，受到其他组织的深刻影响。例如，党组织和政府组织是我国民营企业无法忽视的重要组织。我国党和政府在慈善事业中扮演极其重要的角色（陈凌、陈华丽，2014），常采用"劝募"或行政命令等方式推动企业捐赠（张敏等，2013）。非公有制企业党建使党组织直接嵌入民营企业内部，党组织成为民营企业捐赠决策过程中无法忽视的存在。

（二）民营企业党建中的党企关系：一种双向组织嵌入现象

借用纪莺莺等（2017）的概念，本文利用"双向组织嵌入"来描述政党与民营企业在民营企业党建中的组织间关系：一方面，党组织嵌入民营企业的治理结构之中，推动民营企业实现更广泛的社会功能，巩固党的执政基础；另一方面，通过设立党组织，民营企业将自身嵌入党组织网络中，拉近自身与党组织的距离，以获取各种资源。

首先，党组织嵌入民营企业的治理结构之中。在民营经济诞生初期，中国共产党就尝试将党组织嵌入民营企业的组织结构中，以引导民营经济健康发展。1992年9月,《中共中央关于加强党的建设,提高党在改革和建设中的战斗力的意见》提出,民营企业要抓紧建立健全党组织。2000年9月,中组部印发《关于在个体和私营等非公有制经济组织中加强党的建设工作的意见(试行)》,要求"凡是有正式党员3名以上的非公有制经济组织,都应当建立党的基层组织"。2005年10月,《中华人民共和国公司法》明确将公司制企业支持党建工作作为企业的社会责任和法定义务。通过持续不断的努力,中国共产党已将158.5万家非公有制企业嵌入了自身的组织体系内。

其次,通过设立党组织,民营企业将自身嵌入党组织网络中。为了应对复杂的社会结构和社会体系,实现对各派力量的整合,中国共产党创造了以党组织为核心的"轴心–外围"组织网络(林尚立,2008)。民营企业党组织并"不是独立的,其背后是整个共产党组织"(高红波、邱观建,2012)。因此,通过设立党组织,民营企业嵌入了党的组织网络中,成为党组织网络中的一部分(曹正汉,2006)。

通过基层党建,党与民营企业之间形成了"双向组织嵌入"的局面。社会网络理论认为,行动者的行为都紧密地镶嵌在社会网之中,受到组织网络的显著影响(Granovetter,1985;Schumpeter,1976)。基于此,本文提出一种理论分析框架(见图1),以探讨民营企业党组织、官办公益组织、民间公益组织等组织网络对民营企业捐赠的影响。

(三)研究假设

1. 民营企业党组织在鼓励慈善捐赠中的作用

通过将党组织嵌入民营企业的治理结构之中,中国共产党建立了战斗堡垒,能更好地发挥政治核心和政治引领作用,鼓励民营企业积极参与公益活动、履行社会责任。

首先,设立党组织有利于当地政府引导和推动民营企业参与慈善捐赠。为促进社会和谐、夯实党的执政基础,中国共产党对民营企业党组织的职责予以明确规定,"自觉履行社会责任"是民营企业的重要职责。民营企业党建为党和政府引导民营企业参与慈善捐赠提供了抓手，使地方政府可以通过党组织来动员民营企业参与慈善捐赠。因此，民营企业党建不仅从制度层面对民营企业参与慈善捐赠提出了要求，也为地方政府动员其参与慈善捐赠提供了抓手，使地方政府能够积极引导和推动民营企业参与慈善捐赠。

其次，设立党组织可以增加民营企业慈善捐赠的回报。民营企业党组织的重要职责是履行社会责任，因此民营企业常将党建工作与参与公益事业相结合，如完美（中国）有限公司"将党建工作与企业公益慈善事业相结合"，苏宁党委坚持将党建活动与社会公益有机结合，从而使党建活动充满公益元素。这种模式使民营企业慈善捐赠可以收获两份回报：一是提升企业社会形象和产品竞争力（卢正文、刘春林，2011；Zhang et al.，2010），获得经济回报；二是拉近与地方党委、政府的关系，获得政治上的回报。双重回报能更有效地调动民营企业参与慈善捐赠的积极性。

由此，本文提出第一个研究假设。

假设1：民营企业党组织可以调动民营企业参与慈善捐赠的积极性。

党组织嵌入民营企业可以增加其参与慈善捐赠的可能性，但在所有制性质、产权关系、经营方式、领导体制等方面，民营企业与国有、集体企业都有较大区别。党组织无法深嵌到民营企业重大决策系统中，决策权受到限制（Opper et al.，2002；Wong et al.，2004），难以参与重大人事、财务和经营决策（邓凯等，2000）。由此，本文提出第二个研究假设。

假设2：民营企业党组织对民营企业慈善捐赠水平无显著影响。

2. 民营企业党组织对民营企业与官办公益组织合作的影响

"仅靠一个部门不可能解决现在非常复杂的社会问题"（高一村，2017），社会问题需要企业、政府和公益组织紧密合作。实践中发现，寻求与公益组织合作正成为企业履行社会责任的新战略（Seitanidi & Crane，2009）。选择与哪类公益组织合作，是执行该战略的首要决策。

根据与政府关系的紧密程度，中国公益组织可分为官办与民间两类。官办公益组织最早产生于 20 世纪 90 年代中后期，是中国政府体制改革的产物，是作为政府的一种职能和社会保障体系的一部分而发展起来的（毕素华，2015）。这些官办公益组织，在组织上大都依托各级政府部门建立，与政府部门是"一个部门，两块牌子"的关系（毕素华，2015）。官办公益组织在人事关系上与政府部门之间也存在相当紧密的联系。许多官办公益组织的主要负责人由原党政部门或人民团体的离退休人员担任，有的甚至直接由现任领导兼任（李莉，2010；龙永红，2011）。因此，官办公益组织常常是国家和地方政府在公共服务领域的延伸与工具，是中国政体结构内成员（龙永红，2011），位于党组织网络较为中心的位置。

民营企业通过设立党组织嵌入党组织网络中，增加了与官办公益组织合作的可能性。官办公益组织需要承担党和政府的部分公共职能（毕素华，2015），这不仅需要调动体制内资源，还需要动员各种社会资源（龙永红，2011）。作为财富最活跃的创造者，民营企业是重要的动员对象。设立党组织后，一方面，官办公益组织负责人可以与民营企业负责人在各种党务场合进行接触，建立良好的私人关系；另一方面，官办公益组织可以利用党组织体系对民营企业进行动员。因此，设立党组织，可以使官办公益组织更容易接触和动员民营企业，增加双方合作的可能性。

可能的政治回报使民营企业倾向于积极回应官办公益组织的接触和动员。官办公益组织负责人常常来自体制内，与党政官员有着更加紧密的关系（李莉，2010），而且官办公益组织开展的各项公益慈善活动经常邀请重要政府官员站台。所以，积极寻求与官办公益组织合作，可以拉近民营企业与体制内官员的距离，积累政治资本。

处于体制外的民间公益组织，虽然常常通过被纳入官办 NGO 系统来获得合法性，但仍然保持较高的独立性和自治性（陈天祥、徐于琳，2011），处于党政系统边缘。因此，民营企业党组织难以通过拉近民营企业和民间公益组织之间的关系来加强双方合作。

由此，本文提出第三、第四个研究假设。

假设 3：民营企业党组织有利于增加民营企业与官办公益组织合作的机会。

假设 4：民营企业党组织对民营企业与民间公益组织之间的合作没有显著影响。

3. 民营企业与官办公益组织的合作在鼓励慈善捐赠中的中介作用

通过成立党组织，民营企业嵌入党的"核心－外围"组织体系，拉近了与官办公益组织的距离，增加了双方合作的可能性。对于民营企业来说，向官办公益组织捐赠，是一种方便合意的合作方式。首先，民营企业党组织倾向于采用向官办公益组织捐赠的方式履行自身职责。根据《关于加强和改进非公有制企业党的建设工作的意见（试行）》的规定，民营企业党组织要"履行社会责任"。民营企业党组织由于人员多为兼职，人力物力有限，无法深度参与公益活动。因此，向官办公益组织捐赠，成为一种更为直接、方便的履责方式。其次，向官办公益组织捐赠，对于民营企业来说也是一种合意的方式。一方面，民营企业可以通过捐赠来树立良好的声誉；另一方面，民营企业可以通过为官办公益组织捐赠拉近与地方党委、政府的距离，实现与政府的资源交换（李维安等，2015；李增福等，2016）。由此，本文提出第五个研究假设。

假设 5：民营企业与官办公益组织的合作在调动民营企业捐赠积极性中发挥了部分中介作用。

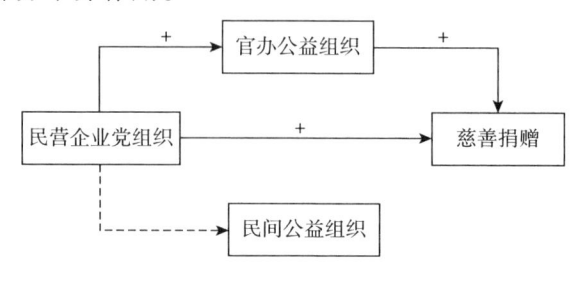

图 1　本文理论分析框架

资料来源：笔者自制。

三　研究设计

（一）数据来源

本文数据来源于2012年第十次全国私营企业调查。该调查由中央统战部、全国工商联、国家工商行政管理总局、中国民（私）营经济研究会组成"私营企业研究"课题组主持，依托各省（区、市）工商局和工商联完成。全国私营企业调查采用多阶段抽样，对象涵盖31个省、自治区、直辖市的19个行业，能够较好地代表中国私营企业的总体情况。本次调查不仅询问了民营企业党建情况，而且调查了民营企业捐赠与公益组织合作情况，为检验民营企业党组织建设对捐赠与公益组织合作的影响提供了数据支撑。

（二）变量测量

1. 因变量

捐赠行为。本文将民营企业捐赠分为两个层面：一是捐赠积极性；二是捐赠金额。这两个层面都根据"近两年来您是否为扶贫、救灾、环保、慈善等公益事业捐助过（捐助包括捐助现金、实物、工程劳务等，但都折算成现金）"这一问题衡量。对于捐赠积极性，如果企业2011年捐赠金额大于0，则表明企业进行了捐赠，取值为1；否则取值为0。捐赠金额则是将2011年捐助额换算成万元后，取自然对数。

是否与官办公益组织合作，来自问卷中的"您的企业近两年来，与政府主办的公益组织（如扶贫基金会、红十字会等）有无合作"这一问题。如果回答为"是"，则取值为1；否则取值为0。

是否与民间公益组织合作，来自问卷中的"您的企业近两年来，与民间组织有无合作"这一问题。如果回答为"是"，则取值为1；否则取值为0。

2. 自变量

本文的主要目的是探究民营企业党组织对民营企业捐赠等公益行为的影响。为此，本文将民营企业党组织作为自变量。由于本文主要探究民营企业党组织的慈善公益效应，而非追问党组织成立方式的慈善公益后果，本文不区分改制前设立和改制后设立，只要民营企业设立了党组织，就取值为1，否则为0。

3. 控制变量

为了控制其他因素对民营企业捐赠行为的影响，本文在借鉴已有关于民营企业党组织建设、慈善公益行为等文献的基础上（何轩、马骏，2018；梁建等，2010；张建君，2013；周怡、胡安宁，2014），选取了三个方面的控制变量。首先是企业家个体方面，包括性别，年龄，受教育程度，党员身份，人大、政协身份，担任职务；其次是企业方面，包括是否属于改制企业、企业利润、企业规模、所有者权益总额、企业历史、外资比例、税务率、负债率；最后是客观制度环境方面，包括生产者合法权益保护指数、人均社会组织数、人均民办非企业数（见表1）。

表1 变量与设计

变量类别	变量名称	具体含义
因变量	捐赠积极性	根据"近两年来您是否为扶贫、救灾、环保、慈善等公益事业捐助过（捐助包括捐助现金、实务、工程劳务等，但都折算成现金）"这一问题来衡量。如果企业2011年捐赠金额大于0，则取值为1；否则取值为0
	捐赠金额	将2011年的捐赠金额换算成万元后，取自然对数
	是否与官办公益组织合作	根据"您的企业近两年来，与政府主办的公益组织（如扶贫基金会、红十字会等）有无合作"这一问题来衡量。如果回答为"是"，则取值为1；否则取值为0
	是否与民间公益组织合作	根据"您的企业近两年来，与民间组织有无合作"这一问题来衡量。如果回答为"是"，则取值为1；否则取值为0
自变量	民营企业党组织	根据"在您的企业中，有无下列组织"这一问题来衡量。如果民营企业设立了"中共党组织"，则表示民营企业嵌入了中国共产党组织体系中，取值为1；否则取值为0

续表

变量类别	变量名称	具体含义
控制变量	企业家个体方面 性别	男性取值为1，女性取值为0
	年龄	由调查年份（2012）减去企业家出生年份得来
	受教育程度	企业家在调查时的受教育程度，如果企业家的受教育程度为大学以下、高中、中专、初中，则取值为1；受教育程度为大学，则取值为2；受教育程度为研究生，则取值为3
	党员身份	如果企业家为党员，则取值为1；否则取值为0
	人大、政协身份	如果企业家为人大代表或政协委员，则取值为1；否则取值为0
	担任职务	根据"您目前是否在政府部门或基层组织里担任职务"这一问题来衡量。如果企业家在政府部门、村委会或城镇居委会中任职，则取值为1；否则取值为0
	企业方面 是否属于改制企业	根据"您个人注册私营企业时的资金来源"这一问题来衡量。如果资金来源于"国有、集体企业改制资产"，则取值为1；否则取值为0
	企业利润	根据2011年企业利润来衡量，单位为万元
	企业规模	根据2011年全年雇用的员工人数来衡量，并取对数
	所有者权益总额	根据企业2011年底所有者权益总额来衡量，并取对数
	企业历史	由调查年份（2012）减去企业登记注册为私营企业的年份得来
	外资比例	根据2011年底外资占权益总额比例来衡量
	税务率	由企业2011年纳税金额除以2011年营业收入得来
	负债率	根据2011年底企业的资产负债率来衡量，原始数据除以100
	宏观制度环境方面 生产者合法权益保护	根据市场化指数中的"对生产者合法权益保护"（樊纲等，2011）分项指数来衡量。数值越高，表示该地的法治水平越高
	人均社会组织数	由社会组织数除以常住人口数得来，单位为个/万人
	人均民办非企业数	由民办非企业单位数除以常住人口数得来，单位为个/万人

四 实证结果和分析

（一）描述性分析

表2为本文主要变量的描述性分析。从表2可以看出，中国民营企业捐赠比较普遍，有64%的民营企业进行了捐赠。在与公益组织合作

方面，有35%的民营企业与官办公益组织合作过，有25%的民营企业与民间公益组织合作过。其中，有16.37%的民营企业与官办公益组织和民间公益组织都合作过，15.65%的民营企业只与官办公益组织合作过，仅有7.25%的民营企业只与民间公益组织合作过。样本中，有36%的民营企业设立了党组织。

表 2 主要变量的描述性分析

变量	样本	均值	标准差	最小值	最大值
捐赠积极性	2214	0.640	0.480	0	1.000
捐赠金额	1425	1.320	2.110	-10.410	8.070
是否与官办公益组织合作	2171	0.350	0.480	0	1.000
是否与民间公益组织合作	2121	0.250	0.430	0	1.000
民营企业党组织	2264	0.360	0.480	0	1.000
党员身份	2264	0.340	0.480	0	1.000
人大、政协身份	2264	0.440	0.500	0	1.000
性别	2258	0.850	0.360	0	1.000
受教育程度	2235	1.750	0.590	1.000	3.000
企业家年龄	2255	46.240	8.780	16.000	78.000
担任职务	2264	0.050	0.210	0	1.000
是否属于改制企业	2264	0.060	0.250	0	1.000
企业利润	2264	721.200	5435.000	-5000.000	222192
所有者权益总额	2264	6.260	2.060	-1.610	12.950
外资比例	1976	1.090	8.530	0	100.000
税务率	2264	0.080	0.240	0	7.440
企业历史	2264	8.370	5.180	0	22.000
企业规模	2264	3.910	1.680	0	9.760
负债率	2111	0.240	0.270	-0.100	1.100
生产者合法权益保护	2264	5.600	1.560	-1.910	8.930
人均社会组织数	2264	3.800	0.910	1.200	6.930
人均民办非企业数	2264	1.770	0.600	0.040	2.780

（二）结果分析

1. 民营企业党组织对民营企业慈善捐赠的影响

本文利用 Logit 模型估计了民营企业党组织对民营企业慈善捐赠的影响。为了控制地方政策对该地民营企业产生的影响，本文采取在县（市、区）层面的簇差异稳健估计量。表 3 中的模型 1 列出了民营企业党组织对民营企业捐赠积极性的影响。在控制了企业家个体、企业、宏观制度环境三方面因素后，民营企业党组织系数在 1% 水平上显著为正。这表明在其他条件保持不变的前提下，相较于没有设立党组织的民营企业，设立党组织的民营企业更有可能进行慈善捐赠。因此，假设 1 得到了证实。

本文利用普通最小二乘法（OLS）估计了民营企业党组织对民营企业捐赠的影响。表 3 中的模型 2、模型 3 列出了相关估计结果。模型 2 只对企业家个人、企业两方面因素进行了控制，结果显示民营企业党组织对民营企业慈善捐赠有正向影响，并在 1% 水平上显著。这与梁建等（2010）的研究结果相同。但李增福等（2016）发现，规避税收是民营企业捐赠的重要动机，企业税务率将对民营企业捐赠产生重要影响。因此，对税务率等变量的遗漏，可能使 OLS 估计不再一致。为此，在借鉴相关研究的基础上，模型 3 对税务率、企业规模、负债率等其他因素进行了控制（周怡、胡安宁，2014；李增福等，2016）。

从估计结果看，相比于模型 2，模型 3 有更高的拟合度，对民营企业捐赠金额有更好的解释程度。进一步通过"赤池信息量准则（AIC）"和"贝叶斯信息准则（BIC）"比较发现，在考虑模型复杂度的情况下，模型 3 的模拟效果更好。因此，模型 3 的设定更加合理。

模型 3 结果显示，民营企业党组织对民营企业捐赠金额并无显著影响。因此，假设 2 得到了验证。这表明，党组织嵌入民营企业组织结构之中虽然可以增加民营企业捐赠的可能性，但具体捐款金额并非由党组织决定。这与周怡、胡安宁（2014）基于温州地区的研究结论相同。

表3 民营企业党组织对民营企业慈善捐赠的影响

变量	模型1 捐赠积极性	模型2 捐赠金额	模型3 捐赠金额
民营企业党组织	0.863*** (0.212)	0.725*** (0.122)	0.091 (0.112)
党员身份	0.065 (0.164)	-0.092 (0.118)	0.044 (0.086)
人大、政协身份	1.257*** (0.134)	0.880*** (0.127)	0.517*** (0.100)
性别	-0.138 (0.172)	0.165 (0.153)	-0.045 (0.135)
受教育程度	-0.028 (0.125)	0.340*** (0.110)	0.293*** (0.098)
企业家年龄	-0.002 (0.007)	-0.008 (0.007)	-0.005 (0.006)
担任职务	-0.294 (0.380)	0.360 (0.249)	0.302 (0.213)
企业利润	0.0003 (0.0003)	0.0004** (0.0002)	0.0001*** (0.00006)
企业历史	0.059*** (0.018)	0.057*** (0.013)	0.035*** (0.012)
是否属于改制企业	0.254 (0.368)		-0.330** (0.158)
所有者权益总额	-0.019 (0.050)		0.276*** (0.040)
外资比例	-0.009 (0.009)		-0.002 (0.004)
税务率	-0.242 (0.212)		0.760* (0.442)
企业规模	0.542*** (0.088)		0.388*** (0.049)
负债率	-0.234 (0.326)		-0.271 (0.199)
生产者合法权益保护	0.127 (0.082)		-0.122** (0.059)

续表

变量	模型 1 捐赠积极性	模型 2 捐赠金额	模型 3 捐赠金额
人均社会组织数	0.047 (0.131)		0.051 (0.075)
行业控制	YES	YES	YES
R^2	0.336	0.222	0.385
AIC		5691.182	4291.493
BIC		5790.659	4427.493
样本量	1784	1388	1138

注：(1) ***、**、* 分别表示在1%、5%、10%水平上显著；(2) 括号中为县（市、区）层面的聚类标准误；(3) 设立党组织=1，未设立党组织=0。

2. 民营企业党组织对民营企业与公益组织合作的影响

在资源有限的情况下，民营企业与官办公益组织合作的情况会影响到与民间公益组织的合作决策，反之亦然。对这两个解释变量分别进行Probit建模后发现，虽然估计结果仍为一致估计，但两个Probit方程的扰动项之间可能存在相关性，导致估计效率损失。为此，本文采用"似不相关双变量Probit"（Seemingly Unrelated Bivariate Probit）模型来同时考虑两种情况发生的概率，以控制两种选择之间的相互干扰。

表4中的模型4给出了"似不相关双变量Probit"模型的估计结果。对两个Probit方程扰动项的相关性进行检验后发现，在1%水平上拒绝了"rho=0"的原假设，故应采用"似不相关双变量Probit"模型。从模型4官办公益组织一列可以看出，民营企业党组织可以增加民营企业与官办公益组织合作的可能性，并在1%水平上显著。因此，假设3得到了验证。从模型4民间公益组织一列中也可以看出，民营企业党组织对民营企业与民间公益组织的合作没有显著影响，这证实了假设4。这表明，民营企业党组织的成立增加了民营企业与官办公益组织合作的可能性，但没有挤出民营企业与民间公益组织之间的合作。

表 4　民营企业党组织通过公益组织影响捐赠积极性的机制分析

变量	模型 4		模型 5	
	官办公益组织	民间公益组织	官办公益组织	捐赠积极性
民营企业党组织	0.303 *** (0.097)	0.071 (0.104)	0.549 *** (0.159)	0.707 *** (0.215)
官办公益组织				2.039 *** (0.233)
其他控制变量	YES	YES	YES	YES
行业控制	YES	YES	YES	YES
样本量	1700	1700	1753	1739
χ^2	386.7	386.7	218.0	471.7
中介效应率（%）			20.90%	
Wald test of rho = 0	$\chi^2(1) = 112.669$			
	Prob > χ^2 = 0.0000			

注：（1）*** 表示在 1% 水平上显著；（2）括号中为县（市、区）层面的聚类标准误；（3）设立党组织 = 1，未设立党组织 = 0。

3. 官办公益组织在民营企业党组织与捐赠积极性中的中介作用

Baron 和 Kenny 的中介模型仅适用于研究连续中介变量和结果变量（Baron & Kenny，1986），而本文的中介变量"与官办公益组织合作"为二分离散变量。因此，本文采用因果中介模型（Causal Mediation Analysis，CMA）来识别中介效应。与 Baron 和 Kenny 的中介模型不同，CMA 模型采用准贝叶斯蒙特卡洛逼近仿真法，可以处理变量、中介变量和结果变量为离散变量的非线性模型。

表 4 中的模型 5 呈现了官办公益组织在民营企业党组织与捐赠积极性中的中介作用。该模型设定民营企业党组织为处理变量，官办公益组织合作为中介变量，民营企业捐赠积极性为结果变量。模型由两步回归模型组成：第一步以中介变量官办公益组织合作为因变量，考察从民营企业党组织到官办公益组织合作的中介效应；第二步以民营企业捐赠积极性为因变量，将处理变量民营企业党组织、中介变量官办公益组织合作和其他控制变量纳入模型，考察民营企业党组织和官办公益组织合作的直接效应。通过 1000 次准贝叶斯蒙特卡洛逼近仿真法，仿真得

到民营企业党组织对民营企业捐赠积极性的平均中介效应为 0.0249，中介效应率（中介效应/总效应）为 20.90%，并在 1% 水平上显著。这表明，民营企业党组织对民营企业捐赠积极性的影响，有超过 1/5 通过官办公益组织合作中介传导。因此，假设 5 得到验证。

五 稳健性检验

（一）利用倾向得分匹配法进行稳健性检验

设立党组织与未设立党组织的民营企业在初始条件上就可能存在不同，导致样本存在"选择偏差"。例如，经济效益好的企业，更有条件进行捐赠，也更可能被当地政府选中设立党组织。为降低"选择偏差"的影响，本文利用倾向得分匹配（PSM）法对主要结论进行了稳健性检验。为了防止倾向得分匹配法带来的偏差，本文采用了近邻匹配（neighbor = 3）、卡尺匹配（caliper = 0.01）、近邻卡尺匹配（neighbor = 1，caliper = 0.01）、核匹配（kerneltype = epan，bwidth = 0.06）和局部线性回归匹配（kerneltype = epan，bwidth = 0.06）等方法。表 5 给出了检验结果。从模型 6 至模型 25 可以看出，在通过倾向得分控制可观测变量导致的选择偏差后，结论基本保持一致，本文的研究发现基本稳健。

表 5 倾向得分匹配法的稳健性检验

变量	模型 6 近邻匹配	模型 7 卡尺匹配	模型 8 近邻卡尺匹配	模型 9 核匹配	模型 10 局部线性回归匹配
	捐赠积极性	捐赠积极性	捐赠积极性	捐赠积极性	捐赠积极性
ATT	0.111 *** (0.0367)	0.106 *** (0.0292)	0.106 *** (0.0290)	0.0878 *** (0.0277)	0.0961 *** (0.0329)
样本量	1784	1784	1784	1784	1784

续表

变量	模型 11 近邻匹配 捐赠金额	模型 12 卡尺匹配 捐赠金额	模型 13 近邻卡尺匹配 捐赠金额	模型 14 核匹配 捐赠金额	模型 15 局部线性回归匹配 捐赠金额
ATT	-0.0119 (0.197)	0.0470 (0.164)	0.0470 (0.160)	-0.0305 (0.170)	-0.0538 (0.187)
样本量	1138	1138	1138	1138	1138
变量	模型 16 近邻匹配 官办公益组织	模型 17 卡尺匹配 官办公益组织	模型 18 近邻卡尺匹配 官办公益组织	模型 19 核匹配 官办公益组织	模型 20 局部线性回归匹配 官办公益组织
ATT	0.141** (0.0610)	0.135*** (0.0449)	0.135*** (0.0484)	0.133*** (0.0485)	0.137*** (0.0501)
样本量	1753	1753	1753	1753	1753
变量	模型 21 近邻匹配 民间公益组织	模型 22 卡尺匹配 民间公益组织	模型 23 近邻卡尺匹配 民间公益组织	模型 24 核匹配 民间公益组织	模型 25 局部线性回归匹配 民间公益组织
ATT	0.0463 (0.0552)	0.0281 (0.0463)	0.0281 (0.0462)	0.0184 (0.0422)	0.0109 (0.0475)
样本量	1727	1727	1727	1727	1727

注：(1) 括号内为500次自抽样所计算的标准误；(2) *** 表示在1%水平上显著，** 表示在5%水平上显著。

（二）利用工具变量进行稳健性检验

由于本文采用截面数据，民营企业党组织与慈善捐赠之间呈正相关关系，可能并非党组织提高了民营企业捐赠的积极性，而是相反结果。例如，地方党委可能优先选择在那些踊跃捐款和与官办公益组织积极合作的民营企业中设立党组织。因此，有必要控制可能存在的反向因果，以检验结论的稳健性。

本文将"地区其他民营企业党组织建设覆盖率"（以下简称"其他民企党建覆盖率"）作为工具变量，来解决可能存在的反向因果问题。该变量的操作化如下：在县（市、区）内，除被调查企业外，所有其他被调查民营企业中成立党组织的比重。当地民营企业党建覆盖率越高，表明该地区党委推进民营企业党建的力度越大，被调查民营企业设立党组织的可能性就越大。但其他民企党建覆盖率一般外生于企业公益决策，对民营企业捐赠和公益组织合作无直接影响。因此，可以将其他民企党建覆盖率作为工具变量。民营企业党组织无法影响整个县（市、区）其他民企党建覆盖率，因此若其他民企党建覆盖率解释的民营企业组织建设率也能够影响民营企业慈善捐赠等公益行为，那么应该是民营企业党组织建设影响了慈善捐赠的积极性，而非相反。

本文内生变量"民营企业党组织"为二值离散变量，仅能处理连续内生变量的"二阶段最小二乘法"（2SLS）和"工具变量 Probit"（IVProbit）不再适合。为此，本文利用 Roodman 提出的条件混合过程（Conditional Mixed Process，CMP）估计方法进行分析。CMP 把联立方程组当作一个系统进行估计，而非采用传统的两阶段回归，因而更有效率。而且该方法采用更为灵活的最大似然估计法，为模型构建提供了更大的灵活性，可以处理内生变量是离散变量的情形（Roodman，2011）。CMP 的处理效果体现在两个方程残差扰动项的相关系数经费雪 z 变换（Fisher z-transformation）后统计量 atanhrho 的显著性。

表 6 列举了利用工具变量进行稳健性检验的结果。每个模型的最后一列都是其他民企党建覆盖率和其他变量对民营企业设立党组织的影响。从所有模型可以看出，当地其他民企党建覆盖率系数在 1% 水平上，显著为正，表明其他民企党建覆盖率对民营企业是否设立党组织有显著的正向影响。回归模型的卡方检验统计量最小是 504.46，并都在 1% 的显著性水平上拒绝了模型无效的原假设，因此不存在弱工具变量的问题。

从模型 26 至模型 30 的回归结果来看，在利用工具变量控制了可能存在的内生性问题的情况下，结论与前文基本一致。同时发现，atanhrho 12 与 atanhrho 13 在 1% 的置信水平上无法拒绝民营企业党组织为外生变量的原假设。因此，本文模型并不存在显著的内生性问题，研究结论基本可靠。

表 6 利用工具变量进行稳健性检验

	模型26		模型27		模型28		模型29			模型30	
	列1	列2	列1	列2	列1	列2	列1	列2	列3	列1	列2
变量	捐赠积极性	民营企业党组织	捐赠金额	民营企业党组织	捐赠金额	民营企业党组织	官办公益组织	民间公益组织	民营企业党组织	捐赠积极性	民营企业党组织
民营企业党组织	1.007*** (0.364)		2.303*** (0.192)		0.166 (0.398)		0.563*** (0.206)	0.221 (0.214)		0.934** (0.383)	
官办公益组织										1.118*** (0.115)	
党组织覆盖率		1.276*** (0.138)		0.813*** (0.150)		1.004*** (0.160)			1.291*** (0.141)		1.268*** (0.138)
其他控制变量	YES	YES	YES	YES	YES	YES	YES	YES	YES	YES	YES
行业控制	YES	YES	YES	YES	YES	YES	YES	YES	YES	YES	YES
样本量	1784	2217	388	1391	1138	1391	1753	1727	2217	1739	2217
χ^2	776.15	975.76	21.76	504.46	26.78	504.46	404.73	217.96	975.76	898.96	975.76
Prob > χ^2	0.0000	0.0000	0.0000	0.0000	0.0000	0.0000	0.0000	0.0000	0.0000	0.0000	0.0000
R^2	0.3323	0.3386	0.2224	0.2617	0.3852	0.2617	0.1806	0.1139	0.3386	0.399	0.339
CMP:样本量	2243	1416	1413	2243	2241						
CMP:χ^2	1181	1158	939.2	1122	1230						
athrrho12	−0.349	−0.632***	−0.031	0.678***		−0.350	−0.137				
athrrho13								−0.069			
athrrho23											

注：(1) *** 表示在 1% 水平上显著，** 表示在 5% 水平上显著；(2) 括号中为稳健标准误；(3) 设立党组织 = 1，未设立党组织 = 0。

六 结论和讨论

共同富裕是中国未来发展的重要战略方向，完善三次分配是实现共同富裕的重要途径。探究民营企业党组织在调动民营企业慈善捐赠积极性方面的作用，对完善三次分配、实现共同富裕有重要的实践意义。本文利用2012年第十次全国私营企业调查数据，分析了民营企业党组织对民营企业慈善捐赠的作用与机制。本文发现，民营企业党组织提高了民营企业慈善捐赠的积极性，也增加了民营企业与官办公益组织合作的可能性，并通过官办公益组织进一步调动民营企业慈善捐赠的积极性。但本文也发现，民营企业党组织对捐赠金额并没有显著影响。

相较于现有文献，本文的贡献主要体现在以下三个方面。首先，对加强共同富裕机制建设、打造共建共治共享的社会治理格局有一定启示。本文发现，设立党组织，可以有效提高民营企业参与公益事业的积极性，并通过加强民营企业与官办公益组织合作增强党组织的社会资源调动能力。这启发我们，加强民营企业党建，是促进民营企业参与公益事业、实现共同富裕的重要机制。其次，本文厘清了民营企业党组织对慈善捐赠行为的影响。现有文献难以明确民营企业党组织对慈善捐赠行为的影响，本文利用全国样本数据，通过对当年纳税额等变量进行控制，更为稳健、一致地检验了民营企业党组织在慈善捐赠中的作用。最后，本文推进了现有关于民营企业与公益组织合作的研究。现有文献仅研究了公益组织与民营企业合作的模式、机制及策略，而相对忽视了对双方合作影响因素的研究。本文基于民营企业党组织、官办公益组织与民间公益组织共存等制度背景，研究了民营企业党组织对民营企业与各类公益组织合作的影响，发现民营企业党组织增加了民营企业与官办公益组织合作的可能性，为我们进一步思考民营企业与公益组织的合作、公益组织发展提供了经验基础。

本文通过定量研究方法，分析了民营企业党组织对民营企业公益行为的影响，但还缺乏对党组织参与民营企业公益决策的详细考察。这需要在后期的研究中，通过田野观察、深度访谈等方式对党组织捐赠公益效应的影响机制进行详细勾画。由于数据的限制，本文只研究了民营企业党组织对民营企业与不同类型公益组织合作概率的影响，尚未探究企业资源如何在官办公益组织与民间公益组织间进行分配。在今后的研究中，希望获取更加精细的数据来分析党组织对民营企业资源分配的影响。

【参考文献】

毕素华，2015，《官办型公益组织的价值突围》，《学术研究》第 4 期，第 40 ~ 46 页。

曹正汉，2006，《从借红帽子到建立党委——温州民营大企业的成长道路及组织结构之演变》，《中国制度变迁的案例研究》第 00 期，第 81 ~ 140 页。

陈凌、陈华丽，2014，《家族涉入，社会情感财富与企业慈善捐赠行为——基于全国私营企业调查的实证研究》，《管理世界》第 8 期，第 90 ~ 101 页。

陈天祥、徐于琳，2011，《游走于国家与社会之间：草根志愿组织的行动策略——以广州启智队为例》，《中山大学学报》（社会科学版）第 1 期，第 155 ~ 168 页。

戴亦一、潘越、冯舒，2014，《中国企业的慈善捐赠是一种"政治献金"吗？——来自市委书记更替的证据》，《经济研究》第 2 期，第 74 ~ 86 页。

邓凯、向三、红岩、俊发、洪喜，2000，《关于吉林省私营企业党建工作情况的调研报告》，《社会科学战线》第 4 期，第 244 ~ 251 页。

董志强、魏下海，2018，《党组织在民营企业中的积极作用——以职工权益保护为例的经验研究》，《经济学动态》第 1 期，第 14 ~ 26 页。

樊纲、王小鲁、朱恒鹏，2011，《中国市场化指数——各地区市场化相对进程 2011 年报告》，经济科学出版社。

高红波、邱观建，2012，《共产党支部：非公有制企业的一种政治资源》，《社会主义研究》第 1 期，第 76~79 页。

高一村，2017，《益商携手，公益组织与企业如何跨界合作?》，《中国社会组织》第 12 期，第 22~23 页。

何轩、马骏，2018，《党建也是生产力——民营企业党组织建设的机制与效果研究》，《社会学研究》第 3 期，第 1~24 页。

纪莺莺，2017，《从"双向嵌入"到"双向赋权"：以 N 市社区社会组织为例——兼论当代中国国家与社会关系的重构》，《浙江学刊》第 1 期，第 49~56 页。

贾明、张喆，2010，《高管的政治关联影响公司慈善行为吗?》，《管理世界》第 4 期，第 99~113 页。

李莉，2010，《中国公益基金会治理研究：基于国家与社会关系视角》，中国社会科学出版社。

李维安、王鹏程、徐业坤，2015，《慈善捐赠、政治关联与债务融资——民营企业与政府的资源交换行为》，《南开管理评论》第 1 期，第 4~14 页。

李增福、汤旭东、连玉君，2016，《中国民营企业社会责任背离之谜》，《管理世界》第 9 期，第 136~148 页。

梁建、陈爽英、盖庆恩，2010，《民营企业的政治参与、治理结构与慈善捐赠》，《管理世界》第 7 期，第 109~118 页。

林尚立，2008，《轴心与外围：共产党的组织网络与中国社会整合》，《复旦政治学评论》第 00 期，第 340~358 页。

龙小宁、杨进，2014，《党组织、工人福利和企业绩效：来自中国民营企业的证据》，《经济学报》第 2 期，第 150~169 页。

龙永红，2011，《官办慈善组织的资源动员：体制依赖及其转型》，《学习与实践》第 10 期，第 80~87 页。

卢正文、刘春林，2011，《产品市场竞争影响企业慈善捐赠的实证研究》，《管理学报》第 7 期，第 1067~1074 页。

宋宗合，2020，《2018~2019 年度中国慈善捐赠报告》，载杨团、朱健刚主编《中国慈善发展报告（2020）》，社会科学文献出版社。

王营、曹廷求，2017，《CEO 早年大饥荒经历影响企业慈善捐赠吗?》，《世界经济文汇》第 6 期，第 16~38 页。

王宇光、潘越、黄丽，2016，《企业慈善捐赠：公益付出还是另有所图——基于上市公司融资样本的实证研究》，《财贸研究》第1期，第133~141页。

徐莉萍、赵冠男、戴薇，2015，《企业慈善捐赠下利益输送行为的实证研究——来自中国2009~2013年上市公司的经验数据》，《软科学》第7期，第73~77页。

许评、申明珠，2017，《所得税政策是否会影响企业慈善捐赠？——基于2011~2015年A股上市公司的实证研究》，《税务研究》第2期，第124~129页。

叶建宏，2017，《民企党组织参与公司治理：获取外部资源还是提升内部效率？——来自中国民营上市公司的经验证据》，《当代经济管理》第9期，第21~28页。

张建君，2013，《竞争－承诺－服从：中国企业慈善捐款的动机》，《管理世界》第9期，第118~129页。

张敏、马黎珺、张雯，2013，《企业慈善捐赠的政企纽带效应——基于我国上市公司的经验证据》，《管理世界》第7期，第163~171页。

钟惠波、吴碧媛，2015，《企业家社会资本对企业慈善捐赠影响的实证研究》，《东南学术》第4期，第124~130页。

周怡、胡安宁，2014，《有信仰的资本——温州民营企业主慈善捐赠行为研究》，《社会学研究》第1期，第57~81页。

Baron, R. M. & Kenny, D. A. 1986. "The Moderator-Mediator Variable Distinction in Social Psychological Research: Conceptual, Strategic, and Statistical Considerations." *Journal of Personality and Social Psychology* 51 (6): 1173.

Granovetter, M. 1985. "Economic Action and Social Structure: The Problem of Embeddedness." *American Journal of Sociology* 91 (3): 481–510.

Opper, S., Wong, S. M. L., & Hu, R. 2002. "Party Power, Market and Private Power: Chinese Communist Party Persistence in China's Listed Companies." *Research in Social Stratification & Mobility* 19 (02): 105–138.

Roodman, D. 2011. "Fitting Fully Observed Recursive Mixed-Process Models with CMP." *The Stata Journal* 11 (2): 159–206.

Sánchez, C. M. 2000. "Motives for Corporate Philanthropy in El Salvador: Altruism and Political Legitimacy." *Journal of Business Ethics* 27 (4): 363 –375.

Schumpeter, J. 1976. *Capitalism, Socialism and Democracy.* London: George Allan and Unwin.

Seitanidi, M. M. & Crane, A. 2009. "Implementing CSR through Partnerships: Understanding the Selection, Design and Institutionalisation of Nonprofit-Business Partnerships." *Journal of Business Ethics* 85 (2): 413 –429.

Wong, S. M. L., Opper, S., & Hu, R. 2004. "Shareholding Structure, Depoliticization and Firm Performance." *Economics of Transition* 12 (1): 29 –66.

Zhang, R., Zhu, J., Yue, H., & Zhu, C. 2010. "Corporate Philanthropic Giving, Advertising Intensity, and Industry Competition Level." *Journal of Business Ethics* 94 (1): 39 –52.

赋权与约制：政府购买服务的多重逻辑*

范 斌 朱海燕**

摘 要：政府购买服务是促进政府职能转变、提升公共服务供给水平、构建政社合作关系的重要方式。当前政府在赋予社会组织资源、为社会组织提供成长空间的同时，约制着社会组织的专业发展与成长。本文以 S 市政府购买服务政策实施过程为例，发现政府采取行政科层建构逻辑、风险控制防范逻辑、技术主义执行逻辑的方式，赋权并约制社会组织的发展。社会组织策略性地解构制度的限制，以获得发展空间。进一步提升政府购买服务的效能，需要建立和完善促进政府职能转变和社会资源合理配置的体制机制，厘清政府和社会的边界，推进市场化运作，营造公平开放的市场环境，坚持包容性发展理念，给予社会组织更多的支持与空间。

关键词：政府购买服务；社会组织；赋权；约制

---

* 基金项目：2019 年国家社会科学基金重点项目"中国儿童保护体系建设的理论建构与实践路径"（项目编号：19AZD023）。
** 范斌，华东理工大学社会与公共管理学院教授，博士生导师，主要从事社会工作、社会政策等方面的研究，E-mail：fanbinfb001@163.com；朱海燕，华东理工大学社会与公共管理学院社会学博士研究生，主要从事社会工作、社会治理等方面的研究，E-mail：hyzhufd@fudan.edu.cn。

一　问题的提出

党的十九大以来，中央提出"打造共建共治共享的社会治理格局"，加强社区治理体系建设，推动社会治理重心向基层下移。政府出台的很多政策成为扶持社会组织发展、补齐政府服务能力短板、加强社会服务创新的重要途径。社会组织参与社会治理不仅能逐渐解决社会治理主体单一、形式僵化、模式简单的问题，而且有利于社会治理结构的均衡化发展。《中国社会组织报告（2019）》指出，截至2018年底，全国共有社会组织81.6万个，与2017年的76.2万个相比，总量增长了5.4万个，增速为7.1%（黄晓勇，2019）。新的形势为社会组织的发展提供了前所未有的历史机遇。适应改革的需要，引导和支持社会组织参与社会治理，成为各级政府的重要任务。斯密（1974）指出，一切能以私人方式提供公共产品的领域，都应该由私人部门来供给。Buchanan & Tollison（1984）认为政府失灵源于机构膨胀、服务失效、政策失败，应鼓励社会和市场组织参与公共服务供给。

近年来，社会组织虽然发展迅猛，但仍然存在能力较弱、专业性式微、运作资金不足、内生驱动不足和支持力量不强的问题。无论是政府、产业界、企业还是学术界，都充分认识到社会组织参与社会治理的巨大潜力和独特优势，并给予其科学定位、赋予其重要职责。但是政府在向社会组织赋权的同时，主要以行政目标为导向，根据自身的治理目标购买服务，行政吸纳社会的过程呈现出"外围突破，内核浅尝辄止"的特征。政府购买服务虽然提高了社会组织对资源的支配能力，重构了科层体系，但消解了社会组织服务的专业性。潜藏在政府与社会组织互动过程背后的政府行为逻辑为何？政府的制度逻辑对社会组织的发展前景产生怎样的影响？本文试图从赋权理论的视角来回答上述问题。

S市的社区和社会服务建设一直处于全国领先地位，本文在大量收集、阅读、整理S市政府购买服务的文献和政策文件资料的基础上，于

2016~2020年采用田野调查法参与政府购买服务工作,近距离观察政府官员的行为,同时对社会组织负责人、社会工作者及服务对象、居委会工作人员开展调查研究。调研期间,笔者对10名政府官员、8名社会组织负责人、2名采购代理公司负责人、5名社会工作者进行了深度访谈。这些资料为本文的研究提供了重要的指导和帮助。

二 文献综述

政府购买公共服务是政府将原来直接提供的服务,采用直接拨款或公开招标的方式,交给有资质的社会服务机构来完成(王浦劬等,2010)。赋权增能理念提供了探讨政府多措并举促进社会组织参与社会治理的实践。国家与社会通过相互赋权,建立公私伙伴关系,共同治理公共事务(顾昕、王旭,2005)。政府购买服务,引导鼓励性扶持,以"无权"向"有权"转变,形成了政府和社会在合作中的平等地位(尹浩,2016)。政府采取控制和赋权混合的社会组织发展策略(敬乂嘉,2016),向社会放权与赋权的方式不仅培育了社会力量,也发动了居民形成常态参与机制(唐有财、王天夫,2017)。社会组织参与社会治理可以实现国家与社会功能互补,推动社会治理格局的均衡化和科学化发展。

中国的社会组织发展紧密嵌入在创新社会治理体制的改革脉络中,是在政府提供制度保障、政策引导、资源支持的宏观社会情境下产生的。中国社会组织较重视经济利益而忽视社会效益,很难确保服务供给质量(Hood,2000)。因此,在政府购买服务的过程中,社会组织因逐利而忽视社会责任,强调经济利益而回避社会效益,面临行政依附、契约性不充分、资源供给难等困境(彭少峰、张昱,2014),政府制定的相关政策在对社会组织发展起促进作用的同时,也有制约的作用(徐盈艳、黄晓星,2015)。国家为社会组织提供了精细与复杂的制度环境(纪莺莺,2016)。政府为了达到行政管理的目的,对不同的社会组织采取"分类控制"策略（康晓光、韩恒，2005），同时，社会组织并不能自愿、平等地参与政府购买服务（王名、乐园，2008）。为了消解制度的约制性，获得资源筹措渠道，社会组织花费大量精力周旋在政府多个部门之间，策略性地拓展政府提供的自主空间，组织的个人资源被不断卷入，社会工作专业发展空间受限，社会组织身份在"伙伴"与"伙计"之间不断摇摆。

综上，在学术传统中，政府购买服务是学者关注的核心议题，无论是政府多种逻辑的赋权，还是社会组织的相对孱弱，都为我们深层次理解"赋权未赋能"提供了进一步思考。总体来看，以往的研究存在以下局限。第一，以往的研究对政府购买服务项目自身的服务内容专业性设计、管理过程关注不足。目前学界尚未密切关注政府赋权社会组织参与项目的产生情境和需求生成过程，现有的讨论多数集中在描述与呈现政府赋权的现象与事实本身，科层体制将权力运作空间以项目形式建构出来的研究较少，将权力隐藏在自身组织化行为之中的权力实践研究尚显不足。第二，以往的研究局限于研究政府与社会组织之间的关系，忽视了政府行政体制结构与社会组织行动主体相互建构的动态关系，对社会组织的行动逻辑及策略性消解政府的制度约制性研究不足，忽视了基于历史传统和地位变迁的脉络来考察中国社会组织行动背后的策略，由此形成的结论缺乏足够的说服力。

三 政府购买服务的多重赋权逻辑

"赋权"这一概念由巴巴拉·所罗门（Barbara Solomon）在《黑人的增能：被压迫社区里的社会工作》一书中提出，学界将其翻译成增权、增能、权力激发等。亚当斯（Adams，2013）认为赋权是个体、团体和社群发挥其能力并将自己和他人生命的品质提高到最大限度的过程。政府赋权社会组织是政府在加强社会建设的过程中，以合适的方式赋权社会组织，促进社会组织增能。本文讨论的"赋权"是政府赋予社会组织合法性、组织职能和服务资源。合法性赋权是政府明确社会组织准入门槛和行政审批的标准和流程，通过制定法律、法规和政策的方式，构建社会组织管理的行政体制和生存发展环境；职能赋权是政府将某些服务职能转移给社会组织；资源赋权是政府向社会组织提供资金、办公场所、人员、各种补贴、税费减免等资源的支持。政府通过简政放权、赋权增能的方式激发社会组织内生发展活力，引导社会组织参与社会治理，这是新时代社区治理的重要实践。针对赋权过程中存在的社会组织类型单一、能力不足等问题，政府虽然为社会组织提供制度保障、政策引导、资源链接，帮助扩大其发展空间，但也通过项目需求设计、服务内容安排、监管评价等技术化治理手段对社会组织进行约制与管理。

（一）项目立项环节：行政科层建构逻辑

20世纪80年代，随着新公共管理的兴起，工具主义取得一定的主导地位，呈现出强调行政绩效和行政原则的特点，即关注达成目的的手段，忽略目的本身，目的沦为"二等公民"（魏毅敏，2009）。用同样的方式设计和衡量项目，限制了社会组织专业化的追求，与社会实际需求有一定差距。周雪光、练宏（2012）以不完全契约为框架，从控制权的角度出发，解释了"委托方—管理方—代理方"的三级科层组织模型。政府部门在界定目标时，权威不断渗透，社会组织专业服务更多反映了政府行政意志，科层制下申报的服务项目趋于行政化，服务需求远离服务对象。虽然部分社会组织可以获得参与项目设计的有限自主性，但项目还未立项，缺乏社区需求调研资金，因此，社会组织参与立项的项目没有考虑区域、经济条件和人口结构等因素。模板化、标准化的服务内容与"因地制宜""因人而异"的实际需求相去甚远，社会性服务异化为行政化服务。

以2020年S市S区政府购买服务项目为例。S市民政局根据市财政局关于政府性基金预算的编报要求编制预算通知，要求各区科学设定项目目标，细化服务需求（内容、数量、流程）、服务标准、服务质量等项目要素，各区收到通知后编报项目预算。S 区民政局收到市民政局下发的编制预算通知后，区民政事业保障中心向各街镇办公室以及相关委办局（总工会、残联、妇联、共青团、卫健委等）发布立项通知并询问立项需求，同时解答各委办局在立项方面遇到的问题。区民政事业保障中心将收集的需求上报至社会救助科、社会福利科、养老服务科，待确认后，组织小组讨论筛选项目并组织专家评审，确认需求后上报市民政局。这种行政科层包装的项目，一方面收窄了原本可以由区、街镇自行建构的、非正式的谈判空间，另一方面将这些谈判空间根据服务项目的需求重新设置，项目被政府行政体制的政绩目标所"吸纳"。在项目立项过程中，S 市民政局制定政府购买服务政策与实施指引，在刚性原则要求下，保留规则弹性。S 区民政局和街镇通过更精细、更隐秘的治理技术吸纳社会组织参与撰写项目立项申报书。各级政府在与社会组织互动中，将原先蕴含于科层、高压、运动体制下的社会资源不断带入，权力运作空间也在规范约束下再度得以生产，这种隐蔽、远离社会方式建构出的项目使政府从源头上加强了对项目的控制。

> 社会组织的发展相对滞后，缺乏链接资源的意识与能力，内部治理机构与制度不健全，财务制度也不够规范。我们制定的项目明确了服务内容、活动次数、服务时长，社会组织只要按照我们的要求执行就可以了。政府购买的服务项目不能出现财务风险，设定的绩效指标也一定要达成。（访谈编号：20160302L）

在政府购买服务项目的立项过程中，市、区、街镇拥有不同的资源，这些资源是权力实施的媒介（吉登斯，2016）。一部分权力运作的弹性空间是以制度化、组织化的方式建构出来的，通过组织化、科层化的方式对社会组织项目完成的频次、数量、时长进行安排与设计。这种工具主义的制度实践和运作方式源于政府社会治理自上而下的行政压力，是政府权力运作空间建构的缩影与映射。

（二）项目采购环节：风险控制防范逻辑

与西方相比，我国社会组织起步较晚，发展不均衡，能力参差不齐，政府购买服务的外包市场还不够完善，潜在的统治风险是政府要考虑的核心因素之一（周黎安，2014）。为了规避社会治理风险，政府倾向于采取"平衡主义"的思路设计相关制度（黄晓春，2015），更乐意购买信得过的、自己孵化并培育的社会组织的服务。与政府关系密切的社会组织成为公共服务的首选承包方。

S市2018~2020年采购的政府购买社区服务项目中，H区采购了29个项目，90%的项目中标单位的业务主管单位在本区；S区采购了32个项目，中标单位的业务主管单位均在本区。在对区民政局的调研中，一名从事政府购买服务工作多年的工作人员指出：

> 现在很多社会组织短期功利主义思想较强，只想快速、便捷地拿到项目，获得项目资金以谋求资源和自主性。很多社会组织的专业能力不强，悬浮于社区治理中，组织活力不足，购买外区不了解的社会组织的服务风险太大。（访谈编号：20200420S）

在面对不确定因素或者面临可能挑战现有权力体制的风险时，政府通过设置隐性进入壁垒，运用不同方式进行项目采购，进一步指向性地选择承接项目的社会组织。2020年，S市P区和S区部分项目选择竞争性磋商，即发布投标邀请、成立磋商小组、确定成交供应商。C区通过单一来源采购，直接确定熟悉的社会组织成为政府购买服务的承接主体。这种采购方式在一定程度上限制了社会组织公平参与政府购买服务项目的竞争，呈现政府购买服务区域化的特征。社会组织很难了解政府项目采购环节的隐性嵌入机制。约制社会组织实践空间的是政府常规、非强制的隐性嵌入机制。与政府权力运作可视化的、社会在场不同的是，政府购买服务采购制度巧妙地勾勒出治理转型中的权力运作与生产机制。

（三）项目执行环节：技术主义执行逻辑

在项目实施过程中，社会工作与政府互动中的弱势地位被不断强化和再生产，服务的有效性取代了服务的专业性（文军、何威，2016）。为了寻求专业话语权、地位和身份，证明服务成效（雷杰、黄婉怡，2017），社会组织通过技术化手段将项目实务能力展示给购买方，这种服务实效与成果导向的逻辑形塑了社会组织主体能动性的应对策略。

1. 从总体性支配到技术性治理

S市部分社区服务项目管理工作从2016年开始发生总体性调整。2016年之前，政府根据购买服务相关文件对服务项目活动开展情况和资金使用情况进行管理并拨付项目资金。2016年之后，政府进一步细化项目指标体系，通过明晰项目服务频次、社工服务时长、活动开展次数，设置项目权重等技术指标，强调购买主体应与承接主体签订购买服务合同。购买服务合同明确依据项目完成业务量核拨项目资金，明确承接主体需保留证明自己按质按量完成工作的证据，按照"政府采购、合同管理、绩效评价、信息公开"的总体思路，将其作为合同履行情况审计的依据，在项目结束后实施合同履行情况审计并按照审计结果结算。

S市民政局把行政目标和责任落实到具体的指标体系，通过标准化、数字化的方式，约制社会组织博弈空间，达到行政科层化的技术治理目的。从"总体性支配"到"技术性治理"是对中国自改革开放以来30年变化的经典概括（渠敬东等，2009）。一名区社会组织服务中心的工作人员指出：

> 现在我们在撰写项目需求书的时候不仅要挖掘项目需求，还要算清楚项目投入社工工作量、服务项目活动开展的时长、每个活

动内容的占比权重。(访谈编号：20200615H)

政府购买服务项目总体性的调整形塑了双方的关系，政府运用选择性支持、隐性控制策略赋权社会组织参与社会治理，在项目执行环节约制组织能动性。收窄组织主体能动性博弈空间，行政的实用主义逻辑转化成指标化的治理技术。社会组织在承接项目后，关注的主要是各部门的态度和意见，以实用导向开展项目。

2. 技术主义对社会组织的消极建构

技术主义是政府因上下级信息不对称而实现权威体制与灵活治理的折中选择（黄晓春，2017）。社会组织在开展项目过程中获得的很多知识是零碎的、分散的、杂乱的，很多时候停留在完成项目服务规定频次、指定内容和知道、了解的层面，没有与社会工作知识体系产生深层次的联系。实用导向的社会工作服务及多头管理模式使项目的资金逐年增长，政府预期的边际效应递减，社会组织专业水平无法提升，服务对象感受度不强。在政府赋权与约制的双重逻辑下，社会组织获得的是"有增长无发展"的碎片化知识，社会组织出现行政化和官僚化的趋势，缺乏反思建构的知识生产能力。

S 市 Y 区的一家社会组织从 2016 年到 2020 年连续 5 年在 Y 区承接困难家庭青少年服务项目，每年项目资金在 20 万元左右，服务内容基本都是建立数据库、个案服务、小组活动、主题活动、亲职教育、项目总结会。这家社会组织的单位法人和负责人 5 年内均未更换过。一名市财政局官员认为：

> 这样长时间内服务人群、服务内容、服务频次没有变化的项目，很难体现出社区项目的公益性，财政资金使用的绩效成绩不明显，项目管理服务效率不高，财政资金使用效益有待进一步提高。(访谈编号：20200622C)

政府购买服务的合同流于形式，政府有权修订合同、调整服务内容，大量合同外的行政性工作被强加于社会组织，占用社工本职工作时间和精力，而社会组织服务的专业性则不断下降。政府为了实现强化控制的目的，通过人事干涉等手段，将原有社区服务人员安排到服务项目中，导致社会组织内部治理结构趋于官僚化（朱健刚、陈安娜，2013）。中国"强政府-弱社会"的治理模式正在转型，政府的有限权力让渡及多种潜在规制逻辑限制了社会组织的发展，社会组织提供社会服务，仅仅扩大了组织的规模、增加了资金的投入，没有提高公共服务供给质量，是一种没有发展的增长（马全中，2017）。

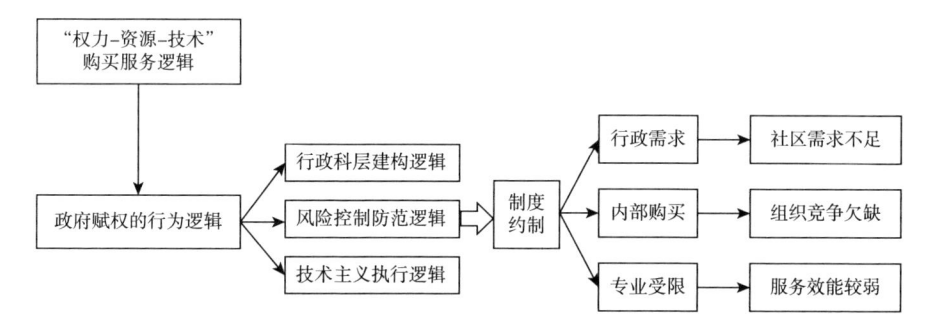

图 1　政府购买服务的赋权逻辑与制度约制

四　消解制度的约制性：社会组织的生存之道

社会组织是独立于政府和市场之外的第三方力量。美国学者萨拉蒙（Lester Salamon）认为社会组织具备组织性、非营利性、志愿性、非政府性和自治性特征。党的十八大提出社会体制改革，党的十八届三中全会提出创新社会治理体制。这些改革措施为社会组织的发展提供了良好的环境，政策的制定保障了社会组织以独立、自主、专业、平等的主体身份协同其他社会主体共同参与社会治理。然而，在实践中，由于政府在赋权的同时进行了制度约制，很多社会组织面临合法性困境、专业困境与资源匮乏问题。诺斯（2008）提出各主体之间的"博弈规则"。制度是人为设计的、形塑人们互动关系的一种约束机制，遵守规则和约束机制是社会组织参与社会治理的合法性基础。制度不可避免地涉及社会期待的义务，而且常常作为一种行动者必须考虑的事实进入社会生活领域。制度化意味着这样的过程：通过这些社会过程，义务或现实在社会思考和行动中获得了类似规则的地位（张永宏，2007）。经过多年的探索，政府购买服务带来的正面效果还是不够，出现"政治嵌入"（谢菲，2015）、"社会中间层"（王颖等，1993）、"去政治化"（何、安德蒙，2012）、"依附式自主"等现象（王诗宗、宋程成，2013）。强大的政府在与相对孱弱的社会组织互动时通常将官僚规则和程序控制嵌入项目形成、实施、审计和评价的全过程，通过非对称权力关系的外包合同来约制社会组织的行动空间。为了顺利承接项目，社会组织灵活穿梭于政府、学界、市场、传媒等场域，策略性地变换身份和角色以应对行政体制复杂的实践制度。

（一）参与立项，消弭伙伴关系边界

"控制权"理论的一个重要意义是"剩余"控制权的归属，高层提出主要目标的勾勒和主要参数的确定，具体落实的细节给了承包方的中间政府，由中间政府推动执行过程中细节的落实（周雪光，2015）。在S市政府购买服务项目过程中，政府购买服务项目的立项申报常常是市民政局提出服务项目立项通知和主要目标，各区民政局作为项目责任主体撰写服务项目立项申报文本。各区民政局将任务下派给各个街镇或直接交给社会组织撰写服务项目立项申报文本。根据文件要求，立项环节应该由区民政局和街镇共同完成，但政府人手紧张，更多情况是社会组织策略性地参与项目立项。社会组织在退步与妥协中设计项目服务领域、内容、受益对象等指标，在满足政府文件规定要求的情况下，自定义项目目标。受制度、政策、环境等多种因素的影响，政府与社会组织之间的权力边界也处在变动之中，不同层级的权威和主体在委托代理博弈过程中消弭伙伴关系边界。社会组织需要的资源不足、不

均,甚至是稀缺的,授权不足是社会组织行动自主空间狭窄的重要原因。社会组织不仅在资源上高度依附政府,而且受到政府制度的较大约束(范斌、朱媛媛,2017)。因此,社会组织只有参与项目立项,制定有利于组织承接项目的服务内容,才能维持生存和合法性。笔者于2018年对S市政府购买服务项目的427名承接单位服务人员进行了问卷调查。其中,390人提出要规范项目服务内容及合同(占91.3%),344人提出政府的约束力要适当,政社关系应进一步合理化(占80.6%)。一位多年承接服务项目的社会组织理事长感慨:

> 在国内,政府与社会组织平等的合作关系很难形成。虽然我们签订了政府购买服务合同,但合同条款就是对我们有约束力,条款的内容过细,条目众多,项目资金与服务要求的匹配性较差。社会组织的主体性地位很低,更多表现为与政府的上下级关系或是依附关系,很少有话语权,我们更多地扮演了"伙计"角色。(访谈编号:20170816X)

政府提供公共服务要与营利或非营利组织签订合同,双方形成公私合伙关系(库珀,2007)。城市与地方服务可以通过建立公私伙伴关系、合同外包、志愿服务和非营利机构等实现完全政府供给到完全私人供给或两者的结合(沙,2009)。但社会组织目前很难以伙伴关系与政府合作,更多是嵌入行政体系,拓展弹性行动空间。很多社会组织仅仅完成了合同条款规定内容,模棱两可的部分则以技术性策略应对。一名社工提出:

> 政府的制度和政策是以规则性、程序性、组织性为前提的,参与撰写项目有助于今后项目的实施。我们只能在承接项目后谨慎细致、灵活且柔和地与政府沟通,但要和政府成为伙伴估计还有很长的路要走。(访谈编号:20170904J)

政府购买服务是以强大的行动为支撑的。在社会组织与政府博弈的过程中，双方的行动边界不断被修正、重塑，社会组织的治理能力也在政府有限让渡治理空间的同时被不断建构。

（二）配合采购，外部化组织干预介入

笔者通过翻阅2009～2016年S市社区服务项目档案材料、识别关键信息、查阅标书内容后发现，S市社区服务项目制度通过政府购买服务的方式转移政府职能，引入市场竞争机制，更好地优化了当前社区服务的供给模式。竞标采购过程是投标组织独立、自主、公平竞争的过程，政府通过鼓励竞争选择合适的服务供应商，社会组织也在招标过程中不断提升自己的组织能力，这体现了公共服务外包体系的特征。但笔者通过对标书内容进行进一步分析后发现，当前政府购买服务的实施过程显然存在外部的组织化干预机制，这不仅会影响政府购买服务的效能，而且将在深层次上影响未来公共服务外包体系的发展。

笔者通过调研发现，社会组织递交的各类投标文件存在雷同现象。正常情况下，投标组织根据自身的组织能力和对项目的理解设计标书，不应存在标书雷同现象，但若有外部力量对竞标过程进行干预，就很容易出现"陪标"等现象。"陪标"组织的标书大多由"陪标"组织统一填写，一般情况是简化服务内容、缩短投标文件篇幅、形式内容单一，因此容易出现投标文件雷同现象。如图2所示，21.99%的项目标书雷同，34.04%的项目标书相似，而标书不同的项目仅占43.97%。

根据《政府采购法》《招标投标法》的相关规定，政府购买服务应委托采购中心或招标代理机构进行采购，采取线上或线下的方式进行公开招标，如编制招标文件、发布招标公告、投标、评审、公示等，确定服务供应商。但为了降低政治风险，政府选择性购买、培育孵化信任的社会组织，在理性选择视角下倾向于购买熟悉或有关系的社会组织的服务，这使一部分社会组织通过向官员输送利益获得项目，一部分社

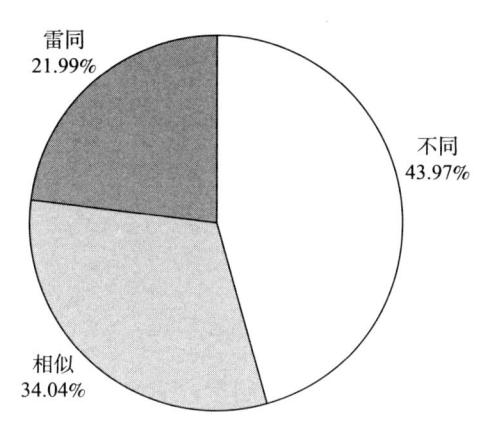

图 2　社会组织标书雷同情况

会组织撰写"陪标"文件，配合政府走完采购法要求的采购流程，并正式成为服务供应商。这种脱离市场机制的"内部化"购买目前已经成为广泛存在的失范现象（娄成武、甘海威，2017）。一名招投标代理公司的负责人说道：

> 我们按照委托人要求组织专家评审，进行政府购买服务项目的采购。其实在评审过程中，很多时候，政府有比较明确的供应商候选人。政府选择社会组织的一个考虑就是信任，熟悉和内生的社会组织与他们街镇沟通有天然优势，沟通成本较低，磨合时间短，管理成本也相对合理。我们招投标代理公司一般都会满足政府的要求。（访谈编号：20171103G）

新形势下的社会治理需要社会组织参与。社会组织只有顺利通过政府采购环节，才能真正发挥专业优势，提升公共服务的供给水平，进而解决社会问题，为公众提供公共服务。采购环节是政府购买服务的必要环节，也是社会组织争取到项目的核心环节。在这一过程中，社会组织高度依赖政府。在非竞争购买的大背景下，政府主导着公共服务的生产，隐藏了控制的追求。由于竞争机制和制度不完善，社会组织在采购过程中放低姿态，迎合政府需求，巧妙地在招投标代理公司与政府之间扮演不同的角色。社会组织变相参与采购的方式导致政府购买服务的目标由"提高公共服务资源配置的有效性"变成了"完成公共服务购买任务"，购买服务的效果、公众的满意度、财政资金的使用效率都受到影响。

（三）灵活高效实施无效的劳动

政府制定了相关的审计、绩效制度，这些制度有制约、规制、调节的作用（斯科特，2010）。为了顺利通过项目审计和绩效评估，社会组织在项目实施过程中严格按照项目投标文件开展相关活动，并加强对项目资料的管理。政府用有限的项目经费让社会组织做更多的事情，社会组织尽可能策略性地收窄自身职能范围，以降低组织运作的成本，获得最大利益。在"选择性赋权"的制度环境中，社会组织形成了"去政治的自主性"的生存策略，自觉地追求政府限定下的自主性，专注于服务完成而非利益申诉，以求生存与发展（唐文玉、马西恒，2011）。以S市政府购买服务项目为例，社会组织要整理的资料包括服务对象、志愿者、实习生、外聘人员档案，调查问卷、签到表、计划、通知、小结，与项目有关的成果或产出，出版物、报告、会议日程、录像、录音带、光盘以及新闻报道等材料。为了完成项目审计和管理方的行政要求，项目社工要花大量时间做档案文书工作，一位项目社工自嘲：

> 我早就成为一名"写工"了，每个项目的档案材料在6000张A4纸左右，算成电子档案材料能达到8G的容量。除了大量的项目档案材料（如个案记录、小组计划、社区营造等）要准备，我还要写很多街道的自治项目报告，总之就是开不完的会、写不完的报告。（访谈编号：20180521Y）

在社工服务呈现外部服务行政化的影响下，项目社工疲于完成各种档案、文书的撰写。社会组织除了常规活动外，还要随时完成政府的指令性任务，然而高效完成科层检查材料的背后是无效的、重复的、没有知识生产价值的低效劳动。由于从根本上缺乏制度建设及保障，政府购买服务外包体系还不完善，社会组织的专业性不断式微，员工的专业抱负得不到实现，频繁跳槽。社会组织花费大量时间应对科层体系的检查，缺乏与居民面对面的沟通，而良好的沟通才是社会组织深耕社区的重要条件。一名老年协会的社工说道：

> 社会服务项目是以需求为导向的，我认为社会组织应该多融入社区，去基层多走走才能更好地发现社区居民的实际需要。为了应付各项检查，我们写了很多档案，做了很多满意度调查问卷，但是问卷分析很少，当管理方询问服务对象的满意情况时，报个数据就完了。（访谈编号：20180525T）

管理方在项目购买合同中提出档案材料的要求是为了更好地加强项目管理、明确服务内容、体现项目证据价值，但社会组织缺乏与政府协商的能力，仅为了完成合同契约指标和审计、绩效的要求，没有反思与改进。除了浪费社工时间、浪费纸张和内存空间外，档案材料实质是无效的劳动，更曲解了社会组织发展的价值与使命。

五　结论与建议

本文以 S 市政府购买服务为切入点，阐释了赋权理论下政府社会结构制度的约制性和社会组织主体行动的能动性之间的关系，思考了政府购买服务的实践策略、带来的治理效果、背后隐含的博弈逻辑。政府在制度层面通过多种途径塑造了社会组织的发展路径，然而良好的社会治理有赖于政府的积极介入，政府的宏观政策和制度环境形塑社组织的发展，社会治理离不开一个积极有效的政府（汪锦军，2015）。

（一）重塑合作关系，厘清政府和社会的边界

政府购买服务是进一步推动政府职能转变、建设服务型政府的创新措施。面对政府权威体制与社会组织灵活性之间的张力，政社关系边界模糊的情境（黄晓星、杨杰，2015；徐盈艳、黎熙元，2018），政府应加快形成权责明确、依法自治的现代社会组织体制。S市于2014年制定了《社区公益服务项目目录》，明确了项目资金用于社区公益服务的范围。目前，国家及市级层面的相关购买服务目录还比较欠缺，为此，政府应加快研究和编制"政府购买公共服务目录"，厘清通过市场化方式提供的公共服务和政府购买服务的边界，明确社会组织的发展方向及参与公共服务的治理范围，为建立新型政社合作伙伴关系、建构政府与社会组织在公共服务领域的合作共赢关系指明方向。

（二）推进市场运作，营造透明和公平的环境

中国社会组织在数量和质量上已取得一定进步，但还处在成长中（徐家良，2019）。政府采取的实践逻辑应回应培育社会组织、激发社会活力、推动社会工作职业化和专业化发展的刚性要求。政府应通过市场化方式购买服务，按照公开择优的方式，第一，鼓励通过公开招投标的方式进行采购，建立健全公开、透明、规范的服务购买流程，严格甄别专业强、服务佳、口碑好的社会组织承接政府购买服务项目；第二，实行严格的信息公开制度，信息公开包括项目名称、主要内容、服务标准、服务要求、预算资金、购买方式、绩效目标等内容；第三，要通过制定严格的、可操作性强的采购流程与评估和监管措施，推动政府与社会组织合作关系的建立，对购买服务的过程和结果进行严格监管、评估和问责，实现第三方独立机构监管、审计和绩效评价，发动社会公众、媒体对项目进行监督，防止采购过程中出现暗箱操作现象，杜绝利益输送和有损公正的违规操作。

（三）提高组织能力，加强社会组织专业能力建设

面对政府购买服务相关的政策文本、规章制度和运作规则，社会组织通常是被动地适应和调整自身的行动策略，往往采取悬浮或嵌入在行政体系中的方式，但在具体社会情境中，行动主体运用各种知识完成活动后，结构得以继续存在（吉登斯，2016）。社会组织要具备理解政府购买服务制度和结构的能力，跳出对制度结构单方面嵌入的局限性，注重行动和结构的互构性。首先，社会组织应不断完善组织架构，建立规范的规章制度和管理体系，组织开展培训，不断提升自身的项目管理、沟通协调、组织统筹和财务运作等能力；其次，社会组织要发展获取资源、整合资源和运作项目的能力，不断提升自身的公信力和社会知名度，增强组织的独立性与竞争力；最后，社会组织可以借助政府权威的力量，克服政策倡导过程中的阻碍（杨佳譞、孙涛，2019），反思、推动并优化现有政策的不足之处，明确自身定位，积极获取合法性身份，主动寻求社会生存发展空间，体现自身的价值和意义。

质言之，政府购买服务是从"全能型政府"向"有限型政府"转变的路径之一，要研究不同治理情境下政社关系演变内涵，破解面临的制度困境，规避治理不确定风险，寻找真正适合我国社会组织发展、完善社会治理体系建设的路径。政府要从根本上实现赋权社会组织，要在制度安排上另辟蹊径。首先，政府的赋权应从体制结构上加以调整，优化政府购买服务的制度环境和服务体系，充分考虑社会经济情况和项目服务人群具体需求，使项目与社会公共需求趋于一致。其次，要优化政社合作适切路径，携手共同探索政府购买服务的内容、边界、模式、推进策略等。最后，要提升社会组织的专业能力和承接项目的能力，促进内生性力量的发展（赵环、尹阿雳，2016），规范组织制度，为社会组织参与社会治理注入活力、开辟更广阔的空间。赋权理论为政府购买服务研究提供了一个分析视角，政社合作创新社会治理是一项长期的时代课题，需要一种战略的系统思维进行推动和保障。

【参考文献】

安东尼·吉登斯,2016,《社会的构成:结构化理论纲要》,李康、李猛译,中国人民大学出版社。

安瓦·沙主编,2009,《公共服务提供》,孟华译,清华大学出版社。

道格拉斯·C. 诺斯,2008,《制度、制度变迁与经济绩效》,杭行译,上海人民出版社。

范斌、朱媛媛,2017,《策略性自主:社会组织与国家商酌的关系》,《江西师范大学学报》(哲学社会科学版)第 3 期,第 17~23 页。

菲利普·库珀,2007,《合同制治理——公共管理者面临的挑战与机遇》,竺乾威、卢毅、陈卓霞译,复旦大学出版社。

顾昕、王旭,2005,《从国家主义到法团主义——中国市场转型过程中国家与专业团体关系的演变》,《社会学研究》第 2 期,第 155~175 页。

黄晓勇,2019,《中国社会组织报告(2019)》,社会科学文献出版社。

黄晓春,2015,《当代中国社会组织的制度环境与发展》,《中国社会科学》第 9 期,第 146~164 页。

黄晓春,2017,《当前城市基层政府改革的深层挑战——基于机制分析的视角》,《江苏行政学院学报》第 3 期,第 114~120 页。

黄晓星、杨杰,2015,《社会服务组织的边界生产——基于 Z 市家庭综合服务中心的研究》,《社会学研究》第 6 期,第 99~121 页。

敬乂嘉,2016,《控制与赋权:中国政府的社会组织发展策略》,《学海》第 1 期,第 22~33 页。

纪莺莺,2016,《治理取向与制度环境:近期社会组织研究的国家中心转向》,《浙江学刊》第 3 期,第 196~203 页。

康晓光、韩恒,2005,《分类控制:当前中国大陆国家与社会关系研究》,《社会学研究》第 6 期,第 73~89 页。

雷杰、黄婉怡,2017,《实用专业主义:广州市家庭综合服务中心社会工作者"专业能力"的界定及其逻辑》,《社会》第 1 期,第 211~241 页。

娄成武、甘海威，2017，《新制度主义视角下政府购买公共服务内部化问题治理研究》，《学术论坛》第 2 期，第 121～127 页。

马全中，2017，《政府向社会组织购买服务的"内卷化"及其矫正——基于 B 市 G 区购买服务的经验分析》，《求实》第 4 期，第 44～57 页。

彭少峰、张昱，2014，《迈向"契约化"的政社合作——中国政府向社会力量购买服务之研究》，《内蒙古社会科学》（汉文版）第 1 期，第 161～166 页。

皮特·何、瑞志·安德蒙主编，2012，《嵌入式行动主义在中国：社会运动的机遇与约束》，李婵娟译，社会科学文献出版社。

Robert Adams，2013，《赋权、参与和社会工作》，汪冬冬译，华东理工大学出版社。

渠敬东、周飞舟、应星，2009，《从总体支配到技术治理——基于中国 30 年改革经验的社会学分析》，《中国社会科学》第 6 期，第 104～127 页。

唐有财、王天夫，2017，《社区认同、骨干动员和组织赋权：社区参与式治理的实现路径》，《中国行政管理》第 2 期，第 73～78 页。

唐文玉、马西恒，2011，《去政治的自主性：民办社会组织的生存策略——以恩派（NPI）公益组织发展中心为例》，《浙江社会学科学》第 10 期，第 58～65 页。

王浦劬、莱斯特·M. 萨拉蒙等，2010，《政府向社会组织购买公共服务研究：中国与全球经验分析》，北京大学出版社。

王名、乐园，2008，《中国民间组织参与公共服务购买的模式分析》，《中共浙江省委党校学报》第 4 期，第 5～13 页。

魏毅敏，2009，《政府工具选择的理论分析》，《前沿》第 7 期，第 19～22 页。

文军、何威，2016，《社会工作"选择性服务"现象及其反思》，《学习与探索》第 7 期，第 38～45 页。

王颖、折晓叶、孙炳耀，1993，《社会中间层——改革与中国的社团组织》，中国发展出版社。

王诗宗、宋程成，2013，《独立抑或自主：中国社会组织特征问题重思》，《中国社会科学》第 5 期，第 50～66 页。

W. 理查德·斯科特，2010，《制度与组织：思想观念与物质利益》，姚伟、王黎芳译，中国人民大学出版社。

汪锦军，2015，《合作治理的构建：政府与社会良性互动的生成机制》，《政治学研究》第 4 期，第 98 ~ 105 页。

谢菲，2015，《地方政府对社会组织培育的政治嵌入——基于广州市级政府层面的实证研究》，《广州大学学报》（社会科学版）第 6 期，第 31 ~ 36 页。

徐盈艳、黎熙元，2018，《浮动控制与分层嵌入——服务外包下的政社关系调整机制分析》，《社会学研究》第 2 期，第 115 ~ 139 页。

徐家良，2019，《社会治理正在向基层推进》，《中国社会组织》第 6 期，第 9 页。

亚当·斯密，1974，《国民财富的性质和原因的研究》（下卷），商务印书馆。

尹浩，2016，《"无权"到"赋权"：城市基层社会治理的新机制——以 H 省城市社区公益创投活动为分析对象》，《南昌大学学报》（人文社会科学版）第 5 期，第 22 ~ 28 页。

徐盈艳、黄晓星，2015，《促成与约制：制度嵌入性视角下的社会组织发展——基于广东五市政府购买社会工作服务的实践》，《新视野》第 5 期，第 74 ~ 78 页。

杨佳譞、孙涛，2019，《回应性倡导：政策倡导中社会组织有效行动的解释框架——基于 T 市与 S 市的双案例研究》，《公共行政评论》第 2 期，第 123 ~ 142 页。

周雪光、练宏，2012，《中国政府的治理模式：一个"控制权"理论》，《社会学研究》第 5 期，第 69 ~ 93 页。

周黎安，2014，《行政发包制》，《社会》第 6 期，第 1 ~ 38 页。

朱健刚、陈安娜，2013，《嵌入中的专业社会工作与街区权力关系——对一个政府购买服务项目的个案分析》，《社会学研究》第 1 期，第 43 ~ 64 页。

张永宏，2007，《组织社会学的新制度主义学派》，上海人民出版社。

周雪光，2015，《项目制：一个"控制权"理论视角》，《开放时代》第 2 期，第 82 ~ 102 页。

赵环、尹阿雳，2016，《增量嵌入：专业社会工作之于社区服务的一种解读——以深圳市 Y 社区服务中心为例》，《中国社会工作研究》第 1 期，第 115 ~

136 页。

Hood, C. 2000. "Paradoxes of Public-Sector Managerialism, Old Public Management and Public Service Bargains." *International Public Management Journal* Vol. 51, 3.

Buchanan, J. M. & Tollison, R. D. 1984. *The Theory of Public Choice.* University of Michigan Press.

社会组织评估动员的共意建构*

彭善民　朱海燕**

摘　要：评估动员是推广社会组织评估和推进社会组织健康发展的重要环节，亦是社会组织评估在实践过程中的薄弱环节。上海P区在社会组织评估实践中通过社会性评估动员体系的构建、评估公共话语及政策的构建、劝说性沟通机制的构建三个维度，在一定范围内形成了共意动员。不过，共意动员这一策略的建构与生成过程，较为依赖动员主体的能动性和专业性。从长远来看，社会组织评估指标的优化与评估成效的激励更为根本，更能激发动员客体对评估的认同和自觉参与。

关键词：社会组织评估；共意动员；共意建构

一　问题的提出

社会组织评估是民政部门为依法履行社会组织监督管理职责，促

---

*　基金项目：国家社会科学基金一般项目"组织生态视域下的社区社会组织发展研究"（项目编号：19BSH138）。
**　彭善民，上海大学社会学院教授，博士生导师，主要从事宏观社会工作、社会组织与社区发展方面的研究，E-mail：smpeng@163.com；朱海燕，上海大学社会学院博士研究生，主要从事社会工作与社区治理方面的研究，E-mail：2515046506@qq.com。

进社会组织健康发展，依照规范的方法和程序，由评估机构根据评估标准，对社会组织进行客观、全面的评估，并做出评估等级结论的过程。2007年，民政部印发《关于推进民间组织评估工作的指导意见》和《全国性民间组织评估实施办法》。2010年，民政部印发《关于在民政范围内推进管理标准化建设的方案（试行）》，并于年底颁布《社会组织评估管理办法》，基于社会组织的基础条件、内部治理、工作绩效、社会评价维度，评估结果设为1A到5A五个等级。由于评估是自愿申请的，具有非强制性，参与评估的组织覆盖面较为有限。加之在具体的政策实践过程中，社会组织评估可能遭遇评估信息失真、评估公信力不高、评估责任和风险的集中化等问题（陈建国、冯海群，2018），导致社会组织参与评估的积极性受到影响，制约了评估工作的全面开展。如何动员社会组织积极参与评估、提高动员的有效性，成为当前推动社会组织评估工作开展的一大难题。

国内关于社会组织评估的既有研究主要聚焦其形成背景和评估价值的阐释，强调社会组织评估是促进社会组织发展的重要制度。从政府角度来看，社会组织评估是政府监管社会组织的有效手段（徐双敏、崔丹丹，2016）。从社会组织自身来看，社会组织评估有利于完善社会组织的内部治理结构（徐家良，2017）、激发社会组织活力（曹迪等，2015）、提高社会组织的能力和公信力（徐家良、彭雷，2019），是促进社会组织走向专业化的有效机制。就社会治理而言，社会组织评估作为现代社会组织体制的创新机制之一，带动了越来越多的社会组织参与政府购买公共服务、公益慈善事业和社会治理创新（王名，2019）。伴随着社会组织评估在全国各地开展，对地方性评估现状考察、评估指标或体系分析和评估实践反思开始出现，如有对浙江民办非企业类社会组织的评估现状的考察（徐双敏、崔丹丹，2016），有对上海、深圳和青岛等地社会工作机构评估经验的初步梳理和比较分析（高聪，2014），有从观念、制度、机制、人才创新的角度提出评估困境突围的路径（曹天禄，2015），亦有强调从组织、内部管理、外部运作和财务运营等维度完善社会组织的绩效评估体系等（刘传铭，2013）。

评估动员是社会组织评估工作开展的先导，直接关涉评估客体的生成和评估服务的购买，是评估工作顺利开展的重要环节。相对而言，既有社会组织评估研究鲜有关注社会组织评估动员这一微观行动，并分析评估动员所蕴含的深刻逻辑的。上海P区作为社会组织评估工作的先行试点，在2007年便通过P区社会组织服务中心开始社会组织评估实践，历经十余年发展，形成了相对成熟的评估体系和评估方法。[①] 社会组织参与评估的意愿较强，每年参评的社会组织在100家左右。截至2020年底，P区评估等级在有效期内的社会组织共有445家，占全区注册登记社会组织总数的19.31%。4A级和5A级的社会组织占全市高等级社会组织总数的14.05%。[②] 与此同时，P区社会组织服务中心与其他区承担评估工作的社会组织相比，在业界有较强的影响力，评估中的专业性和公正性较强。因此，P区社会组织评估的动员经验具有一定的研究价值。本文以社会组织评估中的动员为研究主题，重点探讨作为评估主体的P区社会组织服务中心在评估中的动员策略及其背后的深层机制，透析社会组织积极参与的逻辑，以期推进社会组织评估的研究与发展。

在对P区社会组织评估动员经验的梳理和分析方面，本文尝试引入共意动员的理论视角和概念。麦卡锡和沃尔夫森指出，共意动员是"诉求具有公益性、道德性、正义性等特点，具有高度的情感认同，较少遭到组织化的和持续的反对，有时还能获得体制内的支持，某种意义上是一种劝服性沟通实践"（参见莫里斯、缪勒，2002）。克兰德尔曼斯进一步指出共意动员是"社会行动者有意识地在一个总体人群的某

---

① 成立于2003年的P区社会组织服务中心，是一家由P区民政局社团处作为业务主管部门，专注为社会组织提供注册登记咨询、评估、能力建设等服务的支持型社会服务机构，也是一家由上海市社会组织评估委员会审议通过的5A级社会组织。

② 该处数据参考上海社会组织公共服务平台（http://mzj.sh.gov.cn/）以及P区社会组织服务中心内部资料。

个亚群体中创造共意的努力"（参见莫里斯、缪勒，2002）。其将共意动员的过程分为三个层次：第一个层次是公共话语的建构层次，即借助网络媒体在不经意间形塑潜在参与者的共意；第二个层次是劝说性沟通层次，通常由集体行动的组织者发起，有意识地努力在一个总体群体中创造共同意识；第三个层次指在集体行动的一幕幕进程中发生意识的提升（参见莫里斯、缪勒，2002）。共意动员实质上包含了三个核心要素：网络媒体传播公共话语的过程，对潜在参与者进行劝说性沟通的努力，以及积极分子在共意动员过程中发挥的关键作用。简言之，共意动员是经由媒体传播公共话语形成意识形态层面的认同，同时通过积极分子对潜在参与者的劝说性沟通实践，来培育参与行动。社会组织评估是自愿原则下的非强制性评估，为此，共意动员理论与之具有一定的恰适性，适合阐释或分析社会组织评估动员的实践。

二 社会组织评估动员的共意建构策略

鉴于共意动员理论的关键要素和 P 区社会组织评估的动员实践，本文尝试从社会性评估动员体系的构建、评估公共话语及政策的构建、劝说性沟通机制的构建三个维度，对 P 区社会组织评估的动员过程及策略做一些梳理分析。

（一）社会性评估动员体系的构建

为推进社会组织评估和规范化建设，P 区成立了由民政局牵头，党政相关处室及人民团体负责人、社会组织代表人物、社会人士等参与的社会组织评估委员会。社会组织评估委员会共二十余人，其中主要成员为与社会组织管理工作联系密切的党政相关处室及人民团体负责人。社会组织评估委员会的设置和社会人士的参与，在形式上避免了社会组织评估完全成为政府工作，体现了评估工作的社会性，淡化了政府干预及可能产生的风险。社会组织评估委员会负责建立评估机制、开展评估动员、进行评估监测、审议评估结果等事项。以党政相关处室及人民团体负责人为主体的相关评估委员会在评估动员方面的功能发挥主要体现为对社会组织业务主管部门的动员。尽管于2013年批准通过的《国务院机构改革和职能转变方案》正式提出了行业协会商会类、科技类、公益慈善类、城乡社区服务类社会组织直接登记政策，但近年来P区直接登记的社会组织数量不多，且登记管理机关加强了对直接登记的社会组织的行政监管。社会组织评估委员会中的党政相关处室及人民团体负责人多为不同条线社会组织的业务主管部门负责人。由民政局牵头的社会组织评估委员会的动员会议提请了各条线社会组织业务主管部门对评估工作的重视，推动业务主管部门对自己条线的社会组织进行积极动员及提供相应的评估支持。

社会组织评估的具体实施由社会组织评估委员会委托P区社会组织服务中心承担，P区社会组织服务中心负责在全区社会组织层面进行评估动员。不足十人的P区社会组织服务中心要对全区近2000家社会组织直接进行有效的动员几乎不大可能，因此，P区社会组织服务中心将评估动员的部分任务分解至街镇社会组织服务中心，由街镇社会组织服务中心直接对在辖区内运营的社会组织进行动员，尤其是那些由街镇作为业务主管部门的社区社会组织。P区社会组织服务中心主要的动员对象除了街镇社会组织服务中心之外，还有在P区注册的区级及以上社会组织。

为此，社会组织评估委员会、P区社会组织服务中心、街镇社会组织服务中心形成了社会组织评估的动员体系，且分别聚焦社会组织业务主管部门的动员、区级及以上社会组织的动员和社区社会组织的动员。社会性三级动员网络奠定了社会组织评估共意动员的基础。

（二）评估公共话语及政策的构建

意义的构建是认同与行动的基础。社会组织评估政策更多是从宏观层面加强对社会组织的管理和规范化建设的角度提出的，对单个的社会组织并未做评估的硬性要求，社会组织参与评估的收益更是无法在评估政策中直接体现。理性的社会组织往往会在收益与成本之间反复权衡。此外，教育、医疗、养老等领域的社会组织自身存在较为成熟且被行业认可的等级评价体系，并不十分认同和重视由民政系统牵头制定的新评价体系。激发社会组织参与评估的积极性，需要通过构建评估的公共话语及公共政策来诠释社会组织评估的意义或价值。这恰恰也是共意动员强调的重点，"共意性运动"能否有效动员潜在参与者，关键在于运动诉求是否符合某些价值（易前良、程婕，2014）。

P区的社会组织评估前期重视专家系统对评估的价值阐释、评估公共话语及政策的建构。社会组织评估委员会邀请学界专家和行业精英对社会组织评估政策进行积极解读，对评估的意义进行合理性建构。社会组织研究界和实务界的行业专家在评估的意义框定策略上，借用"促进社会组织健康发展""完善社会组织内部治理""优先承接政府职能转移"等政策话语的表达，阐释评估与个体社会组织自我发展的契合性。与此同时，行业专家们还会梳理海外社会组织发展经验及发展趋势，以此来强化社会组织评估的前瞻性。

P区民政局还组织专家学者、社会组织负责人、行政官员共同研究社会组织发展的扶持政策，在扶持政策中专门将社会组织评估纳入激励范畴。P区社会组织扶持政策的"十三五"规划中规定：初次获得社会组织评估3A级的奖励1万元，初次获得社会组织评估4A级的奖励5万元，初次获得社会组织评估5A级的奖励8万元。并且在政府购买服务中，鼓励购买方在同等条件下向具有评估等级和高等级的社会组织倾斜，意味着社会组织的评估等级增加了社会组织承接政府购买服务项目的机会。策略性政策意义框定的使用能将社会组织对公共政策的感受与理性计算衔接起来，进而影响社会组织的政策认同感。此外，为促进民政之外其他条线部门对社会组织评估效力的认可，社会组织评估委员会通过公开会议的方式，以及民政部门负责人与其他部门负责人直接沟通等方式，逐步推动其他条线部门对评估的接纳。教育、养老、医疗等领域的社会组织的业务主管部门开始在自身的评估指标系统里纳入社会组织评估的结果。譬如，养老服务机构星级评定规定只有达到社会组织评估某个等级之后才能参加行业的星级评定。

话语及政策的有效宣传有利于提升其公共性，扩大影响力。在互联网和新媒体时代，网络动员亦成为动员的新形式。社交媒体对共意的形成最突出的作用就是扩大影响效应，进而从更大的范围和空间加强社会组织对评估的认同。作为国家意识形态显性体现的主流传媒动员所具有的权威性、公信力以及凝聚共意的能力（孙晓晖、刘同舫，2020），在评估的动员和宣传方面发挥了不可替代的作用。在P区社会组织评估实践中，民政局官方网站和上海社会组织公共服务平台同时发布评估通知、评估细则与评估指标等政策性文件。新兴的自媒体亦对社会组织评估进行积极的介入和推动。评估工作人员在微信公众号、微信群里及时发布评估通知与评估要求，并解答潜在参与者对评估的疑问，与潜在参与者进行互动交流，构建他们对评估行动的信任感，塑造认同意识。同时，社会组织评估工作人员将评估通知分享至朋友圈。社交媒体天然具有分享的属性，其形成的人际传播对评估动员来说极具针对性和灵活性，大大提高了动员的效率。一方面，群体和话题具有针对性。社会组织工作人员的社会关系网络中拥有相似社会属性和志趣的人群较多，当社会组织评估的消息发布时，较易得到认同和获得关注，进而主动参与评估。另一方面，社会组织评估的共意动员通过政府官员、评估专家和社交媒体等多元话语主体，共同构建和框定评估的意义，进而争取更多社会组织的认同和参与。

（三）劝说性沟通机制的构建

公共话语框架及政策的构建尽管增强了潜在参与者对评估的认同，但是认同感的形成并不能立即触发社会组织的参与行为。劝说性沟通机制是将话语、共意转化为行动的重要途径。负责社会组织评估具体动员和政策落实的区社会组织服务中心通过将社会组织分类、实地走访和专题辅导等形式构建了社会组织评估的劝说性沟通机制。

首先，P 区社会组织服务中心对全区符合评估资格的社会组织进行整体摸排，在普遍性评估动员宣传的基础上，初步统计有意向的社会组织，并对符合评估资格的社会组织进行分类。与此同时，社会组织评估委员会对不同类型的社会组织，如社会团体、社会服务机构、基金会等，设置了不同的评估指标。P 区社会组织服务中心召集不同类型的社会组织进行培训，邀请评估专家结合评估中的实务案例，具体讲解各类指标的含义、实践中的评估尺度以及常见的自评过程中的误判或失分处，同时邀请近些年晋级的不同类型的社会组织代表分享评估准备的成功经验及评估过程中的组织收益。实践中，共意动员主要是依靠愿意出头的一个或少数几个"带头人""组织者"来操作和运行的，他们的出现对群体共意的构建和提升具有十分重要的作用（胡仕林，2016）。不同类型的社会组织代表的经验分享增进了社会组织参与评估的亲近感和可及感。

其次，依托社会组织年度检查等活动进行入户宣传。P 区社会组织服务中心组织委托街镇社会组织服务中心的工作人员进行实地的年检工作时，对符合评估资格的社会组织开展宣传工作，讲述评估政策的要义和评估的程序，为社会组织提供了近距离了解评估的机会，并结合社会组织发展的实际情况，协助分析社会组织参与评估的成本及可能评上的等级，以引发和提升社会组织的参与意愿。街镇社会组织服务中心利用自身在地方创建的互动联系网络，通过非正式的谈话了解社会组织参与评估的动机和顾虑，然后再反馈给 P 区社会组织服务中心，为顺利开展评估动员和宣传奠定了良好的基础，从而实施更有针对性的动员策略。

最后，P 区社会组织服务中心组织评估专家进入有意愿参与评估的社会组织的办公场所，开展评估前的实地指导与咨询服务。即在正式评估之前，评估专家对有意愿参评的社会组织在办公场所、组织章程、组织架构、人员构成、财务状况等方面做出细致、客观、公正合理的指导和建议。类似于评估督导的角色，进一步增强了社会组织参与评估的能力和信心。社会组织普遍反映这种评估督导对社会组织的内部治理和规范化建设等起到了指导作用，富有实效，它们真正感受到以评促建的功能。P区社会组织服务中心提供的带有鼓励性和建设性的评估督导服务对于那些举棋不定的社会组织而言，在一定程度上起到了劝说性沟通的作用，坚定了其参与评估的意愿和信心。

三 社会组织评估共意动员的启示与反思

（一）共意生成的关键：专业第三方评估机构的枢纽角色

P区社会组织评估的共意动员效果，与具体运作评估的P区社会组织服务中心的能力密切相关。作为第三方评估机构的P区社会组织服务中心发挥了专业引领和枢纽作用，成为评估共意生成的关键。具体表现在以下两个方面。

其一，作为第三方评估机构，P区社会组织服务中心评估的专业性提高了社会组织的认同感和参与的积极性。相比于其他涉及多项业务领域的社会组织服务中心而言，P区社会组织服务中心的角色定位较为单一，自成立以来就主要聚焦社会组织的规范化建设和评估，以及协助政府部门完成社会组织的注册登记与注销或撤销。P区社会组织服务中心长期以来在社会组织评估方面积累了丰富的经验，包括评估的动员与实施，对评估指标有专业的解读，对参与评估的专家有高频度的前期沟通，以达成对评估指标的共识，尽可能地减少具体打分时的分歧和误差。与此同时，P区社会组织服务中心对评估专家进行专门的评估伦理培训，本着公开透明和实事求是的原则为参评组织提供客观意见。评估专家对各自负责的版块独立打分，不相互讨论，当场统计和公布分数，当场对扣分点做出详细说明和解释，以使参评社会组织负责人及工作人员最大限度地信服评估结果，并能从现场的评估意见中受到启发。社会组织评估组建的专家团队具有多元性与合理性，由高等级社会组织代表，熟悉社会组织政策、财务和理论的资深专业人才组成，从根本上促进了评估过程的客观、公正和专业。对于第三方评估机构而言，自身的治理结构、人力资源、财务规范等方面的专业性也是其获得社会认可的重要因素（陈建国、冯海群，2018）。获得5A级的P区社会组织服务中心在评估领域的专业性和评估经验获得政府与其他社会组织的广泛认可。

其二，P区社会组织服务中心亲社会与亲政府的枢纽角色促进了评估共意的产生。作为社会服务机构的P区社会组织服务中心，最早脱胎于民政局社团处下的一家事业单位，与政府联系紧密，一方面直接承担了社团处转移的社会组织登记和管理的部分职能；另一方面，其目标是为社会组织提供支持性服务，定期举行"社会组织之家"的联谊活动，与社会组织的接触频繁，具有亲社会性特征。评估工作本身的专业性强，也有利于专事评估的P区社会组织服务中心具有较强的独立性。在服务实践过程中，P区社会组织服务中心实际发挥了服务政府和服务社会的双重功能，具有保护性枢纽特征（彭善民、陈相云，2019）。P区社会组织服务中心的亲政府性使其可以获得政府的信任和支持，在动员社会组织方面具有明显优势。与此同时，P区社会组织服务中心承担了社会组织注册登记的部分职能，是区域内众多社会组织的"接生婆"，并且在社会组织的发展过程中提供组织联谊、政策咨询、业务培训等支持性服务，与社会组织形成较为稳定的关系网络。共意动员理论表明，个体之间的同质性越强，形成共意和群体行动的可能性就越大，具有同样背景、同时彼此之间存在各种形式的互动的人群是集体行动的一个主要来源（胡仕林，2016）。P区社会组织服务中心与其他社会组织之间的关系网络，促进了社会组织的信任，从而促使社会组织更容易达成对评估的共识，也更容易参与评估行动。

（二）共意动员的挑战与理性选择下的评估成效激励

P 区的社会组织评估尽管在多层次评估动员主体的参与下，通过公共话语的构建与社会网络的应用，营造了评估的氛围，在多个社会组织之间达成了评估的共识，促成了社会组织参与评估，但是此种共意动员的效果依然受到评估结果实践效用的限制。从理性选择的角度出发，社会组织认同评估，或者参与评估，与社会组织认同自身的参与能够满足组织发展的现实需求息息相关。社会组织看重评估对组织发展的作用及其参与评估的产出或收益是否大过付出的成本。尽管当前的政府购买服务实践中会有在同等条件下向 3A 级以上社会组织倾斜的不成文规定，但考虑到政府购买服务的公平性，这种不成文的规定难有足够的合法性支撑。同时，3A 级以上社会组织才有的实际倾斜使那些自评估无法达到 3A 级的社会组织降低了参与意愿。近年来 P 区社会组织评估中社会组织的评估申请都是在 3A 级及以上，明显是冲着 3A 级及以上的效用而来的。

既有的社会组织评估政策主要侧重于社会组织的规范化建设，对社会组织的服务与发展能力缺少有力的衡量指标，而既有的评估指标虽然能较好地反映社会组织的规范化程度，却难直接精确地衡量社会组织的核心能力状况。当前评估指标重视评估社会组织的财务状况和内部治理，在社会组织的公信力和影响力等方面设置指标的精准性和充分性不足。此外，在实践过程中，社会组织评估缺少在非社会领域的宣传和推广，评估的过程及结果不为社会大众所知，影响了评估的社会认可度及接纳度。与此同时，社会组织评估动员存在的共意风险也值得警惕与反思。共意动员的风险在于共意形成的延续性与持久性，社会组织对评估的共意可能会随着评估的吸引力下降而逐渐削弱甚至消失。有研究表明，社会组织经过第一轮的评估，内部治理获得了提升，二次参与再用同样的指标衡量，部分社会组织认为意义不大（陈建国、冯海群，2018）。

共意动员的效果与评估主体的积极性、专业性存在一定关系。P区社会组织评估服务有限的政府购买主要是按照参评组织数量的多寡给付资金，对于那些经过动员而未能参与评估的社会组织而言，不在购买的序列，在一定程度上降低了评估执行主体的积极性。评估动员在评估制度或政策的设计上仍有较大的发挥空间。为推进社会组织广泛地参与评估，评估动员环节可以列为单独部分或重要环节，并在可能的情形下予以相应的经费支持。为各类评估主体的评估动员增进激励，亦能更好地实现以评促建的目的。

提高社会组织对评估政策的共意与认同，需要进一步优化社会组织评估指标体系，健全评估体系。具体表现在：研制开发能直接反映社会组织核心能力的指标体系；优化社会组织评估委员会的结构，增加社会组织行业专家代表；创新社会组织评估委员会的决策方式，充分发挥评估委员的功能及影响力；完善社会组织评估专家系统，开发社会组织随机垂直盲抽系统；引入"智能＋社会组织评估"，实现由传统的纸质材料申报向网上申报转变，简化申报流程，提高评估效率；增进实地评估过程中服务对象或服务项目利益相关者的参与互动，避免实地评估中的"办公室化"及"本本主义"。

四 总结

评估动员是推广社会组织评估和推进社会组织健康发展的重要环节，亦是社会组织在评估实践过程中的薄弱环节。在提高社会组织参与评估的积极性层面，共意动员策略关注公共话语的形成与散播以及积极分子的努力推进，走出原有的以对抗性为主的社会动员模式，提高潜在参与者意识形态上的认同水平，进而形成群体的有效参与。P区社会组织服务中心在多年的社会组织评估实践中形成了社会性评估动员体系的构建、评估公共话语及政策的构建、劝说性沟通机制的构建的共意动员策略，取得了一定的动员效果。社会组织评估共意动员的生成是多元主体协同推进的结果，政府、P 区社会组织服务中心、社会组织等均在这一过程中发挥了重要作用。作为第三方评估机构的 P 区社会组织服务中心是评估动员的关键主体，其依靠专业角色、专业辅导及与辖区内社会组织既有的服务关系所建立的信任关系网络，提升了社会组织参与评估的信心，促进了社会组织的有效参与。与此同时，策略性构建与共意生成，较为依赖动员主体的能动性和专业性发挥。从长远来看，社会组织评估指标的优化及评估成效的激励更为根本，更能激发动员客体对评估的认同感和自觉参与。最后，需谨防由社会组织评估受委托方或执行方主体性的缺失导致的共意动员方向的偏离或异化。总的来说，社会组织评估委员会及作为执行方的 P 区社会组织服务中心对社会组织进行动员所形成的共意是有限的，伴随着社会组织的规范化发展，未来需要进一步推动评估标准、结构和机制的优化，以激发社会组织参与评估的内生动力，逐步提升社会组织评估的参与度。

【参考文献】

曹迪、王艺霖、李跃、许天，2015，《论社会组织评估在激发社会组织活力中的作用——以辽宁省沈阳市铁西区 2014 年社会组织评估为例》，《社会福利》（理论版）第 10 期，第 39～42 页。

曹天禄，2015，《社会组织评估：困境与突破——以深圳社会组织评估为例》，《湖湘论坛》第 6 期，第 79～85 页。

陈建国、冯海群，2018，《社会组织评估的制度结构和改革方向》，《云南大学学报》（社会科学版）第 3 期，第 107～114 页。

高聪，2014，《社会组织评估体系构建研究》，硕士学位论文，青岛大学。

胡仕林，2016，《利益型群体性事件中的共意建构》，《广西社会科学》第 9 期，第 169～172 页。

刘传铭，2013，《社会组织绩效评估指标体系构建研究》，《中国社会组织》第 4 期，第 43～45 页。

艾尔东·莫里斯、卡洛尔·麦克拉吉·缪勒主编，2002，《社会运动理论的前沿领域》，刘能译，北京大学出版社。

彭善民、陈相云，2019，《保护型经纪：社会组织服务中心参与基层社会治理的角色实践》，《福建论坛》（人文社会科学版）第 6 期，第 186~192 页。

孙晓晖、刘同舫，2020，《公共危机治理中社会动员的功能边界和优化策略》，《武汉大学学报》（哲学社会科学版）第 3 期，第 23~32 页。

王名，2019，《评估改变社会——谈谈我对社会组织评估的几点认识》，《中国社会组织》第 1 期，第 54~55 页。

徐家良主编，2017，《中国社会组织评估发展报告（2017）》，社会科学文献出版社。

徐家良、彭雷，2019，《通过社会组织评估提高社会组织能力和公信力》，《中国社会组织》第 4 期，第 46~47 页。

徐双敏、崔丹丹，2016，《民办非企业类社会组织评估现状及其完善研究——以浙江 N 市"阳光驿站"评估为例》，《晋阳学刊》第 2 期，第 105~113 页。

易前良、程婕，2014，《转型中国"共意性运动"中的媒介动员》，《当代传播》第 1 期，第 14~17 页。

五维赋能：公益组织发展型助学模式与发展策略

——以江苏 J 基金会为例*

张进美 马俊秋 谢 怡**

摘 要：当前，助学类公益组织推行的三种助学模式各有优势和弊端，研究和树立具有典型示范效应的公益组织助学模式以促进同类公益组织的发展尤为重要。以个案研究为基础，本文通过访谈和比较总结归纳出五维赋能式发展型助学模式。该模式包括经济赋能、心理赋能、学业赋能、实践赋能和创业赋能五个维度，各维度既相对独立又互相联系。这一模式破除了仅为受助学生提供物质资助这种浅层助学的弊端，培养和提升了受助学生的综合能力，助力他们成人、成才、成业。通过分析五维赋能式发展型助学模式的特色、优势及可能存在的弊端，本文探讨了发展型助学公益组织的深层发展策略。

关键词：公益组织；发展型助学；基金会；五维赋能

---

* 基金项目：山东省社会科学规划研究专项"社区型民间志愿服务组织发展困境及应对研究"（项目编号：21CZYJ08）。

** 张进美，女，山东理工大学法学院副教授，硕士生导师，东北大学管理学博士，主要从事慈善及公共管理等方面的研究，E-mail：zhangjinmei326@163.com；马俊秋，山东理工大学硕士研究生，主要从事公益慈善与社区治理方面的研究，E-mail：17865922527@163.com；谢怡，山东理工大学科技信息研究所研究馆员，主要从事公益慈善方面的研究，E-mail：xy@sdut.edu.cn。感谢江苏陶欣伯助学基金会在本文写作过程中提供的帮助。

一 问题的提出

近年来,公益越来越多地走进日常生活,公益组织越发活跃地走到民众眼前(李璐,2017)。作为公益事业的主体力量,公益组织致力于扶弱济贫、助学和开展其他各类公益事业,具有特定价值取向和历史使命(广州大学课题组,2017)。总体来看,我国助学体系大致经历了五个阶段:助学金阶段、奖助并存阶段、"奖、贷、助"并存阶段、"奖、贷、助、勤、补、减、免"并存阶段(魏有兴、杨孝旭,2019;魏有兴等,2020)和"奖、补、减、贷、助"并存阶段(赵俐,2010)。在上述助学体系中,公益组织都扮演了重要角色。但是既有的助学形式都或多或少存在一定弊端,不能全方位解决受助学生的实际困难和满足其精神需求,也不利于帮助受助学生真正走上成长、成才之路。因此,部分公益组织开始倡导公益助学的新模式,尝试开展全方位助学,以期实现公益助学与公益组织的长期发展。简言之,探讨公益组织的助学模式和发展策略是社会发展的一个迫切要求。

二 文献综述

公益组织助学可以采用多种形式,如奖学金、助学金、贷款、勤工俭学计划等。一方面,有学者发现开展一系列助学活动对受助学生产生了积极作用:对受助学生进行早期资助承诺有利于其做出更合理的大学决策(Liu et al.,2011;Yi et al.,2015),且经济资助是学生顺利完成大学学业的重要基础(Long & Erin,2007),甚至会减少学生辍学和留校的概率(Gonzalez,2021)。另一方面,有学者从社会学视角揭示扶贫资助对受助者产生了较大的影响(Spear,2012;Hope,2018),如加拿大大学生全国联合会(NFCUS)和加拿大大学生联合会(CUS)

作为历史行动者的学生组织，通过说服企业、政府、大学管理者、公众开展大规模学生资助项目，从中帮助学生改变命运（Moses，2001）。

结合中国本土反贫困实践，不少学者展开了公益组织助学的理论研究和实践分析（洪胜男，2019；周耀虹，2014）。更有研究者提出应从理念、方法和组织体系等层面实现教育扶贫机制的内在逻辑与外在逻辑的有效衔接，打造长效的教育扶贫机制（袁利平、姜嘉伟，2021），并指出大学生公益组织是高校思想政治教育的行动载体，是高校校园文化建设的重要组织平台，要用好这些组织（Sun & Yan, 2017）。认识到公益组织在助学方面的重要作用和地位后，为了更好地促进公益组织助学，有研究者提出一系列策略（王媛璐，2018），承认公益组织的合法地位，加强对其监督和管理。还有学者提出要充分利用网络技术来发展公益组织助学（潘琳，2017；陈浩天，2020）。

那么，如何充分发挥公益组织在助学中的重要作用？关键措施之一便是采用恰当的助学模式。当前，虽然已有研究涉及公益组织参与教育扶贫问题，但是很少有研究探讨公益组织参与过程中的自身运作和助学模式。美国的助学模式主要以助学金、贷款和勤工俭学的形式提供给接受高等教育的学生（Board & Office, 2000）。我国在长期实践过程中逐渐形成了独具特色的教育扶贫模式，教育扶贫既包括"扶教育之贫"和"用教育扶贫"两个维度（向雪琪，2020），也包括"物质资本扶贫、人力资本扶贫、社会资本扶贫"三维资本结构模式（匡立波、黄渊基，2017）。有研究者还构建了教育扶贫"五位一体"多元主体协同治理格局（吴易雄等，2020），同时按照扶贫主体将其划分为政府主导式扶贫与社会主导式扶贫（Moses，2001），按照作用方式将其划分为救济式扶贫与开发式扶贫（谢君君，2012），按照参与方式及运行特点将其划分为外延式教育扶贫和内涵式教育扶贫（聂雯，2019）。但是这些助学模式都是以教育扶贫角度切入的，并未针对公益组织的助学过程而言，也不能充分展现公益组织的助学内容。

本文按照公益组织参与公益助学的输出成果类型，尝试将已有助学模式划分为教育知识输出型、经济资助或者物质资助型、"经济资助+心理资助"型三种类型。

教育知识输出型助学模式，即公益组织通过组织一部分志愿者或者教师赴被支援地区，向当地传输知识，帮助当地提高教育水平等一系列志愿活动。近些年，广大民众、公益组织、个人越来越关注贫困学生的教育问题，参与支教的积极性越来越高（买雪燕、李晓华，2021）。教育知识输出型助学模式在发挥重要作用的同时，出现了许多短期内无法克服的问题，如支教者的支教能力等个人素质差异大，支教周期、支教地点、支教人员循环流动等问题需要经过科学的设计与衡量，等等。

经济资助或者物质资助型助学模式，即公益组织通过主动募捐和被动接受一定的资金或物质用品捐赠，向经济困难的学子提供经济、物质资助以帮助其完成学业。该模式的资助方式较为多样，既可以采用"一次性向困难学生捐钱、捐物"的方式，也可以采用"在固定期限内分次资助困难学生"的方式。草根公益组织通过搭建免费的爱心助学平台，发挥桥梁作用，开展多种助学公益项目，将施助者与受助者联系起来，实现"一站式"助学，最终打造公益慈善、社会服务、公益商业"三位一体"的具有区域影响力与行业影响力的民间公益组织（孙春宁，2014）。广州开发区善德助学促进会采取第二种方式，秉持"快乐公益、阳光慈善"的理念，将公益助学项目做扎实、做规范，推动公益助学事业健康、持续发展，让更多学子受惠（刘小柏，2015）。经济资助或者物质资助型助学模式虽操作起来相对简单，但重要环节是准确找到求助者，因此需要派驻大量志愿者或工作人员，这对公益组织来说是一种挑战。

"经济资助+心理资助"型助学模式，即公益组织通过物质方式资助困难学生，关注其心理需求，并以心理辅导、公益游学等方式帮助其树立积极心态，改变他们内心的消极想法。新时代我国教育扶贫既要满足困难学生所需学费等资金需求，还要促进教育质量提升，并且要高度重视困难学生的心理需求（付卫东，2021）。部分公益组织定期为困难学生提供心理辅导，而其他组织则不定期开展实践锻炼，还有的公益组织将捐赠者或志愿者与困难学生"结对"，使二者长期联系、交流，以达到心理辅导的目的。"经济资助＋心理资助"型模式虽然比前两种模式更有利于受助者，但要求公益组织付出更多的人力和物力选择求助者、捐赠者或志愿者，而大多数公益组织本身就缺乏人、财、物，所以这种模式对它们而言也是一种挑战。

综上所述，已有部分研究涉及公益组织和助学（或教育扶贫）两个层面，但是直接研究公益组织助学的成果并不多。这既说明此类问题所受关注度不足，也说明需要对这一领域加大研究力度。当前我国各地助学类公益组织较多，既有官办基金会，也有草根组织。现有的公益类助学主要是以改善受助者困境为主的短期资助，缺少长期辅导与人生辅助。同时，虽然公益组织明确了助学业务，但在助学类型、助学能力、助学范围等方面有较大差异，各有优势和弊端。因此，亟须从理论和实践层面找到适合公益组织助学的模式，推动公益助学的长期发展。同时，上述三种助学模式不足以满足受助学生的需求，也未从根本上打通学生的成长、成才之路，且不利于推动助学类公益组织多元化、可持续发展。因此，分析公益组织助学模式，并在上述三种模式的基础上提出公益组织发展型助学模式是社会所需和理论研究关注所在。

三 五维赋能：基于江苏 J 基金会实践的公益组织发展型助学模式

（一）个案的基本情况概述

江苏 J 基金会成立于 2006 年，主要工作是资助贫困学生完成学业、奖励品学兼优学生、鼓励学生回乡创业、支持学生参与社会实践、支持教育公益项目。江苏 J 基金会是典型的助学类基金会，特色项目为伯藜助学金、助学导师、创业项目和伯藜学社。

江苏 J 基金会日常管理规范，组织架构清晰。它由 5~25 名理事组成理事会，理事每届任期 5 年，任期届满，连选可以连任；理事会选举产生由 3 名执行理事组成的执行委员会并将其作为基金会的最高行政机构，基金会秘书长兼任执行理事；基层部门包括项目一部、项目二部、项目策划部、行政部。从成立之日起，江苏 J 基金会就逐步建立起相对完善的规章制度，如基金会章程、人事管理制度、财务管理制度、项目管理工作指南等，并从 2012 年开始定期公布助学工作年度报告、政府年检报告、财务审计报告，形成公开透明的公益助学氛围。

本文将江苏 J 基金会作为典型个案有两个层面的考虑：一是该基金会为助学类公益组织，其日常活动和其他同类组织有相同之处，具有可对比性；二是该基金会的发展理念、发展道路与助学模式具有独特之处，与大多数同类组织相比更先进。

（二） 五维赋能式发展型助学模式的实践分析

本文结合江苏 J 基金会的助学实践，总结归纳出五维赋能式发展型助学模式。挖掘江苏 J 基金会存在的问题和助学特色，不仅是推动助学类公益组织长久发展的内在要求，也是推进新型助学模式实施的客观要求。

五维赋能式发展型助学模式主要是指从经济赋能、心理赋能、学业赋能、实践赋能和创业赋能五个维度入手，破除仅为受助学生提供物质资助这种浅层助学的弊端，培养和提升受助学生的综合能力，助力他们成人、成才、成业。发展型助学模式的五个维度各自独立又互相联系，具体架构如图 1 所示。

这种新型助学模式主要通过经济赋能、心理赋能、学业赋能、实践赋能和创业赋能五个维度来多方位培养和提升陶学子[①]的综合能力。它

---

① 所谓陶学子，主要是指伯藜助学金的获得者。

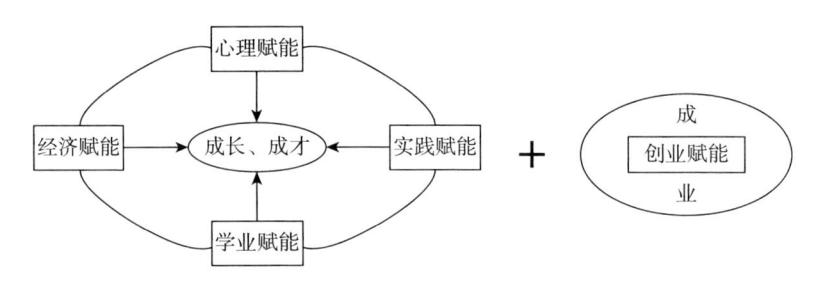

图 1　五维赋能式发展型助学模式具体架构

以伯藜学社为平台，鼓励陶学子在合作高校中自发组建以自助、互助、助人活动为宗旨的学生社团。

1. 经济赋能

经济赋能是指以资金形式对受助学生进行经济资助，帮助对方解决求学期间的经济困难，以帮助其完成学业，如伯藜助学金项目。它是江苏 J 基金会开展时间最长也是最大的一个资助项目，旨在帮助来自农村的经济困难学生完成大学学业。自 2006 年创办以来，江苏 J 基金会已与江苏省内贫困生比例较高且办学资源相对有限的 22 所高校[①]合作设立伯藜助学金，实行"一助四年"的资助政策。经济赋能主要是每年给受助学生 5000 元，一个学校中四个年级共资助 200 人（基本上每年会毕业 50 人，再新增 50 人，即每个年级 50 人，四个年级基本保持在 200 人），则每年该学校的助学金总额为 100 万元。

经济赋能项目主要通过审核、家访、问卷调查、项目评估等流程来开展。首先，审核有利于了解学生的需求及生活学习情况。对于初次申请资助的学生，审核的目的是审查学生是否具有接受资助的基本资格；对于已接受资助学生，主要是审核其提交的年中和年度总结，以确定其是否具有继续接受资助的资格。其次，家访是针对已接受资助的学生

---

① 这 22 所高校先后被分为四批进行资助：第一批包括南京师范大学、南京医科大学、南京林业大学、南京晓庄学院和江苏师范大学，第二批包括南京农业大学、南京中医药大学、南京特殊教育师范学院、江苏经贸职业技术学院和扬州大学，第三批包括南京工业大学、南京理工大学、江苏大学、江苏科技大学、淮阴师范学院和南通大学，第四批包括东南大学、徐州医科大学、盐城师范学院、盐城工学院、淮阴工学院和泰州学院。

的。江苏 J 基金会于每年 8 月组织人员对部分受助学生进行家访，以考察受助学生的实际家庭情况及继续资助的必要性，并且每学年结束后进行年终审核，要求学生提交成绩单、获奖证书等证明材料，进一步了解受助学生的需求。再次，为了进一步了解新生陶学子和已毕业陶学子的现状及需求，江苏 J 基金会在每年春季会对新生陶学子、已毕业半年和毕业五年的陶学子进行问卷调查，为改进项目提供参考。最后，项目评估主要是对合作院校的项目开展情况进行年度评估，以各学校的上年度工作总结、项目开展自评表和财务审计报告为载体，对项目合作学校进行复评并开展综合评估。项目评估既可以规范项目管理工作，又可以提高工作效率和效益，还可以进一步调动各合作院校开展项目的积极性。

进行经济赋能期间，每个受助学生在其大学四年里相当于接受两万元资助，解决了受助学生在经济方面的后顾之忧，为其完成学业提供了较好的经济保障。从某种层面来说，这种经济赋能与前文提出的经济资助或者物质资助型助学模式相似。但是经济赋能的资助力度更大，且为期四年的资助更持久、更稳定，较少存在资助中断的情况，有利于受助学生在大学期间"安心学习"，从而提升助学效能。

2. 心理赋能

心理赋能主要是针对那些在心理层面存在自卑、焦虑等问题的学生，期望通过开展各类心理活动帮助受助学生。心理赋能通过人格辅导、生活辅导等形式，借助伯藜学社这一平台，引导学生参与系列活动，如团体心理辅导、心理拓展、心理讲座等，为受助学生提供心理咨询与成长教育服务。

心理赋能与前文所述"经济资助 + 心理资助"型助学模式有一定的相同之处。它既认识到心理资助的重要性，也注重发挥心理资助的作用。更重要的是，这种针对学生心理和人格的辅导注重对受助学生的自我意识和情绪进行调适，协助受助学生走出自卑情绪。对受助学生的意志品质、人际交往与沟通、群体协作技能进行辅导，多层面培养学生的自信心和能力，有利于培养学生良好的个性心理、提高社会适应能力，促进受助学生的心理成长。

3. 学业赋能

学业赋能是对部分受助学生的学习技能、学习习惯等进行训练和培养，提升受助学生的学习能力。由于当前有些地区的城乡教育存在差距，受助学生在计算机、英语、综合学习能力等方面仍存在差距，亟须以学业赋能为出发点缩小受助学生与普通学生之间的学习差距。

从以往的实践经验来看，公益组织开展助学时很少涉及受助学生的学业，受助学生的学业需求在一定程度上被忽视，而学业赋能则关注受助学生求学时"提高学业水平"这个本质需求，帮助受助学生提高学习能力，保障受助学生顺利完成学业。

4. 实践赋能

实践赋能是受助学生通过参加课外活动或组织项目来锻炼实际操作能力或动手能力。江苏J基金会主要通过和学校合作助学来对学生进行实践赋能，每个合作高校每年有200人可获得资助，受过资助的学生们成立了伯藜学社。伯藜学社与一般性的学校社团在活动内容方面存在差异，学校社团大多是轮滑社等兴趣类社团，而伯藜学社则主要去敬老院、养老院等开展志愿活动。

> 每年暑假，基金会都会资助学生参加社会实践，十个人组成一个团队，外出实践时间不少于三周。如果外出支教，那么支教时间必须在两周以上，基金会对支教过程中产生的交通费和食宿费予以补助。虽然各个地方的标准不一样，但这些补助基本能解决总费用。（基金会）会请专业老师对队长和副队长进行培训，若支教地较远，则会要求学校派一位带队老师全程陪同。当然，（基金会）也支持调研队。（基金会）常常对调研类、支教类、服务类等队伍开展不同培训，这些项目开展好几年了，逐渐走上正轨。（访谈编号：2018J）

相较于很多公益组织的助学活动，实践赋能是江苏 J 基金会开展助学活动时采用的特色做法之一。它促使受助学生利用在大学学习的理论知识从事实践活动，帮助受助学生学习"从学校到社会"这门必须经历的"课程"，提高受助学生的社会实践能力，以帮助其顺利步入社会。

5. 创业赋能

创新创业是社会发展的动力。除了为来自农村的贫困大学生提供经济资助外，江苏 J 基金会还鼓励更多有志学子投身中国乡村建设。创业赋能是江苏 J 基金会开展助学工作的重要方向。

创业赋能是指为有创业意愿的陶学子提供一定的创业帮助，如参访企业、创业辅导、实习招聘、资金扶持、创业训练、创业课程等。江苏 J 基金会利用其资源优势，鼓励和扶持有志创业的陶学子回乡创办商贸或服务型企业，支援家乡建设。江苏 J 基金会工作人员在接受访谈时说：

> 创业陶学子每年暑假去新加坡参加为期一个月的创业培训，由新加坡管理大学的专业老师授课，这对创业陶学子来说是（等级）最高的课程。每年 60 个人，每次活动费用都是基金会的创立者出资，包括签证、机票、住宿、培训、企业参访。此外，基金会还赞助他们在新加坡的生活费。（访谈编号：2018J）

同时，江苏 J 基金会通过搭建创业服务和支持生态体系（见图 2），发挥自身资源优势，联合 22 所项目合作院校和社会人士，在创业普及、预加速、加速三个阶段为受助学生提供社群、培训、督导、资金等资源，帮助陶学子走上创业之路。

与大多数公益组织相比，创业赋能是江苏 J 基金会开展助学的特色项目。为了更好地开展创业赋能工作，江苏 J 基金会将创业赋能与导师

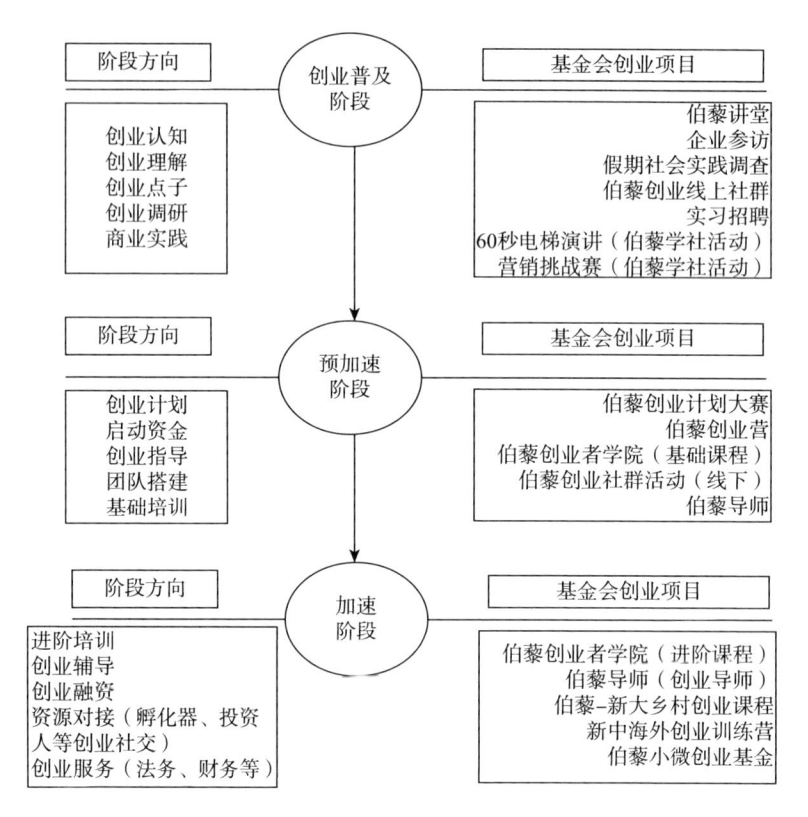

图2 江苏J基金会的创业服务和支持生态体系

创业普及阶段
- 阶段方向：创业认知、创业理解、创业点子、创业调研、商业实践
- 基金会创业项目：伯藜讲堂、企业参访、假期社会实践调查、伯藜创业线上社群、实习招聘、60秒电梯演讲（伯藜学社活动）、营销挑战赛（伯藜学社活动）

预加速阶段
- 阶段方向：创业计划、启动资金、创业指导、团队搭建、基础培训
- 基金会创业项目：伯藜创业计划大赛、伯藜创业营、伯藜创业者学院（基础课程）、伯藜创业社群活动（线下）、伯藜导师

加速阶段
- 阶段方向：进阶培训、创业辅导、创业融资、资源对接（孵化器、投资人等创业社交）、创业服务（法务、财务等）
- 基金会创业项目：伯藜创业者学院（进阶课程）、伯藜导师（创业导师）、伯藜-新大乡村创业课程、新中海外创业训练营、伯藜小微创业基金

项目进行匹配。通过与陶学子一对一互动，导师将学业发展、职业规划、企业发展、创业经验和思维等相关知识教授给陶学子，帮助他们尽快适应并规划好大学生活，培养并提高陶学子的创新创业能力，形成切实可行的创业计划。

综上所述，五维赋能式发展型助学模式自实践以来，已经使8个城市、22所高校中的贫困学生受到资助，仅伯藜助学金的年度资助规模就有4500人左右。五维赋能式发展型助学模式积极发挥公益组织在助学体系中的作用，既打破了大多公益助学机构对受助者只实行短期助学的现状，又坚持培养学生成人、成才的使命。各项赋能项目活动有机结合，长期培养组织内人员不断流动的4000多个陶学子，提高他们在升学、就业、创业等方面的能力和心理素质，全面提升他们的认知力、学习力、沟通力和创新力，帮助他们走向成人、成才、成业之路。

四 五维赋能式发展型助学模式的优势及可能弊端

正如马斯洛的需求层次理论所言，每个人都潜藏着五种不同层次的需求——生理需求、安全需求、情感和归属需求、尊重需求、自我实现需求，人在不同时期对各种需求表现出来的迫切程度不同（马斯洛，2007）。生理需求是个人维持自身生存最基本的需求，包括吃、穿、住、用等方面；自我实现需求是指对自己成长与发展、发挥自身潜能、实现理想等方面的需求，是最高层次的需求。马斯洛认为这五种需求间存在重要关系：第一，人的五种需求从生理需求到自我实现需求在常态下呈阶梯状排列，但也有变化及例外；第二，一般来说，某一层次的需求得到满足后，就会向高一层次发展，追求更高层次的需求是驱使行为的动力；第三，人在同一时期可能有多种需求，但是总有一种需求占支配地位，对行为起决定作用（黄钢威，2011）。也就是说，当一个人的生理需求得到满足后，他的安全需求、情感和归属需求、尊重需求以及自我实现需求会一个个呈现出来。换言之，为贫困学生提供资助时应注意其多方面的需求。虽然对受助学生提供经济资助可以在较大程度上解决其生活问题，但受助学生的心理、与人交往等问题同样重要，忽视这些问题可能会影响学生的健康成长。

成长、成才的发展需求是个人生存价值所在。一个人成功要经历成长、成才、成熟、成功四个过程。其中，成长是成才的基础。成长不仅需要个人努力，还需要外界环境及他人提供帮助。已有研究提出，满足贫困学生的经济需求，高度关注其是否存在心理贫困，重视增强其内生激励，会逐渐提高其内在幸福感（付卫东，2021）。

五维赋能式发展型助学模式从学生成长、成才的五个关键维度入手，既在一定程度上解决了学生求学期间的基本生活需求，又从心理、学业、实践及创业能力等多方面对学生进行培养。

> 我们要让受资助学生感受到接受资助是一种"荣耀"——意味着他有被培养的潜力。他可以有更多机会和资源，他现在很优秀而且将来会成为一个更优秀的人，不能让受资助学生因感觉被戴上贫困生"帽子"而自卑，日常生活、学习不能因不自信而落后。（访谈编号：2018J）

本文探讨的五维赋能式发展型助学模式的最大优点在于，它以助学项目为基础手段，从经济资助入手保障学生完成学业；以导师项目为支撑，加强优秀学子与行业精英间的双向交流，引导学生规划创业人生；以创业项目为追求目标，引导学生播撒创业种子，鼓励和扶持学业有成且有志创业者回乡创办商贸或服务型企业，实现人生价值。

不可否认，这种发展型助学模式不一定适合所有的公益组织，因为它所需资金量较大，而资金来源已成为制约公益组织开展活动、增加活动类型的重要因素，但它可以作为助学类公益组织的发展方向。同时，很多公益组织由于缺乏专职人员，无法保证公益活动的专业性和规模化，这也是这种发展型助学模式得到推广的限制性因素之一。

五 结论与建议

五维赋能式发展型助学模式具有典型的助学特色，不仅在江苏J基金会的实践中得到检验，也有助于推动同类型公益组织在助学领域的深层次发展。当然，这种发展型助学模式不一定适合所有的公益组织，因此还需继续深入探讨。同时，本文在分析这种发展型助学模式时，仅以江苏J基金会一个公益组织为例，其说服力还需其他类似个案佐证，这也是后续的研究方向之一。

当前，我国公益组织发展趋势良好，但发展形式单一，发展波动大（余胜艳，2013），而且现有多数公益组织助学类型单一、力度欠缺、后续辅导与支持少，因此应鼓励公益组织不断创新、稳步前进。发展型助学模式可为推动助学类公益组织深度发展提供借鉴，但是发展该模式时应注意以下四个问题。

（一）找好公益助学特色项目的定位

对于公益组织而言，集中内外资源打造一些特色品牌项目是组织凝心聚力发展的重要举措。目前，有些公益组织对自身定位模糊，虽举办了多项活动，但特色不明显，品牌构建意识较差。江苏 J 基金会的组织定位和资助对象界定清晰，对助学公益活动的意义认识深刻。它不仅有专业工作人员开展活动，还与各高校工作人员、成功人士或专业人士紧密配合。伯藜助学金、伯藜学社、助学导师和创业项目等助学项目的品牌辐射力和影响力遍及江苏省 22 个高校，江苏 J 基金会在助学领域的地位和作用不容小觑。以三阶段（创业普及阶段、预加速阶段、加速阶段）、六步骤（激发创业热情、提升创业认知、丰富创业知识、培养创业能力、强化创业实践、扶持项目孵化）创业逻辑框架为导向的创业项目，加强了江苏 J 基金会各阶段创业项目的内在联结性。

（二）加强对公益组织工作人员的专业化培养，保持人员稳定性

对于公益组织而言，人员的稳定性至关重要，但多数公益组织在实践中缺乏专业工作人员且人员流失严重。为此，加强专职人员培养与管理成为组织的迫切需求。江苏 J 基金会通过建立人事管理制度、考勤管理制度、员工规范、考核奖惩制度、薪资管理制度、假期执行制度、员工培训制度等一系列制度来规范员工行为，还专门设立培训经费，鼓励员工参加提高自身业务水平和技能的各种培训，且不定期邀请相关专家举办培训讲座。这一系列制度的建立为规范公益组织人员管理奠定了基础，也为其他同类公益组织加强人员培养与管理提供了有益借鉴。

（三）构建公益助学共建共享的多方合作信息机制

目前，我国逐步形成了政府、企业、社会三者合力的育人资助体系，其中既有教育局等政府组织，又有共青团委、妇联、工会等社团组织，还有一些公益组织。上述主体通过不同方式资助学生，共同参与助学事业。公益组织要更好地通过获取社会资源来开发慈善项目，建立资源共享机制（裘丽、韩肖，2017），与多方保持密切沟通，既要接受政府相关部门的管理与指导，也要在项目上寻求合作；既要与其他公益组织保持交流合作，也要与学校保持合作。江苏J基金会与项目合作院校在济困助学、人才培养和创业就业等方面开展密切合作，以伯藜学社为平台，以提升陶学子能力为核心，增强陶学子自我教育、自我管理、自我服务的能力，促进他们成人、成才、成业。同时，江苏J基金会利用志愿者以及各理事的社会关系资源，与受助地区的政府助学机构、公益组织等建立助学信息共享机制。

（四）充分发挥互联网公益助学功能

随着互联网技术的持续发展，公益组织可以充分利用网络资源和网络平台开展助学。一方面，引导公益组织积极科学地使用数字资源，推动助学类公益组织便捷使用公益平台和技术；另一方面，广泛运用网络公益平台开展各类助学活动，弥合网络公益的数字鸿沟，助推"互联网+公益助学"发展。在江苏J基金会开展各项助学活动时，伯藜创业线上社群等项目都离不开互联网络平台的配合和应用。同时，江苏J基金会为各个公益组织使用网络技术助学提供必要的技术培训和支持，打通各公益组织间的网络信息合作渠道。无论是网络募捐助学资金还是开展网上助学活动，都推动公益组织在助学各个环节充分发挥网络的作用。

【参考文献】

陈浩天，2020，《技术赋权：后扶贫时代教育扶贫政策清单的网络化治理》，《教育发展研究》第20期，第7~13页。

付卫东，2021，《学生相对贫困与新时代教育扶贫策略——基于中西部6个省18个扶贫重点开发县的调查》，《河北师范大学学报》（教育科学版）第2期，第64~71页。

广州大学课题组，2017，《让慈善在阳光下蓬勃发展——广州市乐助会"责信联动"的精准助学机制及其启示》，《中国行政管理》第6期，第147~151页。

匡立波、黄渊基，2017，《互联网+背景下社会资本"弱关系"与脱贫路径创新研究——基于湘西北"微善风"民间助学慈善组织的考察》，《学习与探索》第3期，第48~56页。

洪胜男，2019，《广东公益恤孤助学促进会公益慈善项目运营与成效研究》，硕士学位论文，江西财经大学。

黄钢威，2011，《马斯洛需求层次论与高校反贫困生心理贫困对策研究》，《西南民族大学学报》（人文社会科学版）第10期，第206~209页。

刘小柏，2015，《善德助学，为梦想加油》，《社会与公益》第9期，第88~89页。

李璐，2017，《草根公益组织发展研究综述》，《统计与管理》第1期，第139~140页。

买雪燕、李晓华，2021，《"顶岗支教"：农牧区教育扶贫模式的结构功能分析》，《青海民族研究》第2期，第63~68页。

马斯洛，2007，《马斯洛人本哲学》，成明编译，九州出版社。

聂雯，2019，《社会公益组织参与教育扶贫模式的优化研究》，硕士学位论文，南京大学。

潘琳，2017，《中国草根公益组织互联网使用与传播实证分析——基于数字鸿沟视角》，《中国青年研究》第10期，第57~63页。

裘丽、韩肖，2017，《我国草根NGO联盟组织间的资源共享模式探讨——基于华夏公益联盟案例分析》，《行政论坛》第2期，第97~102页。

孙春宁，2014，《草根助学：民间公益组织的探索与实践》，《中国社会组织》第 13 期，第 31~32 页。

魏有兴、杨孝旭，2019，《以人民为中心：近十年我国助学研究与实践》，《中国高等教育》第 10 期，第 51~53 页。

魏有兴、刘三妮、杨孝旭，2020，《我国助学的历史演变、现实困境与未来突破》，《湖南农业大学学报》（社会科学版）第 1 期，第 86~92 页。

王媛璐，2018，《民间公益援助组织筹款策略研究——以福建省简单助学公益协会为例》，硕士学位论文，福州大学。

吴易雄、王虎邦、贾昆蕙，2020，《人力资本与社会资本理论下教育扶贫政策评估及效能优化——基于对 598 份有效问卷的深度分析》，《中国电化教育》第 11 期，第 10~18 页。

谢君君，2012，《教育扶贫研究述评》，《复旦教育论坛》第 3 期，第 66~71 页。

向雪琪，2020，《教育扶贫的维度及其政策意蕴》，《中国农业大学学报》（社会科学版）第 5 期，第 94~102 页。

袁利平、姜嘉伟，2021，《教育扶贫何以可能——基于教育扶贫机制整体性框架的再思考》，《教育与经济》第 1 期，第 3~10 页。

余胜艳，2013，《广东省公益类社会组织财务状况评价——以广东公益恤孤助学促进会为例》，《南方论刊》第 10 期，第 86~88 页。

赵俐，2010，《国家福利与公益信托：贫困助学的路径取向与制度分析》，《法学杂志》第 4 期，第 15~17 页。

周耀虹，2014，《促进草根社会组织开展公益活动——以"青年家园"为例》，《党政论坛》第 1 期，第 40~42 页。

Board, C., Washington, & Office, D. W. 2000. "Trends in Student Sid: 2008." *College Board Advocacy & Policy Center* 4 (4): 27.

Dynarski, S. M. 2003. "Does Aid Matter? Measuring the Effect of Student Aid on College Attendance and Completion." *American Economic Review* 93 (1): 279–288.

Gonzalez, K. 2021. "Early Financial Aid Literacy Among First-Year Community College Students: The Relationship Between a Financial Aid Orientation Workshop and Reduced Drops and Retention." *Academia Letters*.

Hope, J. 2018. "Understand Basics of Financial Aid to Help Keep Students on Track." *Successful Registrar* 18 (6): 1 – 7.

Liu, C., Zhang, L., Luo, R., et al. 2011. "Early Commitment on Financial Aid and College Decision Making of Poor Students: Evidence from Randomized Evaluation in Rural China." *Economics of Education Review* 30 (4): 627 – 640.

Long, B. T., & Erin, R. 2007. "Financial Aid: A Broken Bridge to College Access?" *Harvard Educational Review* 77 (1): 39 – 63.

Moses, N. R. 2001. "Student Organizations as Historical Actors: The Case of Mass Student Aid." *Canadian Journal of Higher Education* 31 (1): 75 – 120.

Sun, H. & Yan, S. 2017. "Research on Long-Term Development Mechanism of College Students' Public Welfare Organizations." *Journal of Beijing City University* 137 (1): 96 – 100.

Spear, P. G. 2012. "The Effects of Financial Aid Education on College Aspirations of High School Seniors." *Proquest Llc* 344 (1): 178.

Yi, Hongmei, Yingquan Song, Chengfang Liu, Xiaoting Huang, Linxiu Zhang, Yunli Bai, Baoping Ren, Yaojiang Shi, Prashant, Loyalka, James, Chu, & Scott, Rozelle. 2015. "Giving Kids a Head Start: The Impact and Mechanisms of Early Commitment of Financial Aid on Poor Students in Rural China." *Journal of Development Economics* 113 (suppl): 1 – 15.

国家视角下的行政逻辑

——对支持型社会组织生成和发展动因的研究*

葛 亮**

摘 要：如果社会内在动因足以解释近年来中国支持型社会组织的兴盛，那么自上而下和自下而上支持型社会组织应该以同等速度发展，然而现实情况并非如此，因此需要在支持型社会组织以外寻找其生成和发展的动因。国家视角通过具体分析不同层级或不同类型国家机关的功能，打开国家"行动的黑箱"，为理解支持型社会组织提供了新的思路。作为国家视角的中观分析要素，"行政逻辑"呈现了国家通过大力培育与发展支持型社会组织的方式来实现自身理性化目标的过程。

关键词：国家视角；行政逻辑；支持型社会组织；社会组织联合会

---

* 基金项目：国家社会科学基金一般项目"中国共产党群众路线的内在逻辑与当代价值研究"（项目编号：21BDJ040）。

** 葛亮，中共浙江省委党校社会学文化学教研部副教授，浙江省重点智库全面从严治党研究中心研究员，南京大学法学博士，主要从事社会组织、群团组织、群众工作方面的研究，E-mail：geliang1984@hotmail.com。

一 引言

近年来，在政府、共青团、妇联等部门的引导下，支持型社会组织得到蓬勃发展，呈现为社会组织联合会、社会组织服务中心、社会组织党群服务中心、青年社会组织联合会、妇女社会组织服务中心、社会组织指导中心等不同的组织形式和样态。支持型社会组织是优化政社关系和推进社会治理的重要载体。从定义来看，支持型社会组织一般是指制度上独立于政府和企业、致力于调动资源和信息、培养社会组织及其成员的能力、促使其在社会中建立横向和纵向联盟的民间组织（葛亮、朱力，2012）。有学者依据社会组织属性，将支持型社会组织分为三类：政府力量主导型、社会力量主导型和基金会力量主导型（丁惠平，2017a）。这一分类方法认识到支持型社会组织的内在差异，打破了对这类组织的整体想象。当然，从社会组织性质出发进行分类仍不足以充分揭示国家与支持型社会组织的真正关系。

本文的研究对象是自上而下建立的支持型社会组织。这类社会组织由各级政府或者群团组织引入并发起成立，承接政府购买服务项目，有学者将其称为"派生型组织"（史普原、李晨行，2018）。近年来，越来越多的学者认识到基层政府以购买服务的途径，吸纳社会力量，将其作为行政工作的帮手（唐文玉，2010），以解决自身灵活性不足的问题。有学者将这一现象称为基层政府"借道"社会组织（黄晓春、周黎安，2017）。国家与社会组织之间呈现"委托－代理"关系（詹轶，2018）、"反向嵌入"关系（管兵，2015），或被称为国家组织"工具主义"态度（唐文玉，2016），从而使专业社会工作在嵌入基层政权后出现了服务行政化、内部治理官僚化、专业建制化的现象（朱健刚、陈安娜，2013）。先行研究通过引入国家视角，从政府的职能履行出发理解社会组织嵌入国家的行动逻辑。这一分析视角不仅关注社会组织本身的行动策略，而且把国家作为主体引入行动分析中，从不同程度上纠偏"对国家层面行动策略研究匮乏"（张紧跟，2012）的现状。本文尝试从国家视角解释国家对支持型社会组织的影响以及支持型社会组织满足国家需求的整体过程。

社会内生性动力固然是自上而下支持型社会组织生成和发展的动力，例如，有学者将价值主导的专业化协同（杜平，2019）作为分析支持型社会组织生产和发展的内生性动能，也有学者认为超越国家与社会视角的市场化机制、全球化机制、网络化机制（丁惠平，2017b）是社会力量壮大的动因。先行研究不足以充分解释自上而下支持型社会组织生成与发展的根本原因。本文以国家视角切入，从支持型社会组织外部讨论其生成和发展的动因。

二 行政逻辑：支持型社会组织研究的国家视角

支持型社会组织研究的国家视角在中西方的理论研究中存在一定差异，因此需要加以辨析和说明。

其一，来源于中国本土学者对国家组织和社会组织和谐共生关系的分析。这一关系反映的实质性理论导向是对社会组织研究中国家视角的倡导（纪莺莺，2016），"吸纳"（陈天祥、应优优，2018）、"共生"（宋道雷，2018）等概念实际反映了支持型社会组织研究的国家视角。研究者关注到社会组织从回避制度禁区向与国家形成策略性合作关系的转变（郁建兴、沈永东，2017）。上述研究认识到国家之于社会组织的主导作用，但又明确从社会自身出发探究相应主体的生成方式和行为特征。近年来，越来越多的研究开始从国家视角出发探寻社会及相应主体的存在意义和运行方式。例如，有学者在宏观理论层面提出"政治社会"的概念，也就是"现代国家按照直接统治的意图将社会塑造成为一种状态以满足现代国家的需要"（汪仕凯，2018）。有学者从维持政治稳定和协同治理出发分析支持型社会组织的生成动因，即基于党委和政府的宏观需求进行阐释（张荆红、丁宇，2018）。既有研究的共同立场是，基于中国本土经验，更为充分地认识国家才是形塑社会及相应主体的源头，是激发社会活力的重要力量。然而，这股源流留存的空间在于它潜在地将国家视作"行动的黑箱"，客观上强调国家作为宏观主体的机械反映，过于简化社会生长的内在动力及其与国家行为的关系，没有充分认识到不同层级和不同类型国家组织在行为选择上的复杂性和能动性。这一问题在斯考克波的研究中受到重视。

其二，来自斯考克波在分析国家、社会关系中所倡导的从社会中心主义向国家中心主义的转换（斯考克波，2009）。国家中心主义的核心概念是国家自主性。国家自主性应当从以下几个递进的层次加以理解：国家行为不能仅仅被理解为对社会条件的机械反应；如果从宏观社会结构去理解社会条件，就会把国家行为理解成对结构性社会条件的反应，这是不合理的社会决定论；任何国家行为都具有能动性；要超越宏观结构，尽可能在中观层面寻找分析元素以理解国家的能动性行为；中观层面的分析元素很有可能超越结构性社会条件的约束，具有独立性。从实质来看，从社会中心主义到国家中心主义的转换主要包含两个方面的转换。一方面，从社会先于国家转向国家先于社会。如果国家仅仅受制于社会，那么国家主体内含权力的强制性在分析中就会被忽略。斯考克波的新视角突出强调国家能动性的特质。运用这一视角进行分析，应当着重观照的问题是国家如何通过自身行为影响社会，因此分析的重点是国家行为。另一方面，从宏观向中观的转换。这一视角走的是中观分析路线，而非宏大叙事般的国家决定论。它倡导把国家组织放入科层体系中分析国家主体的行为特质，采用行动分析的策略，因此分析元素往往定位于官僚骨干、组织职能等。

基于上述两股源流，本文研究中国的支持型社会组织尝试采用国家视角。上述两股源流之于国家视角的启发在于：第一，综合国家及社会的视角，从国家主体出发寻找自上而下支持型社会组织生产和发展的动因，打破社会内生性动力"无所不能的神话"；第二，从宏观转向中观，具体分析不同层级或者不同类型国家组织在催生支持型社会组织时发挥的具体作用，打破国家"行动的黑箱"，也就是摆脱理想型的国家行为研究，分析国家行为的实际运作。具体而言，采用国家视角意味着需要在中观层面从国家组织自身的行政逻辑出发研究中国本土支持型社会组织生成和发展的动因。这是一个行政逻辑先于社会逻辑的分析路径，只有更透彻地剖析国家行为，才能更切实地认识社会。

在运用本土经验材料论证之前，仍有一个理论问题需要解决：在分析层面，引入"行政逻辑"作为中观元素解释国家组织的行为如何影响支持型社会组织的生成和发展？重在分析国家组织的行为特征。地方政府在政策执行过程中有所偏离一直是学界关注的焦点（周雪光，2008）。在诸多研究理路中，学界通过对项目制的研究从理论上回答了上级国家组织对下级国家组织的动员（陈家建，2013）和控制（折晓叶、陈婴婴，2011）问题。对项目制的研究客观上展现了分税制改革后基层国家组织运作过程中的资金诉求。此外，还有学者运用"谋利型政权经营者"（杨善华、苏红，2002）和政绩观（陈家喜、汪永成，2013）阐释基层组织在政策执行和政府创新中的逻辑。上述研究被一些学者概括为政策执行中的利益视角（薛立强、杨书文，2016；陈家建等，2013）。近年来，越来越多的国家行为研究从利益视角转向科层视角。社会学和政治学者尝试分析中国科层体系的独特性及其对基层国家组织的影响。其中，纵向府际关系（贺东航、孔繁斌，2011；陈家建、张琼文，2015；竺乾威，2012）和横向府际关系（薛立强、杨书文，2016）成为科层视角研究的主要切入点。这一视角的关键点在于把国家组织置于组织结构关系中，分析其非人格化的行动驱力。

本文从中国科层结构赋予基层政府的多样化需求切入，进行利益视角和科层视角的调和性尝试。行政逻辑是国家组织特别是基层国家组织行动选择的方式，是指国家组织通过大力培育与发展支持型社会组织来实现自身理性化的目标。中国科层体系的一大特征在于，上下级国家组织一体化和分离化并存的局面赋予基层国家组织众多隐匿需求。这些隐匿需求往往是基层国家组织是否贯彻、在多大程度上贯彻、如何贯彻上级组织决策部署的重要条件。在基层工作中，围绕这些隐匿需求形成的工作路径往往是基层国家组织的实践逻辑。第一，将需求区分为外部需求和内部需求两个方面。外部需求指向上级国家组织根据整体经济、政治、文化、社会、生态、党建发展制定的成文政策要求。内部需求指向下级国家组织自身发展中的关切点，是广义的利益诉求。第二，外部需求是显性的，内部需求是隐匿的。外部需求具有高度的政治合法性，适宜且应当被公开言说。内部需求虽然合情且合理，但不宜被公开言说。第三，任何基层国家组织都被同时赋予内部需求和外部需求，因为它必定处在科层结构关系中的某个节点。不能脱离科层结构关系谈需求，特别是内部需求。第四，不能将内部需求化约为组织内部个体的欲望和冲动。即便内部需求表现为组织内部个体的需求，也是被科层结构赋予的。

在中国，早期的支持型社会组织是社会内生性力量作用下的产物，形成了自下而上的组织类型（葛亮、朱力，2012）。但支持型社会组织大规模兴盛源于国家自上而下的大力推动，这类组织是国家基于自身内外需求引入及培育的产物。支持型社会组织的功能主要是通过协助国家组织来实现其目标。

本文通过团 S 市委和 J 市委组织部的两个案例展现支持型社会组织的生成和发展过程。党群部门的根本职能是开展政治工作、实现政治目标。借用社会力量开展社会服务，是开展政治工作、实现政治目标的主要途径。近年来，党群部门逐渐强化"借助抓手"开展服务工作的理念。为了更好地服务群众，党群部门借助专业性社会组织来实现国家组织的政治功能。作为一种中介组织，支持型社会组织的主要职能在于实现党群部门设定的目标，支持型社会组织成为实现目标的工具性存在。培育和发展支持型社会组织是科层体系赋予民政或者乡镇、街道的行政职责，即外部需求。以共青团和党委组织部门为案例，可以更好地呈现内部需求的实现过程，进而揭示支持型社会组织在日常运行中的行政逻辑。

支持型社会组织的成长和发展在很大程度上依赖国家财力支持。现有社会学、政治学和公共管理领域的研究普遍认识到"财政收益最大化在塑造地方政府行为中的优先地位"（郁建兴、高翔，2012）。虽然支持型社会组织大体上是消耗而非增加政府财力，但政府仍然乐于推动支持型社会组织建设。这一现象反映了政府与支持型社会组织之间的特殊关系，因此需要剖析其内在机理。

三 支持型社会组织的生成和发展

研究支持型社会组织生成和发展的外部动因，要从经验层面厘清相关问题，包括国家组织出于何种考虑引进或建立支持型社会组织？支持型社会组织可以满足国家组织的哪些关键需求？为什么国家需求要经由支持型社会组织实现？

（一）发挥宣传作用的支持型社会组织

1. 宣传是国家组织的内部需求

在现行国家组织所处的科层体系中，宣传不仅仅是群众工作的一种手段，也是国家组织在科层体系中寻求存在感和成就感的一种必不可少的方法。宣传工作是党在革命和建设时期群众工作取得卓越成就的法宝，所谓宣传，原初是党和国家指向群众的。新中国成立后我国的行政系统逐步完善，对于各级各类国家组织而言，在科层体系内的宣传越发重要。正如S市乡镇党委副书记M所言：

"酒香也怕巷子深"，光说不做，是缺乏实干精神的表现，但光做不说，等于白做，不如不做。（访谈编号：201704）

在基层实践中，宣传工作和具体工作几乎具有同等重要的意义。此时，宣传的意义有所延展，包括国家组织指向其他国家组织及个体。

"说",就是要让上级领导关注到国家组织及其具体工作,就是要让具体工作逐步演化为正面典型,即"盆景",甚至是"风景"。因此,宣传是国家组织特别是基层国家组织在实践中不可言明的内部需求。这个内部需求,来源于科层结构的内在特质,也来源于下级国家组织的理性计算。

2. 培育支持型社会组织是满足国家组织内部需求的途径

对于国家组织而言,宣传,或曰"说",是其内部需求。国家组织所处科层体系的封闭性使"说"的方法明显不同于其他体系,科层体系的"说"有其独特的方式。对于基层国家组织而言,一方面,宣传工作需要通过汇报材料、理论宣传文章等文字形式完成;另一方面,宣传工作需通过有形载体予以呈现。国家组织要把工作成果转化为看得见、摸得着的物质产品,供上级组织及领导或科层体系内的各类主体,前来参观、访问、参会、考察、交流、学习。在现行科层体系中,上级领导前来实地考察在很多情况下意味着对其工作的肯定和鼓励,这将会直接增加地方政府年终的考核分数,络绎不绝的各类考察学习交流团队从某种程度而言也意味着地方工作已经取得较强的影响力。在上述情况下,文字材料的汇报不足以充分展现地方的工作成效。下级国家组织往往在工作谋划阶段就需要做好计划,将这项工作的成果通过有形载体呈现出来。这个以物质形式呈现的有形载体,就是通常所说的"点",或曰宣传阵地。它通常是一个场地规模相对较大的场所,能够以感性、直观的方式集中展示基层国家组织的工作框架和全盘内容,是后期可以承载各类荣誉称号的平台。

3. S 市青年社会组织服务中心生动展现共青团工作

2017年,中共中央、国务院印发了《中长期青年发展规划（2016~2025年）》,指出要"引导青年社会组织健康有序发展"。针对这项工作要求,团 S 市委马上着手摸排了青年社会组织的情况,掌握到全市目前有 625 家有固定组织、固定人员的青年社会组织。团 S 市委书记 H 认为:

共青团从事社会组织工作，要与民政相应职能区别开来，一是要把青年社会组织吸引过来，"为我所用"，服务青年；二是要把这些组织紧紧地团聚在共青团周围。（访谈编号：201706）

团 S 市委筹建了 S 市青年社会组织服务中心，即由共青团主导创办的支持型社会组织。团 S 市委书记 H 在谋划青年社会组织工作之初，就已经将宣传工作纳入考虑范畴。中央有关群团改革的文件明确要求群团组织加大社会组织工作力度。在各家群团组织中，H 认为"共青团的社会组织工作领先一步，具有传统优势，是绝对不能放松的，而且和其他地方相比，S 市的社会组织基础相对较好，至少已经有了很多注册的青年社会组织"。因此，团 S 市委如果在这项工作上加大力度，那么是可以获得上级领导关注的。H 通过调研发现，从事社会组织工作，还是要抓准切入点，这个切入点就是支持型社会组织，支持型社会组织较容易在体制内产生更大影响力。

S 市青年社会组织服务中心的场地有 1500 平方米，目前由团 S 市委使用。在对场地进行装修时，团 S 市委按照两个模块对其进行设计。一个模块是该市青年社会组织工作的思路、目标、制度文字、图片展示，占据了 300 平方米的空间；另一个模块是入驻青年社会组织的办公场所。按照团 S 市委的设想，前一个模块主要用于向前来考察的领导或团队系统性地展示这一领域的整体情况，即从"面"上进行展示；后一模块主要供青年社会组织日常办公所用，有领导或团队前来考察时，也可以把青年社会组织的实际办公场景呈现出来，使其对这项工作有直观和感性的认识，即从"点"上进行展示。对于团 S 市委来说，如果有领导或团队来考察，有关体制机制等实践做法和经验固然可以通过"成文"材料进行介绍，但如果有"成形"的点面结合的参观场所，那么对这项工作的宣传肯定会达到更好的效果。在科层体系下，无论是领导视察，还是工作现场会，抑或是普通的考察团队，单纯的座谈会及相应的文字材料并不足以支撑整个行程，一个实地参观点是必不可少的。因此，S市青年社会组织服务中心发挥的展示作用是一家普通的社会组织无法企及的，它可以把共青团通过众多服务型社会组织提升自身业务能力的过程呈现出来，以组织载体的方式展现共青团开展这项工作的深刻内涵和显著成效。

（二）履行运营职能的支持型社会组织

1. 运营党群服务中心是国家组织的内部需求

在全省大力推动党群服务中心建设的背景下，J市委组织部建立了市本级的党群服务中心。早期党群服务中心的主要功能是展示。组织部门或乡镇街道把本地区党建工作的做法、成效以平面或者动态形式陈列于党群服务中心，向上级领导或参观考察团展示。这是党群服务中心的1.0版本。J市委组织部同志在访谈中说：

> 1.0版本的党群服务中心在服务属性上有所弱化。2.0版本的党群服务中心着重强化服务属性。2.0版本的党群服务中心引入了党建服务和行政服务，通过为群众提供各类党建服务和行政办事服务实现党群服务中心的服务属性。（访谈编号：201712）

对于群众而言，党建服务和行政服务并非日常性的需求，可能仅仅是一次性的需求。群众对党群服务中心可能存在需求，但并不存在依赖性。因此，J市委组织部在设计之初，着重考虑增强党群服务中心对群众的"黏性"，使党群服务中心成为群众"想得到、用得着、走得进"的党组织。这催生了3.0版本的党群服务中心。3.0版本的党群服务中心围绕群众的日常生活所需打造功能模块。除了传统的展示区域外，还配备了38个功能性教室。不同的教室可以满足群众不同类型活动的需求，既包括党员活动室、党员宣誓室等，也包括厨艺教学室、幼儿托管室、美妆室、书法绘画室、电脑操作室、体育健身室等。J市委组织部同志在访谈中说：

> 要把群众动员到我们党周围，和群众就政治谈政治已经行不通了，群众可以不理你，所以我们设想通过向群众提供他们日常所需的各种社会服务，先把人聚拢来，然后再开展政治工作。（访谈编号：201712）

因此，38个功能性教室就是J市委组织部设想中开展社会服务的平台，也是吸引群众的物质条件。然而，38个功能性教室只是前期硬件成果，要确保党群服务中心对群众有吸引力，必须以"内容为王"。硬件本身是不会产生效果的，需要有人合理地对其加以利用。也就是说，这些功能性教室要有相对专业的人员入驻并使用，才能发挥它的潜在效用。

从组织部门的自身定位来看，参与具体的日常运营工作既有弱化组织工作之嫌，也超出了组织部门的职能边界，有可能触碰其他政府部门的工作范畴。因此，从实际操作过程来看，引入社会力量支撑党群服务中心的日常运营，就成为组织部门迫切的内部需求。

2. J市社会组织联合会进驻运营党群服务中心

J市委组织部找到市民政局，希望通过与市民政局合作寻找合适的支持型社会组织。具体的路径是，市民政局主导创建J市社会组织联合会，即引进社会组织联合会进驻党群服务中心，与其共用场地，并负责党群服务中心的日常运营。

支持型社会组织的介入，意味着党群服务中心以常态化方式运作起来的内在需求得到有效满足。支持型社会组织能够整合具有各类专长的社会组织，实现党群服务中心的服务属性最大化。J市社会组织联合会虽是一家独立的民办非企业单位（社会服务机构），但另有20家社会组织入驻并接受培育孵化。这20家社会组织各有所长，有些擅长家政服务与培训，有些擅长儿童教育，有些擅长心理疏导，等等。借助党群服务中心的平台，这些社会组织在专业领域内从事具体工作，不仅能够实现各自的社会目标，而且能够达到党群服务中心对功能模块的设计初衷。支持型社会组织是社会组织发展的平台，通过引入一般社会组织，并对其进行孵化、培育，使之发挥各自的特长。支持型社会组织的服务职能更为立体和饱满，进而满足党群服务中心综合性服务的需求。

四　结论与讨论

（一）行政逻辑是中国支持型社会组织的生成和发展动因

中国的支持型社会组织是基于国家组织的行政逻辑而生成和发展的。国家凭借科层资源引进和培育支持型社会组织，其根源性动力在于借助社会力量的成长反向满足国家组织的内部需求。在一定的条件下，上级国家组织的政策或者指示最终被下级国家组织贯彻落实的驱动力并不是上级的政策意图，而是下级国家组织的内部需求。这些内部需求具有两个突出特点。其一，它是科层体系赋予国家组织的行政需求。它存在于行政架构之中，不会超越国家组织的边界。其二，国家组织不适宜或者无法通过直接行为满足这些需求。简言之，国家组织的内部需求具有刚性特征，在内部无法满足需求的前提下，必然要通过科层体系的外部途径加以满足。总体而言，由科层结构赋予的内部需求成为支持型社会组织成长的关键因素。

（二）国家视角是中国社会组织研究的理论视角

本文提出"行政逻辑"的概念依循了国家视角，尝试描述国家培育社会组织的真正逻辑，以及当下社会组织作为一股重要的社会力量参与国家建设的意义。国家视角重在回答的问题包括国家期待社会满足国家的何种需求、国家的需求要由社会来满足的原因、社会存在的意义如何等。基层国家组织对社会力量的"工具主义"态度是社会组织重要的发展起点。因此，本文运用国家视角尝试在中观组织层面分析国家组织的具体需求，社会力量只有与国家组织需求甚至是内部需求达成一致，才有可能获得生成和发展的空间。

（三）提升国家视角的理论兼容性

本文将国家视角作为研究的理论工具，在分析过程中突出强调国家的能动性，客观上弱化对支持型社会组织独立性、自主性的分析，但这并不意味着国家视角和社会组织的独立性、自主性是不兼容的。相反，运用更多经验材料论证扩大国家视角的理论兼容性显得很有必要。因此，从理论上将资源依赖、组织专业化等一系列概念融入国家视角的研究可能成为未来研究的方向。

【参考文献】

陈家建，2013，《项目制与基层政府动员——对社会管理项目化运作的社会学考察》，《中国社会科学》第 2 期，第 64~79 页。

陈家建、边慧敏、邓湘树，2013，《科层结构与政策执行》，《社会学研究》第 6 期，第 1~20 页。

陈家建、张琼文，2015，《政策执行波动与基层治理问题》，《社会学研究》第 3 期，第 23~45 页。

陈家喜、汪永成，2013，《政绩驱动：地方政府创新的动力分析》，《政治学研究》第 4 期，第 50~56 页。

陈天祥、应优优，2018，《甄别性吸纳：中国国家与社会关系的新常态》，《中山大学学报》（社会科学版）第 2 期，第 178~186 页。

丁惠平，2017a，《支持型社会组织的分类与比较研究——从结构与行动的角度看》，《学术研究》第 2 期，第 59~65 页。

丁惠平，2017b，《市场化、全球化与网络化——当代中国社会组织变迁的影响机制及内在逻辑》,《吉林大学社会科学学报》第 6 期,第 183~191 页。

杜平,2019,《如何成为枢纽?一个社会组织探索内在性自主的个案研究》,《广东社会科学》第 2 期,第 213~219 页。

葛亮、朱力,2012,《非制度性依赖:中国支持型社会组织与政府关系探索》,《学习与实践》第 12 期,第 70~77 页。

管兵,2015,《竞争性与反向嵌入性:政府购买服务与社会组织发展》,《公共管理学报》第 3 期,第 83~92 页。

贺东航、孔繁斌,2011,《公共政策执行的中国经验》,《中国社会科学》第 5 期,第 61~79 页。

黄晓春、周黎安,2017,《政府治理机制转型与社会组织发展》,《中国社会科学》第 11 期,第 118~138 页。

纪莺莺,2016,《治理取向与制度环境:近期社会组织研究的国家中心转向》,《浙江学刊》第 3 期,第 196~203 页。

林尚立,2008,《轴心与外围:共产党的组织网络与中国社会整合》,《复旦政治学评论》第 00 期,第 340~358 页。

折晓叶、陈婴婴,2011,《项目制的分级运作机制和治理逻辑——对"项目进村"案例的社会学分析》,《中国社会科学》第 4 期,第 126~148 页。

史普原、李晨行,2018,《派生型组织:对中国国家与社会关系形态的组织分析》,《社会学研究》第 4 期,第 56~83 页。

斯考克波,2009,《找回国家——当前研究的战略分析》,载埃文斯等编著《找回国家》,生活·读书·新知三联书店。

宋道雷,2018,《共生型国家社会关系:社会治理中的政社互动视角研究》,《马克思主义与现实》第 3 期,第 196~202 页。

唐文玉,2010,《行政吸纳服务——中国大陆国家与社会关系的一种新诠释》,《公共管理学报》第 1 期,第 13~19 页。

唐文玉,2016,《从"工具主义"到"合作治理"——政府支持社会组织发展的模式转型》,《学习与实践》第 9 期,第 93~100 页。

汪仕凯,2018,《从国家—社会分析框架到政治社会理论:再论现代国家的政治基础》,《社会主义研究》第 3 期,第 70~77 页。

薛立强、杨书文，2016，《论政策执行的"断裂带"及其作用机制——以"节能家电补贴推广政策"为例》，《公共管理学报》第 1 期，第 55~64 页。

杨善华、苏红，2002，《从"代理型政权经营者"到"谋利型政权经营者"——向市场经济转型背景下的乡镇政权》，《社会学研究》第 1 期，第 17~24 页。

郁建兴、高翔，2012，《地方发展型政府的行为逻辑及制度基础》，《中国社会科学》第 5 期，第 95~112 页。

郁建兴、沈永东，2017，《调适性合作：十八大以来中国政府与社会组织关系的策略性变革》，《政治学研究》第 3 期，第 34~41 页。

詹轶，2018，《社会组织治理中"同心圆"架构及其"委托-代理"关系——基于 S 市枢纽组织的研究》，《公共管理学报》第 3 期，第 129~141 页。

张紧跟，2012，《从结构论争到行动分析：海外中国 NGO 研究述评》，《社会》第 3 期，第 198~223 页。

张荆红、丁宇，2018，《互依联盟何以可能？——中国枢纽型社会组织与国家之关系及其改革走向》，《北京师范大学学报》（社会科学版）第 6 期，第 131~140 页。

周雪光，2008，《基层政府间的"共谋现象"——一个政府行为的制度逻辑》，《社会学研究》第 6 期，第 1~21 页。

朱健刚、陈安娜，2013，《嵌入中的专业社会工作与街区权力关系——对一个政府购买服务项目的个案分析》，《社会学研究》第 1 期，第 43~64 页。

竺乾威，2012，《地方政府的政策执行行为分析：以"拉闸限电"为例》，《西安交通大学学报》（社会科学版）第 2 期，第 40~46 页。

使命驱动型社会组织的嵌入式发展

——以 F 环保社会组织为案例的探讨[*]

邢宇宙　李　琳[**]

摘　要：面对变化的环境，社会组织要不断调适其与外部主体间的关系，但使命仍是社会组织发展的内在驱动力。本文中的 F 环保社会组织，在 20 余年中经历了从志愿者团体向专业社会组织的转型，在环保公益领域具有较大的影响力。本文发现，F 环保社会组织的嵌入式发展策略包括三个方面：一是通过获得合法性身份和加强策略性互动，构建良好的政社关系；二是通过多元组合策略倒逼企业履行环保责任，积极回应社会需求；三是整合各类社会资源，加强与公众之间的联系。F 环保社会组织的发展不仅得益于构建良性互动的多方合作关系，也得益于通过加强组织文化建设坚守环保公益使命，从而实现了使命驱动下的嵌入式发展，这为从实践层面推动民间社会组织的可持续发展带来一定启示。

---

[*]　基金项目：国家社会科学研究基金一般项目"共建共治共享理念下社会组织参与生态文明建设的机制研究"（项目编号：20BSH112）。

[**]　邢宇宙，北京工业大学文法学部副教授，南京大学社会学博士，主要从事社会组织、社会治理方面的研究，E-mail：cosmosxing@163.com；李琳，北京工业大学文法学部硕士研究生，主要从事社会组织方面的研究，E-mail：syzxby@163.com。

关键词： 民间社会组织；制度环境；使命驱动；嵌入式发展

一 问题的提出

从1991年我国第一家正式登记注册的环保社会组织——自然之友——开始，民间社会组织①逐步参与生态环境保护、环境污染治理和环境政策倡导等。从民政部的统计数据来看，2007～2017年生态环境类社会团体和民办非企业单位的数量先增长后下降，2007年为5675家（占总数的1.47%），到2015年为7433家（占总数的1.13%），2017年则为6501家（约占总数的0.85%），其中社会团体6000家、民办非企业单位501家。②上述数据从侧面印证了生态环境领域是社会组织在发展过程中涉足较多的领域之一。从类型学划分的意义上来说，社会组织作为区别于政府和市场的第三部门，具有私立性、自治性和志愿性等特点（萨拉蒙等，2007）。但在实际发展过程中，不同的社会组织面对不同的环境要素，它们在组织方式、资源获取、行动策略等方面形成各自的发展路径，进而构建与外部主体之间的关系。因此本文在刻画社会组织发展的基础上，对其发展路径和动因进一步加以探讨。

二 文献回顾

关于我国社会组织的发展，已有研究积累了大量成果，诸多学者对

---

① 尽管我国的政府管理和政策文本中经历了从民间组织到社会组织的称呼转变，但在学术和实践层面，其强调的侧重点有所不同，因此出现了社会组织、民间组织、公益慈善组织、非政府组织、非营利组织等称呼并行的局面。此处使用民间社会组织，意指那些由民间力量或个人发起成立的社会组织。

② 数据来源于民政部2007～2017年公布的《社会服务发展统计公报》和《民政事业发展统计公报》，此处仅包括生态环境类社会团体和民办非企业单位的数据。值得注意的是，2018年的统计口径中已无生态环境类数据，2019年则已无分领域的数据。

不同时期的研究进行了梳理和回顾（张紧跟，2012；纪莺莺，2013；王名，2013；纪莺莺，2016）。概而言之，无论是经验层面还是理论层面，研究者不仅通过个案或数据对社会组织的发展现状进行了细致刻画，也期望形成总体性的认知和判断。但是我国社会组织类型多样、发展环境的不确定性等，使得这种努力本身存在一定的张力。本文关注的F环保社会组织，既有一般社会组织发展的普遍特征，也面临独特的制度环境和发展现状。结合新近的研究文献与本文的问题意识，本部分试图从以下层面对相关文献加以评述。

（一）环保社会组织发展的制度环境

在我国社会组织发展的过程中，制度环境一直是重要的外部变量。党的十八大将生态文明建设纳入中国特色社会主义事业总体布局，突出其战略地位。2015年新环境保护法的实施等，为社会组织"介入"环保领域提供了法律依据和政策保障。社会组织可以通过环境维权、行政问责和公益诉讼等更深入地参与环保事务，加强与企业和政府的博弈（陈明等，2016）。2020年3月中共中央办公厅、国务院办公厅印发的《关于构建现代环境治理体系的指导意见》，正式提出了构建"党委领导、政府主导、企业主体、社会组织和公众共同参与"的现代环境治理体系。学者注意到这种变化背后暗含了环保社会组织发展制度空间的变化，并从政治机会和资源两个层面分析了鼓励与限制的两个面向（叶托，2018）。值得注意的是，虽然我国建立了从中央到地方的统一管理体制，但是中央和地方间多层级关系的特征决定了中央精神和政策文件主要发挥宏观指导和引领作用，在实践层面还有待于各级政府部门制定具体政策加以落实。如已有研究注意到，2017年环保部和民政部联合出台了支持环保社会组织发展的指导意见（邢宇宙，2017）。但是从各地实践来看，只有湖南、广东、江苏等个别省份的环保和民政部门，通过开展培训、召开座谈会、举办环保社会组织年会等加以支持。湖南省曾经据此出台支持环保社会组织发展的征求意见稿，但最终并未正式颁布,并且大部分省份在登记注册、培育支持等方面没有较多实质性举措。

总体而言,与"社会建设"背景下政府在民生事业和社区建设等方面直接面向公众提供服务不同,政府在生态文明建设领域中面对社会组织的资金投入或者扶持并没有专门的政策支持。如2014年曾经有消息称,当时环保部正在拟订"关于做好政府购买环境公共服务的指导意见"(以下简称"指导意见"),但是随着新一轮政府机构改革,该文件并未正式出台。与此同时,我们必须注意到环境治理领域的独特性,如报道中"指导意见"涉及的购买服务项目,主要包括城市生活污水、垃圾处理、环境监测、土地修复、生态类评估,以及技术性环境规划的编制等。这些服务一方面"非常专业化",另一方面"高度市场化",只有少量侧重于面向公众开展的宣传教育活动,如社区垃圾分类等动员工作,与社会组织业务领域相关。近年来,随着垃圾分类工作的全面推行,一些省市政府投入部分资金购买服务,其中实际承接较多的是过去开展社区工作的机构,尤其是面向社区的社会工作机构,对专业化要求的门槛并不高。

(二) 环保社会组织的行动策略选择

面对宏观制度环境的调整,政府和社会组织采取不同策略,在互动中形成了不同的关系类型。近期关于环保社会组织行动策略的研究也多从案例的角度加以讨论。

首先,如前所述,环保社会组织更多地借用中央"生态文明建设"话语,以及配套的相关政策和制度,如中央环保督查制度,通过关系性嵌入、结构性嵌入和时间嵌入,影响环境政策执行(刘悦美、田明,2020)。限于组织自身的目标和能力,即使是有法可依的环境公益诉讼,在实践中也并没有出现大量环保社会组织参与。而且随着检察院职能的调整,目前环境公益诉讼变成了以检察机关参与为主。为数不多的环保社会组织在经过一波参与"小高峰"后,由于外部环境变化和组织战略调整等因素，参与空间和动力正在进一步收缩。

其次，针对污染企业的治污，侧重依靠行业协会和供应链传递压力的市场路径，倒逼企业进行污染治理（郭施宏、陆健，2021）。基于同一案例的研究，对组织与政府、企业和公众之间的互动，陈涛、郭雪萍（2021）用"共情式营销"加以概括，强调深化专业合作和依托权威平台，实现"专业化嵌入"，以及通过建立环保社会组织之间的合作行动网络联盟（钟兴菊、罗世兴，2021），提升环保社会组织的行动绩效，并改进政社和企社关系。

最后，针对这些变化的解释指出，主要原因是组织注重内部学习和知识生产（郭施宏、陆健，2021），以及建立组织之间的联盟与合作网络。研究发现，环保社会组织选择行动策略的内在动力是组织对稀缺资源、专业知识的需求，同时有新一代年轻领导者的特质、认知社群等因素的驱动（Lu & Christoph，2022）。钟兴菊、罗世兴（2021）的研究则更细致地从处于不同生态位的环保社会组织出发，对环境问题建构和行动策略的过程加以探讨，从而提出了"多元生态位－接力式建构－环境议题政策化"的解释逻辑。

总之，已有文献不仅注意到制度环境变化，将制度因素视为影响组织存续和发展重要的激励或约束因素，也注意到组织行动策略的变化，尤其是在构建政社互动多元关系方面，并从组织主体的角度探讨其背后的动因。本文基于一家环保社会组织的案例，期望在描述社会组织发展的过程中，既展现社会组织与环境之间的互动，也从社会组织内部出发观照文化建设和使命，并由此进一步理解社会组织发展的动因。

三　研究设计

（一）研究方法

本研究属于探索性和解释性研究，采用个案研究方法。为了更全面地收集资料，研究者采用以半结构式访谈为主，参与观察、文献分析为辅的研究方法，主要访谈机构创始人、总干事、各项目负责人等（见表1），了解F环保社会组织的发展过程和动因[①]，如各个阶段的机构形态、人员构成、活动形式、工作方法、资金来源等，同时通过参与组织开展的活动、会议，观察组织的日常运营和文化氛围。最后，本研究通过收集与F环保社会组织相关的资料，如新闻报道、微信公众号内容、微博等，并结合参与观察，以交叉验证半结构式访谈资料。

表1 访谈对象情况

访谈对象	加入组织的时间	访谈时间	时任职务/身份	访谈方式	单次访谈时长（上午、下午各一次）
L女士	1998年	2017年12月7日、8日	创始人	面谈	2小时
		2021年3月8日、10日、15日		面谈	2.5小时
D女士	2004年	2017年12月7日、12日	总干事	面谈	3小时
		2021年3月10日	志愿者	面谈	1小时
				电话访谈	1小时
d女士	2015年	2021年1月2日	环境法律与事务部总负责人	电话访谈	1小时
		2021年2月26日		电话访谈	1小时
		2021年3月9日、11日、12日、15日		面谈	1.5小时
Z女士	2008年	2017年12月8日	志愿者	面谈	2小时
W先生	2015年	2017年12月7日	项目负责人	面谈	2小时
		2021年3月13日	志愿者	电话访谈	1小时
L先生	2017年	2021年3月12日	项目组长	面谈	1小时
Y女士	2018年	2021年3月11日	项目负责人	面谈	1小时
l女士	2016年	2021年3月9日	项目成员	面谈	1小时

资料来源：笔者根据2017~2021年开展实地调研的相关资料整理。

---

① 按照学术研究惯例，文中用字母代替具体的机构名称和人名。笔者在此感谢F环保社会组织成员对本研究的支持。

（二）案例介绍

F 环保社会组织源于 1998 年福建电视台的一档环保类节目，并于 2001 年成立专门工作室，2006 年正式在省民政厅登记注册，迄今已有 20 余年的发展历史。纵观 20 余年的发展轨迹，F 环保社会组织实现了从志愿者团体向专业环保社会组织的转型，主要表现为从致力于广泛动员志愿者参与的公众倡导，变为以专职人员开展项目为主，利用专业技术解决实际环境问题。同时，F 环保社会组织的资金来源渠道更加多元、筹资额度不断增加，逐步实现组织的规范化管理，确保了组织的稳定和持续发展。如表 2 所示，这一过程大致可以分为三个时期：2001～2005 年的志愿服务工作室时期，2006～2007 年的注册登记后的过渡时期，2008 年至今的专业环保社会组织时期，形成了环境公益诉讼、绿色金融和流域治理三大方向。

之所以将 F 环保社会组织作为研究案例，主要是因为该组织的发展呈现出明显的阶段性特征，且一直秉持环保公益使命，关注的议题领域日渐聚焦，行动策略和工作手法日趋专业，得到了来自政府部门、高校、科研院所、基金会和伙伴组织的支持，在该省乃至全国环境公益领域产生了较大的影响力。

表 2　F 环保社会组织的发展阶段

阶段	机构形态	人员构成	活动形式	工作方法	资金来源
2001～2005 年	志愿服务工作室	志愿者团队	全部为志愿者活动，对民众进行科普宣传教育	以志愿者参与的社会倡导为主	创始人补贴、志愿者捐赠
2006～2007 年	注册登记后的过渡时期	以志愿者为主+少量专职人员	以志愿者科普宣传教育活动为主	由社会倡导向解决环境问题转变	基金会资助、活动获奖
2008 年至今	专业环保社会组织	以专职人员为主+少量志愿者	聚焦领域，形成品牌项目	通过项目解决环境问题，关注组织的长远发展	基金会资助、网络配捐、公众捐赠、政府资助

资料来源：笔者根据 2017～2021 年开展实地调研的相关资料整理。

(三) 分析框架

社会组织的发展受到内外环境多重因素的影响。组织权变理论认为，外部环境是组织发展的重要变量，组织及其适应性，取决于组织形式与环境需求之间的匹配度，因此环境条件决定了系统的生存和发展，最适应的系统最有可能实现发展目标（斯科特、戴维斯，2011：98）。基于此，本文重点分析社会组织与外部环境的"交换"关系，特别是社会组织与政府、企业和社会公众之间的互动关系。首先，制度环境赋予了 F 环保社会组织合法性身份，社会组织通过灵活运用各种策略，既解决了实际的环境问题，又维护了良好的政社关系；其次，F 环保社会组织以外部监督主体倒逼污染企业履行环保责任，主要包括通过科普宣传和志愿者动员增强人们的环保监督意识，以及利用市场和法律手段解决具体的环境问题；最后，F 环保社会组织整合各类公益资源，获取人力和财力等组织持续发展的资源，既加强了组织与公众之间的联系，也为组织达成使命和持续发展提供了重要保障（见图1）。

四 F 环保社会组织与外部主体间的互动

F 环保社会组织从成立到运营，一直处于特定的环境之中，其发展是内外部环境共同作用的产物。正如组织理论家明确指出的，所有用于建立组织的"物质"都是从环境中获取的，它们不断被结合到组织结构之中，相互渗透，不断赋予组织以价值，并将组织与更大的系统联系起来（斯科特、戴维斯，2011）。因此，组织与环境之间构成相互依存的关系，环境变化会对组织的运转和发展产生重要影响。而社会组织的价值和使命是围绕公共性展开的，通过社会问题的解决推动社会发展。基于此，社会组织面对不断变化的环境，需要通过调整自身策略来与外部主体之间展开互动，最终达成组织目标。

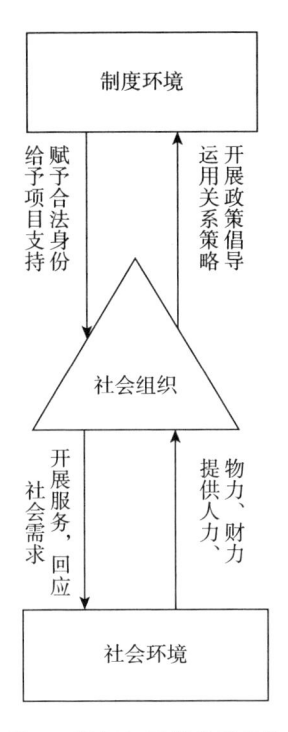

图 1　组织与环境关系结构

（一）通过获得合法性身份和加强策略性互动，构建良好的政社关系

正式制度为社会组织的成立和发展设定了基本框架。20 世纪 90 年代以来我国形成的双重管理体制在规范社会组织发展的同时，在一定程度上使社会组织呈现出"依附式发展"的基本特征（康晓光等，2011：97）。但是党的十八大以来，党和国家不断推进社会建设和生态文明建设，扩大社会组织的参与空间，不断推出鼓励与支持型政策、优化制度环境（黄晓春、周黎安，2017）。F 环保社会组织的发展历程不仅体现了制度环境的制约性，而且反映出组织不是被动的环境选择者，而是积极主动适应环境的能动者（斯科特、戴维斯，2011：134），通过获得合法性身份、发挥专业作用来实现组织目标和价值，从而扮演好社会治理主体的角色。

对于社会组织而言，合法性是其在社会中立足和存在的根本条件之一（斯科特，2020）。F环保社会组织在发展初期，是以"媒体人工作室"的形式存在的。但为了更好地开展活动，它主动登记注册，接受当地民政部门和福州市科学技术协会（以下简称"科协"）的管理，从工作室变成正式的社会组织，实现了发展过程中的第一次转型，获得了合法性身份，开始规范化运作。作为业务主管部门的科协，直接为组织发展创造机会。

> 我们按照规章制度办事，科协很支持我们，每年评奖的时候都会推荐我们。科协主席在带动体制内外协会相互参照、资源整合的过程中做了很多工作。（访谈编号：20171208L）

与此同时，F环保社会组织与科协的关系产生了连带效应，使其更容易获得政府相关部门的"认可"，如F环保社会组织参与某县小流域治理的项目。

> 通过科协的引荐，我们跟水利厅合作的项目获得了科技二等奖，成为"六水共治"中的样板工程。当时的合作主体中，我们是唯一的社会组织。如果单纯靠我们申请，那几年也申请不下来。（访谈编号：20210102d、20210308L）

换句话说，F环保社会组织实现了"利用局部的合法性得以兴起，谋求充分的合法性以利发展"（高丙中，2000）的智慧生存。因此，合法性身份成为规范化运作的基础。这一制度设计不仅为F环保社会组织的成立设定了门槛，成为约束组织行为的压力源，也为其获取其他资源奠定了基础（邓燕华，2019）。在这个过程中，F环保社会组织由最初面向大众开展环境宣传活动，转向解决具体的环境问题，尤其是加强与政府的策略性互动，以更好地借助政府力量，推动组织环保公益目标的达成。

一是 F 环保社会组织采取"有所作为"的积极策略，如申请企业信息公开时，F 环保社会组织通过同时向不同层级政府申请的方式，避免了上下级相互推诿的现象。当遇到政府不信任或者拖延情况时，F 环保社会组织通过转换传递主体、借助抓手等方式督促政府满足其申请诉求。前总干事 D 女士说："我们每年（都）把这个底栖物种观察的结论以报告的形式开院士会，我们说没用啊，由院士说给省长听，省长就采纳了。"（访谈编号：20171212D）又如，F 环保社会组织主动建言献策，提倡完善环境监测指标，最终达成与地方政府合作开展"小流域治理"的目标。

> 我们基于长期调研，发现理化参数并不能完全衡量水质，也应考虑到底栖物种这一指标。我们反馈给福建省生态环境厅后，他们不仅采纳了我们的建议，还鼓励各社会团体加强与我们的合作。（访谈编号：20210312d）

二是站在政府角度考虑问题的"换位思考"策略。F 环保社会组织将自身定位为政府的辅助者而不是麻烦的制造者，"服务而不越位"，形塑"我们感"，打造"共同体"，在情感上拉近了与政府的距离，促进了彼此间的良性互动（陈涛、郭雪萍，2021）。正如 D 女士所说，"我们设置水流域治理项目，它既能为沿岸百姓提供清洁的河水，也能够满足政府展示业绩的愿望，设立'民间河长'辅助'政府河长'，也能将水污染治理更到位"（访谈编号：20171208D、20171207L）。此外，F 环保社会组织很早就与当地的银行合作，响应政策号召探索绿色金融，D 女士说："你做的事情必须要与国家的政策相契合，政府部门才会理你，你才不是自说自话。"（访谈编号：20210312d）后来，F 环保社会组织将该版块独立出去，成立了专门推动绿色金融的机构，并逐步扩大到与保险等行业企业和职能部门的合作。

三是当遇到无法直接满足政府需求的情况时，F 环保社会组织巧妙运用"回避策略"（Christine，1991）来应对制度环境的规定，始终站在政府的对面而非对立面（曹海林、王园妮，2018）。正如 D 女士所说，"我们与政府沟通时态度上要温和，不与政府对立，政府不让我们做什么，我们就点头说好，但是也会告诉政府，我们尊重政府。这样尽可能减少矛盾的发生，让政府先接纳下来，然后再来解决问题。但无论怎样，在对外的形象上，我们做的都是与河流保护、建立环境保护基地、普及环境意识相关的工作"（访谈编号：20171207D）。理查德·斯科特（Richard Scott）在评论迈耶（John W. Meyer）与罗恩（Brian Rowan）的研究时也曾指出，组织通过适度"脱耦"，能够有效保证内部不会受到环境要求的影响而独立运行（斯科特，2020）。这种象征性的应对策略表现在组织的正式结构和话语选择等不同层面，这也是组织结构特征趋同的重要原因。

总之，F 环保社会组织不断加强与政府的策略性互动，获得了政府的信任与支持，实现了契合政策导向的"顺势而为"（曹海林、王园妮，2018）。该组织在 2020 年社会组织评估中被评定为 5A 级，为后续承接政府购买服务项目、更加深入地参与区域环境治理奠定了基础。这一方面体现出 F 环保社会组织充分利用制度赋予的空间，获得生存和发展的资源与机会；另一方面体现出 F 环保社会组织在与政府部门的互动中善用灵活的策略，运用柔性智慧营造良好的政社关系。

（二）通过多元组合策略倒逼企业履行环保责任

F 环保社会组织是国内少数关注工业污染防治的环保组织之一。工业污染不仅破坏生态环境，而且直接危害人体健康。有些污染还具有极强的隐蔽性，产生的危害具有不可逆性。F 环保社会组织从成立开始便关注有关海洋污染的报道，开展公众环保宣传活动，"污染企业"不可避免地成为其要面对的主体。因此，探索如何推动企业积极履行社会责任，增强其环保意识，成为 F 环保社会组织的重要目标之一。

一是利用公众监督不断向污染企业施压。F 环保社会组织创始人发现，2000年以前，公众的环保意识十分薄弱，因此F环保社会组织在发展早期，通过在广场和公园开展现场科普活动，以图片、视频、剧情表演等形式生动地展现身边的环境问题，来提高人们对周围环境污染的感知能力，激发人们保护环境的内在动力。2000年以后，因为有些环境污染损害了部分公众的切身利益，局部地区发生了环境利益冲突，F环保社会组织便开始关注环保问题的解决，而非单纯的社会倡导。2005~2008年，F环保社会组织介入了CA村的环境污染抗争事件，针对村民开展普法宣传活动，协助村民与企业和政府沟通，解决当地的环境利益纠纷。在此基础上，F环保社会组织开始动员当地民众参与，建立局部地区的家乡守护者网络，并定期对其进行培训，不断增强与提高公众的监督意识与能力，以弥补地方政府监管的不足，构建地方性公众监督网。

二是通过市场手段倒逼企业重视环境保护。F环保社会组织逐渐意识到，不仅要解决已经出现的环境问题，还要提升解决问题的效力，并且力争从源头上遏制污染。由于国家大力倡导"绿色金融"，F环保社会组织力图通过市场手段，即介入企业银行贷款过程，促使银行加强对企业的考察评估，提高借贷门槛，迫使企业在追求经济利润的同时履行社会责任。

> 最初建立企业的门槛比较低，造成了环境污染。如果银行没有环保意识，随意贷款给企业建厂，那么污染会更加严重，因此应该提升银行的环保认知度，从源头上遏制环境污染。（访谈编号：20210310L）

相比于普通公众的监督，干预企业贷款对企业发展的影响更大，约束力更强，同时使监督主体更加多元化，有助于从根本上扭转环境治理体系单一的格局。

三是通过法治手段迫使企业履行环保责任。随着新环境保护法的实施，对于存在环境污染问题且多次劝改无效的企业，F环保社会组织将对其提起诉讼程序，运用法律的威慑力和强制力迫使企业履行环保责任。机构负责人坦言，"如果他继续污染，我们可能会走诉讼程序，企业知道我们有法律的力量在支撑，他们就会慢慢地自我改善"（访谈编号：20171208L）。但这并不代表环保组织与企业之间的关系僵化，实际上企业也是环境治理的重要责任主体。F 环保社会组织主动换位思考：我们倡导的其实是非诉讼解决，我们希望给企业警示，它愿意去做整改，我们就看它整改的力度，再决定是否放弃诉讼（访谈编号：20171211L）。在这个意义上，公益诉讼手段的目的是督促企业整改，而不是逼停企业生产，这种共鸣式互动能有效缩小与企业的心理距离，为协同推进环境治理创造更多机遇（陈涛、郭雪萍，2021）。

总之，F 环保社会组织综合运用公众－市场－法律手段，构建起包括大众、社会组织、银行、法院在内的多层次、多主体的监督体系，有效弥补政府监管的不足，实现"从源头上根治、日常运营中施压、出现问题后倒逼"的结合，从而帮助企业更好地履行社会责任和绿色发展。

（三）整合各类社会资源，加强与公众之间的联系

20 余年来，F 环保社会组织始终坚持"让更多当地人参与家乡生态环境保护，推动政府和企业做出改变，减少污染对环境和人的伤害"的使命，面向社会大众更好地宣传环保公益理念。社会组织植根于"社会"，因此社会组织项目的实施取决于社会大众的认可与支持。F 环保社会组织对"社会"给予了充分关注，在努力构建"情境合法性"（邓燕华，2019）的同时，积极整合社会资源，与各类社会主体建立良好的互动关系。

一是吸纳专业人才，提高业务能力。组织的专业化依赖于人的专业化，F 环保社会组织通过吸引大量专业人才，尤其是来自高校、科研部门、政府部门、法律界的专家学者以及实务工作者来充实志愿者团队。F 环保社会组织本着求真、务实的态度，认为做公益一定要谦卑，需要公信力，得人心者得天下。只有做了充满正能量，利于社会、利于人类

的事情,大家才都会来参加,有钱出钱,有力出力。"很多专家、学者就是受到我们活动的影响,看到我们很努力地做实事,才慢慢加入我们,跟我们一起干。"(访谈编号:20171207L)实践表明,这类关键群体的参与为该组织提供了稳定的核心志愿者资源、内部化治理结构,并提升服务能力以创造同党政部门的共容利益,因此能有效提升组织自主性(徐家良、张其伟,2019)。

值得注意的是,F环保社会组织在发展与战略调整的同时,积极维护与老志愿者之间的关系。早期参与环境普法宣传的Z女士坦言:"我现在退休了,就是个没事干的闲人,林主任她有时候说Z老师有没有空过来一下?我就想着能凑凑热闹就来凑凑热闹,边玩边奉献是最好的。"(访谈编号:20171207Z)虽然Z女士等人现在已经不是核心的项目志愿者,但是仍然通过担任机构的理事、监事和顾问,通过参与组织内部治理和重要活动的方式同组织保持着联系。

二是不断拓宽筹资渠道,摆脱对单一资源的依赖。筹资往往是制约社会组织发展的关键因素。在发展过程中,F环保社会组织最初的资金主要来源于创始人补贴和志愿者捐赠,资金量小。但随着项目范围的扩大,F环保社会组织逐渐形成以基金会资助为主、政府和公众筹款为辅的多元筹资策略。当然,F环保社会组织也将面临来自基金会的考察。

> 基金会最后是否支持我们,主要是看我们之前的项目成果,一定要确保我们有能力来做。另外,他们还要求机构曝光率要高,要让捐赠人感到有价值,还要看机构的稳定性等。(访谈编号:20210308L)

因此,F环保社会组织在将基金会作为重要的资源获取渠道的同时,主动寻求与基金会相契合的关注点,遵从其资助的规则和要求。

近年来受国际国内环境变化和各类风险的影响,基金会的资助并不稳定。L女士说:"2020年后,基金会支持减弱,我们就要考虑如何长远发展下去，于是开始尝试开发环保课程。有了造血能力，我们就可以更自由地安排项目，不用必须听基金会的安排了。"（访谈编号：20210311L）因此，目前 F 环保社会组织正在构建多元化的筹资策略：首先是通过开发环境教育课程进行造血；其次是加强与政府相关职能部门的合作，获取购买服务资金；最后是通过加强宣传和公众联结，进一步扩大公众筹款，从而增强组织的自主性。

三是借助基金会的支持加强能力建设，更新组织发展观念。社会组织要实现可持续发展，必须通过品牌项目和机构建设，增强核心竞争力，提升社会认可度。F 环保社会组织从 2014 年开始得到 A 基金会 JC 项目①的支持，主动听从企业家导师的建议，树立品牌意识。

> 机构的管理运营要有企业化思维，关注你在公众心中的形象。但以往我们没有品牌意识，有些专家会因为你不出名而不愿意参加你的活动。如果机构品牌很响，那他参与起来就会有满足感，捐赠人也会觉得很有价值。（访谈编号：20171212D、20210309L）

企业家导师通过"集体会诊"和"个别辅导"的方式，协助 F 环保社会组织梳理出组织的核心业务领域。

企业家导师和组织创始人之间也面临理念和认知上的差异。如面对发展路径的选择，F 环保社会组织依然坚定地走"NGO 发展之路"。L 女士认为，"社会企业可能会成熟更快，但我们纯粹是公益性质的，社会企业与我们的理念、初心以及活动项目都不一样，所以我们希望不忘初心，坚定做 NGO"（访谈编号：20171207L）。不过，借助企业家导师参与制定的战略规划，从 2015 年开始 F 环保社会组织逐渐聚焦环境公益诉讼、绿色金融和流域治理三大业务方向，并进一步通过机构品牌

---

① A 基金会资助初创期环保公益组织的培育项目，为每位入选的伙伴配备数位公益导师和企业家导师。前者是公益行业管理人员，后者是企业管理者，他们为组织发展战略和运行提供咨询服务。

建设提升公众认知度与信任度,扩大了其在环保公益领域的影响力。

简而言之,资源是组织专业化发展的必要条件,组织的专业化转型尤其需要人才和资金支持。资源依附学派指出,没有任何一个组织是自给自足的,所有组织都必须为了生存而与其环境进行交换(斯科特、戴维斯,2011:108)。作为吸纳社会资源的公益机构,F 环保社会组织不断吸纳外部资源助力自身发展,坚定环保公益的业务方向,充分体现出其作为环保社会组织的责任意识、志愿奉献精神以及强大的使命感。

五 结语:嵌入式发展何以可能

民间社会组织在发展过程中往往基于环境要素构建契合自身目标和特征的组织战略与发展策略。纵观 F 环保社会组织 20 余年的发展,其在坚守环保公益使命的过程中,充分发挥自身能动性,嵌入政府、企业、基金会、其他环保社会组织、专家和志愿者之间的关系网络中,通过整合社会资源,实现多元合作,共同推进环境问题的解决,实现了嵌入式发展。

这种多元合作关系和嵌入式发展,一方面表现为 F 环保社会组织拓宽了资源渠道,获得了来自政府、基金会和公众的资助和支持,较为顺利地完成了项目的申请与执行等,既践行了社会组织使命、发挥了社会组织功能,又较好地满足了多方主体的利益需求。如在开展环境公益诉讼时,F 环保社会组织以支持者、咨询者而不是原告者定位,帮助企业查找污染问题、排除污染隐患、进行污染整改、履行社会责任、重塑良好形象、避免法律纠纷,期望带动企业乃至整个行业的绿色转型。又如,面对区域环境污染问题时,F 环保社会组织注重当地公众的动员和参与,建立起广泛的信任关系,增强村民自我解决问题的信心和能力。

另一方面表现为 F 环保社会组织与不同主体成员建立起广泛的情感联结,形成他们对组织使命、目标、行动策略和文化的认可。如在与政府相关部门的合作沟通中,F 环保社会组织坚守环保公益的使命与方向,遵守优先接纳然后解决问题的柔性法则,因时制宜,站在政府的对面而非对立面，得到了政府更多的"宽容"与重视，不断拓展体制内部的关系网络。又如，F环保社会组织挑选骨干成员参与JC项目，使其在企业家导师的带领下重新认识企业运营的理念和技巧，引入战略规划和品牌打造的思维，将企业家纳入理事会成员，改变了组织管理和运营的模式，推动了组织从志愿者团体向专业环保社会组织的转型。

在这个意义上，虽然人力、技术、物质等资源为组织发展提供了重要支撑，但组织的可持续发展仍有赖于组织使命的坚守及蕴含的组织文化建设。彼得·德鲁克（Peter Drucker）认为，非营利组织是为使命而存在的（德鲁克，2009：34）。随着我国公益慈善事业的发展，公益理念和模式也在发生变化，相比于传统慈善强调奉献等特征，取而代之的是公众自身的意愿、自我组织的能力，以及满足自身的内在要求（陶传进、张欢欢，2020）。对于使命驱动型组织而言，使命需要转化为组织创始人的坚守，以及组织成员和外部主体的认可。有研究指出，诸如新女性主义等组织常常在物质资本（金融资本和不动产）方面非常匮乏，但试图通过发动其参与者的人力资源（智慧、创造力和活力）以及通过创造社会资本（成员之间促进信任和支持集体行动的强大联合）来弥补这一不足（斯科特、戴维斯，2011：163），这体现出组织凝聚力的重要性，而凝聚力更多地来源于组织文化建设。

F环保社会组织在实践中形成了独特的组织文化，集中体现在创始人L女士带领组织成员开展传统文化研习。她始终秉持"人与自然和谐共存""身体力行真心实意"的价值观，传递自己的公益慈善理念，并以身作则带领组织成员去践行。L女士说道：

> 如果说专业性体现为解决问题、技术方面的能力，那传统文化是帮你把这个事情做得更到位。比如虽然处理污水很难做，但是当我想到这是在帮助别人时，我就会感到很开心，而不是很难受。道德与技术二者必须结合在一起，越是走专业化道路，越要学习传统文化。（访谈编号：20210315L）

埃德加·沙因（Edgar H. Schein）指出，尽管有不同的机制在组织文化形成过程中发挥重要作用，但最重要的来源仍然是创始人的影响。其不仅选择了新群体的基本使命和运营环境，也选择了群体成员，并且在组织努力战胜环境、整合自身的过程中，塑造了群体成员的反映方式（沙因，2014：189）。因此，这种影响并不完全等同于创始人的个人权威，而是创始人在组织发展过程中塑造群体成员的反应方式以及观念，即组织文化建设过程。

换句话说，组织文化为组织专业化过程提供了内在道德支撑，从而帮助成员更好地完成工作。在组织文化建设过程中，成员的道德责任感和奉献精神得到了强化，公益慈善理念不再是创始人的个人倡导，而是每个组织成员的坚守。这种坚守不是出于被迫或者目的导向，而是基于内在道德驱动（斯科特，2020：17）。正如曾经的项目负责人 W 所说：

>机构的定位和规划对员工影响很大，我们很关心组织能不能走上专业化发展的道路，是资助方给钱我们就去配合，还是去做符合机构使命、价值观的事情。我觉得相比于企业，NGO 的参与感和使命感要强很多。（访谈编号：20210313W）

因此，组织文化有助于增强团队凝聚力、稳定组织结构，同时对外吸引新鲜血液，塑造良好的组织形象。斯科特、戴维斯（2011：62~63）在评论巴纳德的协作体系时也指出，巴纳德重视道德性基础，物质报酬被认为是"微弱的刺激"，如果要使协作工作维持下去，就必须有其他心理的和社会的动机加以支持。其观点蕴含了组织文化的重要性。组织文化建设营造的良好氛围，为组织的可持续发展提供了内生动力。

总之，F 环保社会组织的嵌入式发展是在使命驱动下，通过整合社会资源、吸纳新思维和理念，将组织文化建设贯穿始终，助力组织的可持续发展，从而使组织即使面对人员流失、资源紧缺或制度约束等不确定与不可控因素，也始终能够坚守环保公益使命，朝着更加专业的方向发展。同时，相对于"依附式发展"而言，社会组织的嵌入式发展更具自主性、更具组织活力。这再次启示我们，在实践中营造宽松的制度环境和社会环境，对社会组织的发展具有重要意义。

【参考文献】

埃德加·沙因，2014，《组织文化与领导力》，章凯、罗文豪、朱超威等译，中国人民大学出版社。

彼得·德鲁克，2009，《非营利组织的管理》，吴振阳译，机械工业出版社。

曹海林、王园妮，2018，《"闹大"与"柔化"：民间环保组织的行动策略——以绿色潇湘为例》，《河海大学学报》（哲学社会科学版）第 3 期，第 31~37 页。

陈明、邢文杰、蒋惠琴、鲍健强，2016，《从"参与环保"到"介入环保"——我国社会组织"介入环保"转型的路径研究》，《南京工业大学学报》（社会科学版）第 3 期，第 20~28 页。

陈涛、郭雪萍，2021，《共情式营销与专业化嵌入——民间环保组织重构多元关系的实践策略》，《中国行政管理》第 2 期，第 59~67 页。

邓燕华，2019，《社会建设视角下社会组织的情境合法性》，《中国社会科学》第 6 期，第 147~166 页。

高丙中，2000，《社会团体的合法性问题》，《中国社会科学》第 2 期，第 100~109 页。

郭施宏、陆健，2021，《环保组织公共诉求表达的市场路径及其成因——一个组织学习的视角》，《中国行政管理》第 2 期，第 68~75 页。

黄晓春、周黎安，2017，《政府治理机制转型与社会组织发展》，《中国社会学》第 11 期，第 118~138 页。

纪莺莺，2013，《当代中国的社会组织：理论视角与经验研究》，《社会学研究》第 5 期，第 219~241 页。

纪莺莺，2016，《治理取向与制度环境：近期社会组织研究的国家中心转向》，

《浙江学刊》第 3 期，第 196~203 页。

康晓光等，2011，《依附式发展的第三部门》，社会科学文献出版社。

莱斯特·M. 萨拉蒙、S. 沃加斯·索科洛斯基等，2007，《全球公民社会：非营利部门国际指数》，陈一梅等译，北京大学出版社。

理查德·斯科特，2020，《制度与组织：思想观念与物质利益》（第四版），姚伟等译，中国人民大学出版社。

理查德·斯科特、杰拉尔德·戴维斯，2011，《组织理论：理性、自然与开放系统的视角》，高俊山译，中国人民大学出版社。

刘悦美、田明，2020，《嵌入与转换：环境政策执行过程中环保社会组织的行动策略研究》，《中国行政管理》第 7 期，第 49~55 页。

陶传进、张欢欢，2020，《分类支持：社会组织管理的一个新视角》，《新视野》第 2 期，第 95~101 页。

王名，2013，《社会组织论纲》，社会科学文献出版社。

邢宇宙，2017，《环保社会组织发展的制度安排与前景展望》，《中国环境管理干部学院学报》第 6 期，第 7~10 页。

徐家良、张其伟，2019，《地方治理结构下民间志愿组织自主性生成机制——基于 D 县 C 义工协会的个案分析》，《管理世界》第 8 期，第 110~120 页。

叶托，2018，《环保社会组织参与环境治理的制度空间与行动策略》，《中国地质大学学报》（社会科学版）第 6 期，第 50~57 页。

张紧跟，2012，《从结构论争到行动分析：海外中国 NGO 研究述评》，《社会》第 3 期，第 198~223 页。

钟兴菊、罗世兴，2021，《接力式建构：环境问题的社会建构过程与逻辑——基于环境社会组织生态位视角分析》，《中国地质大学学报》（社会科学版）第 1 期，第 70~86 页。

Lu，Jian & Steinhardt H. Christoph. 2022. "Alliance Building among Environmental Nongovernmental Organizations in China: The Emergence and Evolution of the Zero Waste Alliance." *Modern China* 48 (1): 105-133.

Oliver, Christine. 1991. "Strategic Responses to Institutional Processes." *The Academy of Management Review* 16 (1): 45-179.

社会组织契约的双重执行与情境合法性的提升

——基于上海城市社区自治项目的分析*

张振洋**

摘　要：为何有些社会组织的情境合法性高于其他社会组织？本文认为社会组织项目合作预期下的行为是讨论这一问题的重要情境。基于对上海城市社区自治项目的考察，采用案例研究法，本文发现，社会组织基于稳定的合作预期，通过契约的双重执行提升情境合法性。社会组织首先通过"加班牌"获得利益相关方的初步认可。在此基础上，社会组织一方面通过"专业优势牌"获得治理绩效，赢得利益相关方对其能力的认可；另一方面通过"合同软化牌"承担额外工作，强化多边合作关系和利益相关方的认可。另外，高治理绩效也强化了合作伙伴的认可，促进了合作关系、治理绩效和情境合

---

* 基金项目：2021年国家社科基金青年项目"特大城市社区综合服务平台化供给能力提升研究"（项目编号：21CZZ024）、2018年上海市哲学社会科学规划青年课题"组织嵌入视角下党建引领基层社会治理的上海经验与路径优化研究"（项目编号：2018EZZ004）、2018年上海市"晨光计划"资助项目"资源依赖视角下城市基层党组织引领社会治理创新的组织力和政治功能优化路径研究"（项目编号：18CG050）。本文初稿曾宣读于由上海交通大学公共政策与治理创新研究中心举办的第六期"政策与治理"工作坊，特此致谢，笔者文责自负。

** 张振洋，上海师范大学哲学与法政学院副教授，上海交通大学公共管理专业博士研究生，主要从事城市基层党建与社会治理方面的研究，E-mail：zhangzhenyang07@shnu.edu.cn。

法性的和谐互动。本文的发现加深了对社会组织情境合法性的认识，后续研究需厘清情境合法性的决定因素及其与其他要素的转化机制。

关键词： 社会组织；契约的双重执行；情境合法性；自治项目

一 引言

项目制已成为城市基层公共服务供给的重要方式，而社会组织则是政府购买服务项目和城市社区自治项目的重要参与者，其合法性广受学界关注。社会组织的合法性一方面体现在政治学意义上，即与"非法"相对，其获得需要注册或者报备；另一方面体现在社会学意义上，即社会组织如何获得运作环境的认同。这种认同体现在两个层面：其一，运作环境中的主体对社会组织历史行为和绩效的认可；其二，运作环境中的主体对社会组织在具体项目中行为和绩效的认可。上述第二个层面的合法性被邓燕华（2019）称为"情境合法性"[①]。

从实践和理论上看，社会学意义上的合法性对社会组织的运作意

[①] 实际上，"情境合法性"这一概念在学界尚未流行。在既有的研究和实践中，其涉及的内容在一些情境中有时是社会组织的"项目合法性"，有时是项目运作过程中其他主体对社会组织的认可、支持和认同，本质上都指向了两大要素：第一，这种合法性不同于社会组织在其他情境中获得的合法性，而是在特定项目过程中获得的合法性，即"项目情境中的合法性"；第二，这种合法性是社会组织合法性的一种特殊情况，具有合法性概念的核心特征，即某些利益相关者，如项目发包方和服务对象的"认可"、"认同"和"支持"。两大要素相结合，便是邓燕华对"情境合法性"下的定义。笔者考虑使用这一概念而非其他概念的原因在于：第一，从"项目合法性"角度看，大多数学者只是对这一现象进行了描述，缺乏相关提炼，因为这些研究并未将这一现象作为主题，即便使用"项目合法性"这一概念，也会存在"项目是否合法"的歧义；第二，"认可"或者"支持"是笔者在调研中经常使用的词语，但缺乏学术性；第三，"认可"、"认同"和"支持"也必须使用"情境中的""项目中的"做定语，方能准确描述"特定项目过程中获得的合法性"。相较而言，"情境合法性"可以解决上述问题，故笔者选择使用"情境合法性"这一概念，以便较为准确、凝练地展开论述。

义重大。现有研究发现，一些社会组织在项目运作中缺乏外部主体对其合法性的认可，最终效果无法令人满意，要么无法发挥自身的专业优势（黄晓星、杨杰，2015），要么中途狼狈退出（邓燕华，2019）。但也有许多社会组织成功提升了情境合法性，进而取得成功。从社会组织的角度考察，造成情境合法性差异的原因是什么？本文通过对上海城市社区自治项目运作中的社会组织个案进行研究，发现社会组织对项目发包方的合作预期将会影响其履行契约所采取的行为，进而影响其情境合法性。具体而言，一些试图与项目发包方基层政府建立更为长期合作关系的社会组织会通过谨慎、恰当的行为方式处理与其他利益相关方的关系。一方面，他们借助专业优势，在项目合同框架内增加项目的趣味性和吸引力，提升治理绩效，强化基层政府、社区权力精英和居民对其能力的认可和支持。另一方面，社会组织通过软化合同边界，以加班和承担额外工作任务的形式建立"印象政绩"，获得上述主体对其合作态度的认可。对于社会组织在遵循合同规定履行契约的同时软化合同边界（包括但不限于加班、承担额外工作任务）的行为，本文称为"契约的双重执行"[①]。需要指出的是，契约的双重执行尽管有利于提升社会组织的情境合法性，但不利于社会治理的理性化。因此，社会组织契约的双重执行与情境合法性关系的研究，能够为国家与社会关系研究提供微观切口，也能够为增强基层政府和社会组织的合作关系，进而提高公共服务供给质量和基层社会治理的理性化程度提供知识基础。

[①] 这两部分工作并不总能如类型学一般泾渭分明。例如，"乐妈园"项目团队负责参与停车位协商完全是合同外工作，社会组织 XT 在项目头脑风暴环节发挥专业优势指导项目运作属于合同规定的内容，而代替群众团队设计项目方案则属于合同外工作，很难完全分开。因此，契约的双重执行包含两种情况：一是在项目的某一情境中社会组织同时承担合同内工作和合同外工作；二是社会组织在项目的某些情境中只履行合同规定的工作，另一些情境中则承担合同外工作。本文使用这一概念的原因是其能够较为全面地展示社会组织在项目中试图与基层政府、社区权力精英和居民建立良好关系的一系列行为，将"加班牌"、"专业优势牌"和"软化合同牌"包含在内，后文将具体阐释。

二 组织合法性与相关研究文献回顾

合法性（legitimacy）既是政治学概念，也是社会学概念。本文主要从社会学意义上使用它，即从"社会的秩序和规范"（高丙中，2000）角度讨论，当然也涉及"合乎法律规定"这一层次。组织合法性是组织社会学的重要概念，核心是组织在环境中的认可度，即"在由规范、价值、信仰和规定组成的社会性建构系统下，人们对一个实体的活动是否合意、恰当或合适的总体性感知或预设"（Suchman，1995）。这可以从两个层面来理解：其一，组织本身在外在环境中的总体合法性；其二，组织在项目运作过程中的合法性，即"情境合法性"（邓燕华，2019）。

组织为获得外在环境中的合法性，必然会模仿一些同行，这是组织趋同的重要原因，该问题已得到组织社会学长期充分的关注，并取得了较为丰硕的成果。在借鉴组织社会学研究的基础上，邓燕华（2019）首先对情境合法性进行了探索性研究，她在将总体合法性与项目情境中的合法性进行区分、社会公众和社会组织进行区分的基础上，将情境合法性定义为"一个已经享有总体合法性的社会组织在具体项目情境中被服务对象和社区权力精英接受和认可的程度"。不过鉴于是街道而不是社区直接给社会组织发包项目，街道相关负责人也会参与、监督项目的运作，本文认为，社会组织情境合法性是一个已经享有总体合法性的社会组织在具体项目情境中被基层政府、社区权力精英和服务对象接受和认可的程度。

尽管目前系统研究组织情境合法性的文献并不充分，但其他研究为本研究奠定了知识基础，这部分研究一方面以政府－社会（组织）关系和社会组织－居民关系为主题，另一方面以组织声誉为主题。在项目运作过程中产生的良好的政社关系和社会组织－社区－居民关系意味着社会组织得到了基层政府、社区和居民的认可，最易转化为情境合法性；而组织声誉则意味着组织享有较高的总体合法性，在一定程度上较为容易转化为情境合法性,但这种关系并不是线性的,下文将综述相关文献。

对中国的国家与社会关系进行深入考察的经典文献之一是康晓光、韩恒(2005)的研究。他们认为在中国的国家与社会关系中,国家占据了支配和主导地位,国家出于降低统治风险、提供公共服务的考虑,对社会组织采取了分类控制策略。需要指出的是,上文确实从宏观上指出了中国语境下国家与社会组织的关系。后续研究则主要通过个案研究考察了具体的社会组织与基层政府(包括居委会)的关系,他们发现一些社会组织与项目发包方基层政府保持着良好的关系,因为它们由政府培育(黄晓春、周黎安,2017),或者专业能力偏弱,极度依赖政府资源(管兵、夏瑛,2016)。大多数情况下,良好的合作关系能够让社会组织在项目运作中得到政府帮助,如人力资源供给,最终顺利完成项目(张振洋,2018)。当然,也有部分专业性强的社会组织因为担心政府的政治过程会消解其专业性,在进入社区和入户服务时不愿与政府和居委会建立良好的关系,导致其得不到社区精英和居民的支持,影响了专业优势的发挥(黄晓星、杨杰,2015)。实际上,只有在政府行政逻辑和专业逻辑之间寻求平衡,第三方团队的专业优势才能充分发挥(彭亚平,2018)。无论这些研究使用正面案例还是负面案例论述项目中政府与社会组织的关系,其共识是,获得地方政府等合作对象的认同与支持是社会组织成功的关键(郑观蕾、蓝煜昕,2021)。进一步推论,项目中良好的政社关系和社会组织-居民关系提升了社会组织的情境合法性,反之则销蚀了社会组织的情境合法性。

组织声誉研究同样为情境合法性研究提供了知识基础。声誉是指组织在总体上是否具有广为人知的、为人所喜欢的属性(Lange et al.,2011)。一般而言,组织声誉最有效的提升途径是出色的组织绩效,学者对中国改革开放成功经验的研究(杨宏星、赵鼎新,2013)和企业参与区域化党建的研究(张振洋、王哲,2017)便是例证。可见,组织声誉对组织的进一步发展作用可观,而在此之前,组织首先要在环境中生存,组织合法性是其生存的基本条件,是"组织的生命线"(邓燕华，2019）。在一定条件下，前期治理绩效可以转化为组织声誉，而组织声誉则可转化为组织合法性，这尤其体现在政府选择项目承接者时。因此，组织声誉和组织合法性是相互联系的，前者是后者的延伸（King & Whetten，2008）。

基于文献回顾，本文发现现有文献确实为后续研究奠定了基础，它们均在某种程度上指出了情境合法性的影响因素，如组织声誉与规模（邓燕华，2019）、组织行为（黄晓星、杨杰，2015）与策略（郑观蕾、蓝煜昕，2021）等。本文以此为基础，并在以下方面进行拓展。其一，组织声誉确实可能是社会组织情境合法性提升的"双刃剑"，即组织声誉可能会转化为情境合法性，也可能会导致社会组织在项目运作中妥协，进而强化与发包方政府的关系。但是，本文案例显示一些具有良好组织声誉的社会组织也愿意与项目发包方建立良好的关系。质言之，组织声誉影响社会组织情境合法性的背后可能存在更为重要的因素。其二，组织声誉并不会自动转化为情境合法性，其转化的中介机制需要进一步揭示。实际上，笔者开展的田野调查显示，社会组织在项目运作过程中的行为方式，即契约的双重执行可能发挥了关键作用。当然，社会组织采取何种行为与其对未来的合作预期关系密切。[①] 其三，现有的社会组织行为研究需要进一步完善。一方面，现有研究一般是针对社会组织对宏观政策信号的回应，对其在具体项目情境中行为选择的考察相对较少（黄晓春，2015），尽管从案例中可以推论出社会组织行为选择对其项目成败影响重大。另一方面，现有研究对社会组织行为背后的决定因素仍需推进。

本文以下部分将在介绍资料来源的基础上对案例背景进行简要梳理，

[①] 行为选择背后可能有更深层的结构性因素。例如，本文的案例研究就将揭示，组织声誉、组织规模这些要素可能在一些情况下发挥的作用并不明显，而社会组织自身对未来合作关系的预期则会显著影响其行为，这类社会组织是"对嵌入当地的合作关系具有长久预期的社会组织"，下文如无特殊说明，在案例情境中使用这一概念即代指此意。它们要么由街镇、社区扶持，要么希望借助街道的自治项目"试点"工作打开局面，拓展自身业务，总之是希望长久立足于项目运作的社区和街镇中的。

接着笔者将结合案例揭示稳定合作预期下社会组织契约的双重执行如何影响其情境合法性提升，随后本文将对文章中的一些问题进行讨论，尤其是剖析社会组织契约的双重执行的负面效应，最后进行总结。

三 资料来源与案例呈现

（一）资料来源

本文采用了案例研究法，即试图通过对参与上海城市社区自治项目的社会组织进行研究，包括黄浦区 W 街道"微创投"自治项目中的社会组织 XT、浦东新区 S 镇"三色自治项目"中的"乐妈园"项目团队，概括分析社会组织契约的双重执行行为，并做出理论阐释。同时，本文将借鉴一些情境合法性提升失败的案例，以提升研究的科学性和结论的可靠性。

本文中的案例研究法主要遵循最大不同逻辑，以寻找成功提升情境合法性的因素。具体而言，作为专业社会组织的 XT 和作为社区草根社会组织的"乐妈园"项目团队在组织声誉、组织规模、项目经历、专业度和资源充裕度等方面均存在巨大差异，但它们都获得了较高的情境合法性，这其中必然有共同因素，笔者认为是契约的双重执行行为。本文将主要通过社会组织 XT 在指导 W 街道第一届"微创投"自治项目的案例、"乐妈园"项目团队运作 S 镇红色项目的案例展示社会组织是如何通过契约的双重执行提升情境合法性的。

为获取一手资料，笔者于 2016 年 7 月至 8 月利用上海市委推进办总结评估 2014 年度市委"一号课题""创新社会治理，加强基层建设"的机会和私人关系，深入 W 街道和 S 镇进行田野调查。在两个月的走访中，笔者主要采取参与式观察法和深度访谈法参与项目运作过程，对街镇自治办（社区办）公务员、居民区党组织书记、社会组织负责人和项目负责人进行深度访谈，收集社会组织参与自治项目运作的一手资料，并将其作为本文分析的材料基础。此外，本文部分研究资料也获取于网络。

（二）作为社会治理重要参与者的社会组织

上海在通过政府、社会组织合作来促进基层社会有效治理方面是全国的"排头兵"。参与基层社会治理的社会组织可能是本土性的草根社会组织，也可能是通过政府购买服务进入的外来性社会组织。总体而言，草根社会组织的组织规模、项目经验、组织声誉、专业化程度、资源充裕度等都低于专业社会组织。

在本文案例中，社会组织 XT 成立于 2006 年，是一家由社会力量发起且有着丰富经验的 5A 级专业社会组织，致力于社区健康促进和社区能力建设。自成立至今，XT 已在上海、北京等地的 30 多个社区开展了大量的社区能力建设工作，成功组建和培育了诸多草根社会组织。2015 年，XT 通过承接政府项目的形式进入 W 街道，负责指导 3 个居民区开展自治项目的设计、申报和运作。而 S 镇的"乐妈园"项目团队，则是一家由小区高学历全职妈妈组成的草根社会组织。这些全职妈妈一旦决定重回职场，便会退出项目团队，这使团队具有流动性特征。因此，"乐妈园"项目团队有较为充足的时间参与社区自治，职场女性所面临的工作和生活平衡问题并不困扰她们。当然，工作的惯性本身也会影响她们参与自治，如加班在项目运作中就比较常见，后文将具体论述。[①]

[①] 后文将加班作为契约的双重执行的一个重要表现展开论述。需要指出的是，"乐妈园"项目团队的成员都是全职妈妈，她们不存在工作和生活平衡的问题。加班的原因从经验上看可能会有两点。第一，鉴于"乐妈"们先前高学历、高收入的特点，加班可能是她们工作时的常态，已经成为个人习惯甚至组织文化的一部分。第二，加班对项目运作确实有帮助，在人手不足时，加班是完成工作的主要选择，甚至项目发包方或者领导发现这一情况后，可能会因此为她们提供补充资源。例如，S 镇社区办领导就在大型活动现场"乐妈园"人手不足时充当志愿者帮助维护秩序，肯定是认识到后者存在人手不足的问题。同时，从他者角度而言，加班是给领导或者项目发包方与服务对象留下"没有功劳也有苦劳"的良好印象的方式之一，虽然不能说是最主要的目的。如前文所述，在人手不足情况下的加班行为并非刻意和作秀，被其他主体看到并得到认可可能并不是项目团队的主观愿望，而是一种客观效果。但是，通过加班不折不扣完成工作确实是社会组织职业精神的体现，这一行为来自社会组织，将其作为契约的双重执行的表现之一也有合理性。

"乐妈园"项目团队原本叫"乐活家园"团队，团队成员只是经常在一起分享育儿经验，开展一些亲子活动，但 S 镇社区办在走访中发现了其性别特色可以成为社会治理创新的亮点。"乐活家园"团队由一个"独乐乐"的团队进化为服务于社区善治的"众乐乐"团队，并于 2015 年更为现名，申请运作自治项目。

可以看出，无论是专业社会组织 XT 还是草根社会组织"乐妈园"项目团队，介入基层治理创新的缘由都是基层政府希望通过它们来培育自治项目，吸引社区群众参与，提升社区社会资本和治理水平。从这个意义上来说，它们介入项目之前均具有良好的组织声誉，但是在项目运作经历、组织规模、专业化程度和占有资源等方面存在较大差异。即便如此，两家社会组织在项目运作过程中均与基层政府、社区权力精英、居民建立了良好的关系，即具备高度的情境合法性。

（三）社会组织 XT 和"乐妈园"项目团队在运作项目前的合法性提升

社会组织在项目运作前的合法性资源一方面体现为其在已完成政府项目中获得的绩效及已形成的组织声誉，另一方面体现为其在政府项目申请中提交的资质材料。[①] 需要指出的是，这两方面的合法性资源缺一不可，它们是社会组织获得项目、展示情境合法性的前提。

1. 通过前期项目积累合法性资源

社会组织在被基层政府选定为项目合作对象前，其前期项目经历形成的"口碑"会成为后者考察的重要因素，这构成了社会组织参与基层社会治理的部分合法性资源。

社会组织 XT 产生合法性资源的组织声誉主要来源于其在诸多专业领域成功的项目经历和经验。XT 在社区治理尤其是社区健康促进领域

---

① 广义而言，项目运作指的是从申请到验收结项一套完整的流程；狭义而言，项目运作指的是项目发包后的落地执行阶段。本文主要采用狭义的"运作"概念，因此项目申请对于运作过程而言属于"前期"。

有丰富的经验。鉴于 XT 是通过政府购买服务渠道承担 W 街道自治项目运作的指导工作的，其在社区能力培育方面的能力更是 W 街道和 H 区相关部门负责人考虑的重点，其公布在官网的项目经历，如其在机构宣传册上写的"成功组建和培育了约 60 支社区基层健康大使服务队伍，为 10 万户家庭带去了福音"即是重要的合法性资源。

"乐妈园"项目团队的组织声誉则直接来源于社区居民的口碑。团队成立初期一直在体制外活动，直到活动开始在居民中引起反响，镇社区办、社区和居民区才出于培育居民区治理团队的目的对其进行走访和考察，随后决定将"乐妈园"定位为社会治理创新的典型，试图打造一个促进居民自治、提升社会资本的"众乐乐"平台，这种反响和口碑实际上构成了其良好的组织声誉。

2. 通过项目申请材料积累合法性资源

技术理性是项目制的重要特征，程序合法是社会组织成为基层政府项目伙伴的重要合法性资源。因此，社会组织 XT 通过参与招投标、"乐妈园"项目团队通过撰写项目申请书和进行现场答辩获得政府项目立项，这些成为二者合法运作项目的关键。

需要指出的是，社会组织通过前期项目和项目申请材料展现的组织优势和专业优势在某种程度上能够转化为合法性资源，但这只是其与基层政府、社区权力精英和居民产生合作关系的"入场券"。更为关键的是，它们需要在发挥专业优势和处理政社关系中寻求平衡，提升情境合法性。

四 社会组织以契约的双重执行提升情境合法性

上文讲述了社会组织 XT、"乐妈园"项目团队的高情境合法性。本部分将系统梳理其通过契约的双重执行获取高情境合法性的过程。

（一）社会组织的稳定项目合作预期：契约的双重执行的决策基础

学界的共识是，相较于政府，社会组织在公共服务供给方面的专业优势是其情境合法性的重要来源之一。同时，良好的政社关系不仅是社会组织情境合法性的一个重要组成部分，而且是其发挥专业优势的必要前提。毫不夸张地说，专业优势和情境合法性之间相辅相成。为了拓展活动空间，提升情境合法性，社会组织一般会采取多种行动，试图与基层政府、社区权力精英和居民建立良好的合作关系。如果行为得当，那么社会组织在发挥专业优势和处理政社关系方面将会相互强化，反之则相互侵蚀。不过，需要注意的是，并不是所有的社会组织都能与基层政府和社区建立良好的关系。那么，何种因素决定了社会组织的行为选择？

冯猛（2015）对农村地区项目制的研究提供了一个合适的视角，他发现不同于税费时代农民与村干部和基层政府之间具有制度化、长期性的博弈关系，项目制的事本主义特性导致农民和村干部与基层政府之间无法形成稳定的博弈关系，容易出现机会主义行为，这是项目制中农民和地方政府出现争利等"短视"行为的重要原因。黄晓春（2015）对中国社会组织环境的研究也为本文提供了启示，他认为中国社会组织专业性弱的根源在于其不稳定的政策预期，即政策环境是社会组织选择"短视"行为的根源。质言之，不同的合作预期在很大程度上决定了行动者的行为，行动者如果具有稳定的合作预期，那么其行为一般具有长期性；反之，其行为将难免具有短期性。

在本文案例中，社会组织 XT 和"乐妈园"项目团队均具有长期的项目合作预期，以实现互利共赢。从基层政府的角度而言，它的治理绩效冲动促使其试图建立与特定社会组织稳定的项目合作关系。基层政府出于通过资源叠加打造社会治理典型案例的目的，希望实现政社项目合作的长期化。例如，S 镇社区办就将"乐妈园"项目团队和居委会与镇社区办比作"夫妻关系"，而 W 街道自治办也多次表示：

> 街道领导认为 XT 不错，最好能稳定下来，长期合作对大家都好。（访谈编号：20160803WLQJDFTJL）

上述社会组织则更愿意与基层政府形成稳定的合作关系。"乐妈园"项目团队本身是社区社会组织，自身的许多荣誉、项目都是与行政化力量合作的结果，需要依靠自治项目维系团队的正常运作，因此一直致力于与基层政府和居民区党组织建立良好的合作关系。社会组织 XT 尽管是专业社会组织，也希望与 W 街道在指导"微创投"项目方面建立稳定的合作关系，项目负责人 X 表示：

> "微创投"刚刚开始，后面肯定会继续做，领导希望我们一炮打响，占领这个市场。（访谈编号：20160803WLQJDFTJL）

街道自治办对此也心知肚明，S 表示：

> 他们是想做好了以后，（街道"微创投"的指导）都可以归他们。（访谈编号：20160803WLQJDFTJL）

（二）契约的双重执行的三种表现

如上文所述，社会组织与政府之间就项目合作形成了稳定且长期的预期，这就决定了其行为选择必须服务于这一目标，这些行为既有履行合同的现代性要素，也有承接合同外工作的要素，即契约的双重执行，包括情境合法性初步提升阶段通过加班完成合同内工作（"加班牌"）、通过专业优势奠定情境合法性的绩效基础（"专业优势牌"），以及通过软化合同边界获得基层政府和社区对其合作态度与能力的认可（"合同软化牌"）①。

1. "加班牌"：情境合法性的初步提升

2015 年，社会组织 XT 通过承接政府购买服务项目进入黄浦区 W 街道，指导 W 街道自治办 3 个精挑细选的"试点"居民区打造自治项目，为后续项目的全面铺开积累经验。尽管合同规定 XT 以"指导者"的顾问身份加入自治项目试点工作，但由于一些草根群众团队对申请、运作自治项目完全是"从零起步"，因此 XT 经常出现工作"越位"情况，如在许多环节代替草根群众团队完成项目任务。

如上文所述，社会组织 XT 具备比较丰富的项目运作经验，但是派驻 W 街道的团队负责人 X 很快发现，其 4 人团队不足以保证 3 个居民区项目同时开展。在无法进一步增加人员的情况下，延长工作时间成为他们解决人力资源不足困境的主要方式。具体而言，除了项目申报表撰写、项目文案设计和项目流程嵌入等基础性文案工作可以通过集体培训的形式完成以外，一些实操工作，如项目创意讨论、项目运作分工、项目流程衔接等需要社工们结合不同居民区人员、项目和现有条件，做出有针对性的安排和培训。例如，在笔者参加的一次"ZJ 居民区爱心市集"筹备会上，X 和助手就市集的名称、时间、地点、义卖物品、资金去向、项目宣传、志愿者动员和安全事项等问题与街道自治办的项目牵头人、居民区书记以及居民自治团队负责人进行了长达五个多小时的沟通。

---

① 需要指出的是，打"加班牌"完成的工作基本是合同规定的，但正如前文所述，一方面，延长工作时间是社会组织弥补人力资源短缺问题的替代性方案，甚至有些情况下可以获得一定的资源支持；另一方面，加班可以获得基层政府、社区和居民的情感支持，这些可能来源于职场习惯。"专业优势牌"意味着社会组织需要通过专业活动满足社区居民和基层政府的需求，这同样是合同规定的内容，但社会组织可以通过控制付出程度来体现不同级别的专业优势，即通常所说的"用心做"和"不用心做"。案例中的 XT 和"乐妈园"显然都属于前者。另外，发挥专业优势可能也有完成合同外工作的元素。例如，指导居民团队进行项目设计是合同规定的内容，但代替他们进行项目设计则不是。"合同软化牌"可以说是完成合同规定内容最少而合同外内容最多的行为选择，完成合同规定内容体现在项目存续期间，其工作或多或少与项目存在关联，但绝大多数情况下完全是合同外的工作。因此，"加班牌"、"专业优势牌"和"软化合同牌"中合同内任务元素在减少，合同外任务元素在增加，共同体现了契约的双重执行的特点。同时，行文如此安排基本符合社会组织在项目运作过程中行为的实际出现顺序。

从项目创意的形成到项目最后的落地，筹备会议展示的 XT 项目团队的工作状态只是整个项目过程的一部分，这意味着项目前期的工作量很大，这也可以从 W 街道居民的访谈中得到印证：

小 X 有时候一整天都在我们小区忙活，很认真。（访谈编号：20160803WLQJDFTJL）

对于 XT 团队专业社工"白加黑"的工作模式，政府工作人员看在眼里、喜在心上，他们认为"找对了人"，觉得"钱没有白花"。访谈过程中，S 经常对社会组织 XT 赞誉有加：

他们真的很辛苦，可以说是一心扑在项目上。这个居民区的项目完成了，紧接着又跑到另一个居民区的项目上。加班加得比我们都要晚、都要多。（访谈编号：20160803WLQJDFTJL）

"加班牌"同样见于"乐妈园"项目团队中。鉴于团队属于兼职性质，许多全职妈妈还有自家的工作需要承担，团队规定每个具体项目都会有专门对接的人员。在项目准备过程中，人手短缺成为"乐妈园"项目团队的常态。她们一般通过加班加点完成项目的头脑风暴、项目策划和筹备工作，这让镇社区办工作人员 F 赞不绝口：

红色项目给她们总归是有理由的，她们都是加班加点干活，从不会偷懒，我们也不用担心她们的项目做不好。有些社区，又不肯花时间，还抱怨拿不到项目，书记应该反思自己。（访谈编号：20160804LMYFTJL）

综上所述，社会组织 XT 和"乐妈园"项目团队都通过加班的形式解决了自身人手不足等方面的困境，让项目发包方和居委会、居民认为公共服务投入"物超所值"。这种认可意味着他们给场域中的其他主体留下了良好的印象，实现了情境合法性的初步提升。与此形成鲜明对比的是，笔者在 2016 年市委推进办组织的另一场调研中发现，M 居民区的社会组织 B 尽管专业优势明显，能够高质量完成其在 M 居民区承担的工作，但是在规定时间内，其提前完成了相关工作后，又去其他居民区"捞外快"。街道和居委会干部认为"这样很不好"，因此其情境合法性无法得到提升。

2. "专业优势牌"：提升情境合法性的主要方式

目前，以项目推动基层社会治理创新成为许多地方政府的理性选择。例如，陈家建（2013）展示了成都市温江区通过"三社联动"项目提升基层社会治理绩效的过程。究其原因，一方面，项目具有聚集资源、可视性强等特点；另一方面，由专业社会组织运作的项目可以提升社会治理和公共服务质量。因此，政府购买服务的重要目的之一就是借助社会组织的专业知识来弥补自身弱点，提升公共服务的专业性。从这个意义而言，专业性是社会组织在项目发包方心中建立稳固合法性的重要依据。

正如上文所述，社会组织 XT 在项目运作中需要发挥"演示"和"循循善诱"的作用，以完成"指导"任务。在社区居民团队不了解项目、街道自治办愿意放手给社会组织和居民自治团队自主设计项目的情况下，XT 在 W 街道的负责人 X 发挥的"外脑"作用就更为明显。笔者在 W 街道社区"微创投"项目策划会现场目睹了 X 通过发挥专业优势，成功帮助 ZJ 居委会完整设计"爱心市集"活动，进而赢得各方称赞，但也存在明显的越俎代庖行为。

"乐妈园"项目团队通过开展一系列专业讲座，如茶文化讲座、"有机堆肥"系列讲座等，以及丰富多彩的复活节节目表演，成功地吸引了社区内部众多居民参加活动，提升了社区的温度，积累了大量的社会资本，实现了自治项目的大部分政策目标。在笔者调研过程中，一些全职太太表示：

"有机堆肥"这些绿色环保活动符合时代潮流，能够学到很多东西，希望 W 老师她们多开展一些这样的活动。（访谈编号：20160804LMYFTJL）

应该说，"乐妈园"项目团队治理绩效的达成使其能够获得基层政府、社区权力精英和居民的高度认可，情境合法性得以不断提升，镇社区办 F 和居民区书记的交口称赞和居民高涨的参与热情就是例证。

总结而言，社会组织区别于政府的一大优势在于其专业性，在获得政府、社区和居民广泛认可的前提下，社会组织在治理场域中能够如鱼得水，专业优势便有了充分的施展空间。社会组织 XT 和"乐妈园"项目团队的专业优势帮助其取得了显著的治理绩效，又进一步赢得了基层政府、社区权力精英和居民对其能力的认可，从而使情境合法性的提升具有了可能性。

3. "合同软化牌"：强化合作伙伴的认可

在中国，政府与社会组织合作中的权利和义务一方面是由合同规定的，另一方面，社会组织如果需要和政府建立良好的合作关系，则需完成一些基层政府和社区权力精英所期待的、合同并未明确规定的事项。社会组织通过软化合同边界，主动或被动地承担合同外工作，基层政府和居民区党组织等体制内行动者便会觉得前者"会来事"，后者对社会组织合作态度和能力的认可便得以提升。

对于"乐妈园"项目团队而言，其与政府签订的合同中规定了每月、每季度和每年要完成相应数量的大型活动、中型活动和小型活动。从技术理性角度而言，完成这些工作就已代表项目合格。不过，"乐妈园"项目团队一般都会超额完成活动任务，这也是其能够承接红色项目的重要因素之一（张振洋，2018）。同时，"乐妈园"项目团队向居民区党组织和居委会提出加入维护小区公共安全的"家园守卫队"，以"感谢居民区的关心和居民们的支持"。居民区同意了"乐妈园"项目团队的申请，并将她们编为"家园守卫队"的"乐妈组"。另外，"乐妈园"项目团队还帮助居委会践行协商议事，在争取停车位和物业维修基金方面帮助居民区和居民解决了大问题。这些工作一方面证明了"乐妈园"项目团队能够通过承担合同外工作解决政府、居民区和居民的急难愁盼问题，获得了政府、居民区和居民的广泛认可。另一方面，"乐妈园"项目团队确实解决了这些问题，证明了其在协商议事和社区谈判方面具有专业优势，自然能够赢得利益相关方的信赖，因为项目团队同时展示了愿意建立良好关系的态度。由此，情境合法性得以充分建立。

对于社会组织 XT 而言，它的本职工作是"指导居民自治项目设计、申请、运作自治项目"，并"帮助街道挑选合适项目立项"。但是，鉴于居民自治团队的草根性质，团队组成人员一般均是退休老年人，他们对社会治理和项目的知识储备非常匮乏，XT 的"指导"在很多项目中均演变为"演示"，即由负责人 X 针对某个项目点子进行具体化和文字化，甚至很多项目运作的细节均是由 X 设想的，上文案例已有明显体现。毋庸置疑，这种社会组织"主导演示+群众团队观摩学习"的模式，一方面减轻了群众团队的负担，他们必然支持该社会组织继续在社区中扮演这一角色；另一方面，专业社会组织设计出来的治理项目，趣味性要远远强于原先的社区活动，自然赢得了政府和居民的一致好评。由此，社会组织 XT 展示了专业能力和积极的合作态度，情境合法性得以提升。

应该说，社会组织 XT 和"乐妈园"项目团队在项目运作中并没有完全按照合同办事，进而拒绝一些额外的工作任务。相反，他们为了更好地完成项目，都在项目周期内主动或被动地帮助政府和居民区完成一些力所能及的工作，使基层政府、社区权力精英和居民觉得他们"懂规矩""会来事"，从而提升了情境合法性。

五　进一步的讨论

现有研究对社会组织政治学和社会学意义上合法性的讨论都有所涉及。在政治合法性层面，社会组织一般都通过完善策略选择获取政府机构的认可，拓展自身的生存和发展空间（黄晓春，2015）；在社会学合法性层面，一些社会组织仅仅依靠自身的专业优势并未获得情境合法性（黄晓星、杨杰，2015），而另一些社会组织则通过灵活的行为选择，与其他治理主体建立了良好的关系，形成了良性的合作治理网络，拓展了自身的运作空间。

通过上文的案例分析，我们可以清晰地看到，社会组织需要完成的工作之一就是将总体合法性转化为情境合法性。换言之，社会组织本身的声誉和成功的项目申请经历将部分转化为情境合法性。此外，社会组织通过契约的双重执行，即"加班牌"、"专业优势牌"和"合同软化牌"，处理好与基层政府、社区权力精英和居民的关系，为通过专业优势获得治理绩效提供了可能。最终，治理绩效的呈现进一步强化了其与合作治理主体的关系，即项目运作开始后社会组织能够在基层政府、社区权力精英和居民心中提升情境合法性，形成了良好的合作关系、情境合法性与治理绩效之间的和谐互动。

当然，基于对社会组织 XT 和"乐妈园"项目团队的案例分析，本文的发现和先前情境合法性的研究结论存在一些异同点。首先，组织声誉对于社会组织而言确实起到"双刃剑"作用，社会组织既可以通过组织声誉获得基层政府、社区权力精英和居民的认可，也可能受制于组织声誉，不愿向前者妥协。不过，本文发现，高组织声誉的社会组织在项目运作中妥协与否并非绝对，而是与其他变量有关。例如，"乐妈园"项目团队被镇社区办动员加入社区自治工作，本身已经证明了其在居民和政府心中拥有较高的组织声誉，但是其规模较小，经费来源单一，且只能在居民区活动，因此它更倾向于处理好与政府、居民区、居民之间的关系，提升情境合法性。社会组织 XT 则希望抓住 W 街道自治项目的"试点"机会建立良好的"印象政绩"，以在项目铺开后占得先机，所以会通过一系列措施强化和相关主体的合作关系，提升情境合法性。先前相关研究中的 P 组织运作众多项目，因而重建项目对其不具有不可替代性，项目合作预期是不稳定的（邓燕华，2019）。M 居民区的 B 组织不断追求项目积累资源的行为同样证明其对某一政府部门的合作项目缺乏稳定预期。可以推论，在本文的案例中，决定社会组织行为，进而影响社会组织情境合法性的深层次因素是社会组织自身对项目合作关系未来的预期，即社会组织 XT 和"乐妈园"项目团队有长久的项目合作预期，所以才会选择契约的双重执行行为。因此，以此标准对社会组织进行分类讨论十分必要。其次，本文同样发现居民对社会组织的态度在很大程度上取决于治理绩效。尽管从某种程度上说，先前研究中的 P 组织、"乐妈园"项目团队和社会组织 XT 都通过运作项目取得了一定的绩效，但从横向比较来看，后两者可能更为成功。不过，需要注意的是，P 组织的绩效可量化度高（通过种植有机蔬菜促进农民增收），且居民收益远小于其他搬迁项目，而后两者的绩效则更多取决于居民对项目效果的"印象"，可量化程度较低，只要这些活动比之前的活动更吸引人，就能够产生不错的效果和绩效，这是前者与后两者非常重要的区别。从某种程度上说，这一区别也解释了后两者的成功和前者的失败。同时，本文案例中社会组织的行为在某种程度上也可能通过建立"好感"来增加基层政府、社区权力精英和居民对项目绩效的印象分。最后，基层政府和社区权力精英不仅重视权威是否被挑战，也看重最终的治理绩效。从本文的案例来看，在加强基层社会治理的背景下，基层政府官员相当重视治理绩效，并存在持续强化的趋势，毕竟这已成为其政绩考核的一个关键要素。

如上文所述，社会组织情境合法性的提升需要依靠一系列行为，尤其是要通过准确理解执政党和政府的政策，回应其发出的政策信号，在项目落地过程中处理好与基层政府、社区权力精英和居民的关系。不过，这些行为一方面提升了社会组织的情境合法性，另一方面会产生负面后果，如政府政策目标不能完全实现，甚至出现异化和偏离（彭亚平，2018）①。

首先，契约的双重执行中专业社会组织的"越俎代庖"行为可能并不利于群众自组织能力的提升。如上文所述，社会组织 XT 在 W 街道的负责人 X 是一个具有丰富社区工作经验且思维极为发散和敏锐的社区工作者，尤其擅长策划项目。在项目筹备会上，每当自治办的项目负责人引导社区党总支书记和自治项目负责人为义卖活动确定正式名称时，居民区书记总是倾向于由 X 完成取名，并以"年轻人就是脑子好，反应快"为托词。同时，X 倾向于不给居民区书记和项目负责人充分思考的时间，很快将自治办项目负责人的"考题"思考完毕，并给出完美答案，如针对义卖活动的名称，他很快就将其命名为"ZJ 居民区第一届爱心市集"，并通过面部表情向居民区书记和项目负责人示意。这种"讨好"行为加快了自治项目的筹备进程，也是自治办项目负责人和社区权力精英都很乐意看到的结果。但是，这种包办行为在很大程度上阻碍了自治项目团队的成长，使政府通过购买服务培育自治项目团队设计、申请、运作项目的政策目的难以完全实现。

其次，契约的双重执行尽管有助于帮助社会组织提升情境合法性，但并不利于社会组织与项目发包方、社区权力精英和居民之间建立理性化的合作关系。可以想象，如果社会组织 XT 和"乐妈园"项目团队不承担合同外的工作，那么其情境合法性可能无法得到充分提升。倘若一些社会组织拒绝了项目发包方和社区权力精英的合同外任务，则可能会受到后者的责难，无形中加大了社会组织的负担，不利

---

① 实际上，在社会组织试图与项目发包方建立良好关系的过程中，最为常见的可能是社会组织的专业主义被政治过程所俘获，降低公共服务质量，现有研究对基层政府通过购买民意测评服务的案例研究便证明了这一点。然而，社会组织通过牺牲专业性而在项目落地过程中将自己置身于地方政府的主导之下，在很大程度上会影响公共服务的质量，最终可能会影响政府正确地观照社会，也会影响公众对政府的特定性信任。因此，社会组织在专业性和情境合法性间的权衡值得进一步研究。不过，这一点在本文案例中体现不多，因此不再赘述。

于社会组织深度参与社区治理。因此，一种基于合同的理性关系可能更有利于未来社会组织与基层政府、社区权力精英和居民在社区治理领域的合作。

六 结语

社会组织参与社会治理创新是党的十九大报告"社会治理重心下移"的应有之意，也是实现国家治理体系和治理能力现代化的必然要求。因此，各地通过一系列社会治理创新工作，借助政府购买服务、社区公益性创意投标、社区"微创投"自治项目等形式，吸纳社会组织参与城市基层治理。上海作为中国基层社会治理的"先行者"和"排头兵"自然也不例外，各类社会组织在指导草根团队运作自治项目、直接为社区居民提供服务方面发挥着重要作用。

然而，需要注意的是，并不是所有的社会组织都能充分发挥自身的优势和特长。有些社会组织能够在社区中"如鱼得水"从而广受好评，有些社会组织却在社区中处处受到掣肘，无从发挥专业优势。基于长期调研我们发现，社会组织与其他行动者尤其是基层政府、居民区党组织、居委会和居民关系的好坏直接影响其在社区中的工作绩效。但是，为什么有些社会组织在项目运作过程中能够与其他利益相关者建立起良好的合作关系，从而提升情境合法性，而有些社会组织则不能？本文通过对上海多个城市社区自治项目运作案例进行深度研究发现，社会组织的行为，即契约的双重执行，对于其获得情境合法性具有关键作用，而这又取决于社会组织对项目合作前景的预期。具体而言，在项目运作过程中，对项目合作具有长期稳定预期的社会组织会通过契约的双重执行提升情境合法性。社会组织进入社区之初一般都通过"加班牌"赢得合作方的认可，初步提升情境合法性。在此基础上，社会组织一方面通过"专业优势牌"产出治理绩效，赢得基层政府、社区权力精英和居民对其能力的认可，并最终转化为情境合法性。另一方面,社会组织通过"合同软化牌",承担额外任务,进一步建立基层政府、社区权力精英和居民对其合作态度和能力的好感,提升情境合法性。在此过程中,组织声誉、良好的合作关系、治理绩效和情境合法性形成了良性循环。

相对于现有研究而言,本文论证了社会组织契约的双重执行对情境合法性提升的作用,并揭示了这种行为实际上取决于社会组织的项目合作预期,对前期研究形成了一定的补充。但是,后续研究仍然是必需的,尤其是情境合法性的决定因素需要深度揭示,组织声誉、合作治理网络、治理绩效和情境合法性之间的转化机制需要进一步厘清。对此,大样本研究适用于第一个主题的研究,案例内的比较研究适用于第二个主题的研究,其基础是更长时间的田野观察。

【参考文献】

陈家建,2013,《项目制与基层政府动员——对社会管理项目化运作的社会学考察》,《中国社会科学》第 2 期,第 64～79 页。

邓燕华,2019,《社会建设视角下社会组织的情境合法性》,《中国社会科学》第 6 期,第 147～166 页。

冯猛,2015,《项目制下的"政府—农民"共事行为分析——基于东北特拉河镇的长时段观察》,《南京农业大学学报》(社会科学版)第 5 期,第 1～12 页。

高丙中,2000,《社会团体的合法性问题》,《中国社会科学》第 2 期,第 100～109 页。

管兵、夏瑛,2016,《政府购买服务的制度选择及治理效果:项目制、单位制、混合制》,《管理世界》第 8 期,第 58～72 页。

黄晓春,2015,《当代中国社会组织的制度环境与发展》,《中国社会科学》第 9 期,第 146～164 页。

黄晓春、周黎安,2017,《政府治理机制转型与社会组织发展》,《中国社会科学》第 11 期,第 118～138 页。

黄晓星、杨杰，2015，《社会服务组织的边界生产——基于 Z 市家庭综合服务中心的研究》，《社会学研究》第 6 期，第 99～121 页。

康晓光、韩恒，2005，《分类控制：当前中国大陆国家与社会关系研究》，《社会学研究》第 6 期，第 73～89 页。

彭亚平，2018，《技术治理的悖论：一项民意调查的政治过程及其结果》，《社会》第 3 期，第 46～78 页。

杨宏星、赵鼎新，2013，《绩效合法性与中国经济奇迹》，《学海》第 3 期，第 16～32 页。

张振洋、王哲，2017，《行政化与社会化之间：城市基层公共服务供给的新尝试——以上海市 C 街道区域化大党建工作为例》，《华中科技大学学报》（社会科学版）第 1 期，第 130～137 页。

张振洋，2018，《公共服务项目化运作的后果是瓦解基层社会吗？——以上海市 S 镇"乐妈园"项目为例》，《中国行政管理》第 8 期，第 47～52 页。

郑观蕾、蓝煜昕，2021，《渐进式嵌入：不确定性视角下社会组织介入乡村振兴的策略选择——以 S 基金会为例》，《公共管理学报》第 1 期，第 126～136 页。

King, B. G. & D. A. Whetten. 2008. "Rethinking the Relationship between Reputation and Legitimacy: A Social Actor Conceptualization." *Corporate Reputation Review* (11): 192–207.

Lange, D., P. M. Lee., & D. Ye. 2011. "Organizational Reputation: A Review." *Journal of Management* (37): 153–184.

Suchman, M. C. 1995. "Managing Legitimacy: Strategic and Institutional Approaches." *Academy of Management Review* (20): 571–610.

志愿者会成为捐赠者吗

——志愿经历多少对个人捐款影响的混合研究*

林顺浩　沙思廷**

摘　要：志愿者在现代慈善事业中发挥着重要作用。志愿者不仅提供志愿服务，也愿意通过金钱捐赠的方式支持慈善事业发展。然而，非营利组织内部志愿者的金钱捐赠行为还未引起学界关注。本文通过选取 C 县 470 名应急救援社会组织的志愿者为研究样本，构建 Tobit 回归模型，深入检验了志愿经历与捐赠额度之间的关系，并考察了政府资助对二者间关系的调节效应。本文发现，志愿者的志愿经历越丰富，其向所服务非营利组织提供的捐款越多，同时政府资助力度对二者间关系具有正向调节作用。通过进一步访谈，本文发现，志愿者之所以能成为组织的捐赠者，是因为其在志愿经历中的信息获取、使命达成和激励机制发挥了重要作用。本文聚焦非营利组织内部的志愿者捐赠行为，不仅为理解个体慈善捐赠行为

---

* 基金项目：腾讯 - 南都基金会百个项目资助计划"捐赠周期与捐赠意愿的心理作用机制研究"（项目编号：QT21006 - 3 - 11）。

** 林顺浩，清华大学公共管理学院博士研究生，主要从事社会组织政策与发展方面的研究，E-mail：linsh18@ mails. tsinghua. edu. cn；沙思廷，清华大学公共管理学院博士研究生，主要从事慈善捐赠与志愿服务方面的研究，E-mail：sst20@ mails. tsinghua. edu. cn。

动机提供了经验证据，也为进一步挖掘募捐资源的市场营销实践提供了有益的管理启示。

关键词：志愿者；志愿经历；捐赠；政府资助

一 问题的提出

党的十九届四中全会提出"要重视发挥第三次分配作用，发展慈善等社会公益事业"，意味着社会的财富流向与个体精神追求相适应的资源配置方式进入了国家顶层政策设计视野（王名等，2020）。社会捐赠是慈善事业发展的重要形式，现有文献表明，普通公众的慈善参与程度是一个国家慈善发展水平的重要标志之一（Bendapudi et al.，1996）。一项社会捐赠结构的跨国调查数据显示，美国75%以上的慈善捐赠来自个人，而中国大部分捐赠则来自企事业单位，来自个人的捐赠不到20%，我国个人捐赠处于世界较低水平（高鉴国，2010）。如何进一步促进个人捐赠成为现代慈善事业发展的重要内容。

志愿者作为重要的慈善行为主体日益受到关注。随着《中华人民共和国慈善法》《志愿服务条例》等志愿慈善法律法规的颁布，依法有序参与志愿服务的人数和时数达到历史新高。既往慈善捐赠研究过多关注组织外部捐赠者是如何影响组织慈善捐赠的，而与非营利组织内部的志愿者身份分离，涉及志愿者管理的文献多注重对志愿者招募、培训、激励和退出等环节内容的考察（Brudney et al.，2019），忽视了针对志愿者募捐的市场营销行为。在筹资市场中，慈善机构和其他非营利组织需要依靠有效和明确的市场营销来培养和维持与支持者之间的关系，而鉴于有限的、竞争性的外部资源环境和外部捐赠者的不确定性，对于非营利组织而言，志愿者作为组织内部一类潜在的特殊募捐营销对象的存在，还未能引起学者和实务界的广泛关注。实际上，在C县志愿者的多轮调研访谈中，我们发现，C县应急救援社会组织主要由兼职的志愿者组成，组织内部的志愿者捐赠往往成为维持组织运转资金的主要来源。

随着我国志愿者数量规模的逐年扩大，志愿者参与志愿活动的积极性和热情日益增强，本文感兴趣的是，志愿者会是更好的捐赠者吗？在非营利组织具有一定志愿经历的志愿者，在多大程度上愿意继续捐赠金钱支持其所服务的组织？政府资助等外部因素如何影响这种捐赠意向和捐赠行为？为此，本文针对 C 县 20 家应急救援社会组织的 470 名救援志愿者的捐赠行为进行了问卷调研和深度访谈，对上述问题进行了实证分析。本文聚焦非营利组织内部的志愿者，是对个人捐赠行为研究的进一步深化，不仅为理解个体慈善捐赠行为动机提供了经验证据，也为进一步挖掘募捐资源的市场营销实践提供了有益的管理启示。

二 理论基础和研究假设

（一）志愿者与个人捐赠

个人捐赠是慈善捐赠的重要形式。很多文献从捐赠者、捐赠对象和外部主体等方面，讨论了个人捐赠的影响因素。其中，捐赠者的人口统计学特征和社会经济特征中的诸多因素，如年龄、学历、收入水平、政治身份、宗教信仰和道德水平等与个人捐赠行为之间具有紧密关系（Letki，2006；刘能，2004；林志扬等，2014）。也有少数研究关注到个人经历、社会网络、感知范围及对捐赠组织的期许等因素会影响个人捐赠行为（张进美等，2011）。另外，捐赠者还易受组织外部表现的影响（Fran & Andrew，1999），如非营利组织的品牌效应、公信力、广告声誉和劝募方式等都会对社会公众的资金募捐产生影响（徐延辉、李志滨，2020；陈天祥、姚明，2012）。最后，外在的客观主体和现象被个人感知后会对捐赠行为产生影响。比如，政府资助对非营利组织社会募捐的影响相关研究指出，政府资金作为非营利组织重要的资金来源，对非营利组织的社会捐赠会产生复杂的效应关系（James & Payne，2003）。

上述研究增进了对个人捐赠行为的理解，但仍停留在以组织外部视角关注组织捐赠、志愿服务等影响的阶段，并未关注到非营利组织内部志愿者对其所服务非营利组织捐赠行为的影响（Knapp et al.，2019）。另外，将个人捐赠行为定义为一种金钱捐赠，忽视了私人在慈善行为上的志愿经历与投入时间，以及组织内部志愿者无偿劳动与金钱捐赠等不同捐赠行为之间的关系（Apinunmahakul et al.，2009）。一般而言，人们有两种向非营利组织捐赠的方式：一种是耗费自己的时间提供志愿服务，另一种是金钱捐赠。在个人层面上，决定选择哪一种慈善捐款的方式并不是相互独立的（Bauer et al.，2013）。个人可以捐赠自己的时间以代替捐赠部分金钱产生的公共效用，或在有偿工作获取报酬后，再以金钱捐赠的形式补偿有偿劳动带来志愿服务时间不足的公共效用。可见，付出一定志愿服务时间的志愿者对金钱捐赠持有不同的态度，不同程度的志愿经历与金钱捐赠之间具有复杂的关系（Cappellari et al.，2011）。同时，这种态度和关系因慈善文化、宗教信仰与财税制度环境不同而存在差异，由此导致的志愿者个体的慈善捐赠动机及其影响也不同（Salamon & Anheier，1998）。上述研究结论多是基于西方基督教信仰国家的个人慈善捐赠行为数据，中国慈善文化与西方慈善文化完全不同。同时，中国个人慈善捐赠研究还处于起步阶段，未有文献讨论中国志愿者的志愿经历与金钱捐赠之间的关系（田园，2019）。

（二）志愿经历与个人捐赠额度

从捐赠动机来看，慈善行为表现出自我与他者同一性的需要、发展自身兴趣的需要以及对自身之外环境关心的需要（Langlois，1990）。陌生人交互领域中的信息不对称、不充分的问题，有可能会诱发集体意向性的慈善动机，即慈善捐赠者会选择降低捐赠目标的慈善行为，基于一种现实的身份认同感便成为人们慈善行为的选择之一（王银春，2015）。Keneth（1970）认为慈善行为者进行慈善活动决策时候的动机超越了对未来物质收益的计算，而是基于此时此刻他归属于某种共同体的身份意识，此时慈善行为动机会发生一定程度上的身份意识转化，转而选择基于具有一定信任关系的对象或平台进行。这与我国"差序格局"关系文化中的捐赠动机相似，人们习惯于直接资助有亲缘或地缘关系的、自己比较熟悉的个体或组织，更倾向于捐赠具体的人群而不是匿名性的、符号化的组织（胡荣、沈珊，2013）。

从捐赠知识来看，捐赠经历所形成的先验知识会影响当次的捐赠决策，相比于先验知识较低的人，具有捐赠经历的捐赠者具备更丰富的知识和信息渠道去判断当次的行为决策（蒋晶，2014）。组织志愿者在参与志愿工作的过程中会更熟悉组织的理念愿景、运作机制、社会声誉等信息。同时，Knapp 等（2019）认为，已经为所在组织付出一定汗水和时间的志愿者，会更倾向于投入行动时间之外的金钱资源以支持组织发展，与自己所服务的非营利组织的关系越紧密，互动越多，就越愿意增进对组织愿景的了解与实现，从而促进金钱的捐赠。有研究提供了上述论断的证据，在非营利组织有过实习或志愿经历的志愿者，相对于从网络或其他媒体获取信息的志愿者，未来更具有进一步和可持续性的捐赠行为（Li & Mcdougle，2017），但这一结论暂未在中国得到实证检验。基于此，本文提出研究假设 H1：有更多志愿经历的志愿者，对所服务非营利组织的捐款越多。

另有文献显示，时间和金钱捐赠两种慈善行为方式在系统内存在多种形式，体现为互补或者替代的关系。Brown & Lankford（1992）的研究发现金钱和时间是相辅相成的，而 Duncan（1999）则认识到时间和金钱都能促进公众利益，并模拟了这两种类型的给予作为彼此的替代品，时间与金钱之间能够相互替代，如一个小时的志愿工作的机会成本等于一个小时的劳动收入，并构建了工作时间、休闲时间、志愿时间和金钱捐赠四者之间需求最大的公共效用函数。慈善捐赠是一种增进社会公共利益的行为。无论是义务劳动还是金钱捐赠，都以牺牲个人有偿劳动的机会成本，换取公共利益的实现，但存在一定的边际效应和捐赠界限。随着有偿工作机会成本的增加，志愿者在志愿实践上所消耗的时间会减少。非营利组织的志愿者已经为组织捐赠了个人有偿劳动时间的机会成本，故不再倾向于向组织捐献更多的金钱。反之，志愿经历和捐赠时间较少的志愿者会更愿意捐赠金钱，以补偿志愿服务时间的不足。因此，本文提出研究假设 H2：有更少志愿经历的志愿者，对所服务非营利组织的捐款越多。

（三）政府资助的调节效应

政府增加公共领域资助在多大程度上影响个人捐赠行为，一直是经济学和社会学领域的重要研究议题：政府资助影响个人捐赠行为（James & Payne，2011）。很多研究已经讨论了政府资助对非营利组织的社会捐赠的影响，呈现出不同的效应类型与效应水平，但由于选择模型和捐赠数据的差别，政府资助效应在国家、领域、时间和程度上存在不同，结论也存在阶段性差异，显示了丰富且相异的研究结论。仅中国现有相关研究的结论就表现出不同的研究结果，总体上表现为政府资助对私人捐赠的挤进或挤出效应（沈永东、虞志红，2019；张奇林、宋心璐，2018；杨永政，2019）。

政府对非营利组织的资助会降低非营利组织的社会捐赠水平，即挤出效应的论点得到了众多证据的支持，原因在于公共产品和公共服务提供是政府的主要职能，个人已经通过纳税的形式间接提供了社会公共产品，政府资助正是个人在某种意义上的间接捐赠表现。相反，有很多学者利用不同国家的捐赠数据进行了实证检验，却得出了相反的结论，他们认为政府对非营利组织的资助会显著地提高非营利组织的社会捐赠水平。持该论点的人认为，政府资助大多以配套资金形式支出，不仅不会提升税率，反而降低了捐赠的价格。同时，政府资助在捐赠者看来传达了非营利组织的品质和声誉信号（汪大海、刘金发，2012）。

政府资助效应的产生，源于间接的影响社会公众对某些慈善机构的个人捐赠程度。志愿者服务于相应的慈善机构与非营利组织，会对政府资助所服务非营利组织的行为具有更多的细节感知。实际上，政府会以不同的政策措施（如政策规范、组织培训等）对非营利组织予以资助，这些政策措施将强化志愿者对政府资助效应的直接感知，会显现出更加明显的挤进或挤出效应。如果互补和替代的个体捐赠假设是志愿者不同类型捐赠行为之间的内部系统性关系，那么政府资助所呈现的挤进或挤出效应则是外部影响个体捐赠的重要因素。为此，我们将个体内部捐赠关系与政府资助效应作为两个维度，会得出三种理论上的交互效应类型，分别为正向叠加（H3）、消解（H4 或 H5）与负向叠加（H6），如表 1 所示。于是本文有以下研究假设：

H3：志愿经历与捐款之间的关系受到政府资助的调节，政府资助力度越大，二者之间的正向关系就越强。

H4：志愿经历与捐款之间的关系受到政府资助的调节，政府资助力度越小，二者之间的正向关系就越强。

H5：志愿经历与捐款之间的关系受到政府资助的调节，政府资助力度越小，二者之间的负向关系就越强。

H6：志愿经历与捐款之间的关系受到政府资助的调节，政府资助力度越大，二者之间的负向关系就越强。

表 1 政府资助的调节效应

		内部捐赠关系	
		互补 H1	替代 H2
政府资助效应	挤进	正向叠加（H3）	消解（H4）
	挤出	消解（H5）	负向叠加（H6）

三　研究设计

（一）样本与数据选取

本文将 G 省 W 市 C 县作为研究对象。W 市自改革开放以来民营经济迅速发展，行业协会商会改革的社会结构转型成为国内外关注的焦点。C 县长久以来受台风频繁侵扰，形成了较强的风险意识和救援意识，培育了 20 余家应急救援社会组织，救灾志愿者达上千人，在全国县域范围内形成了较高的社会知名度。相对于既往研究将省会城市、农村居民等公共群体的个人捐赠作为研究对象，本文以县域范围内应急救援领域的志愿者为研究对象，适当扩展了既往研究的样本边界，增进了对我国个人慈善捐赠行为的进一步理解。自 2018 年以来，我们针对 C 县应急救援社会组织、民政局、应急管理局等进行了多轮深度访谈以及问卷调查。本次调查采用问卷星的形式在线对志愿者捐赠行为的数据进行收集。其中，志愿者样本分布在 C 县 20 家应急救援社会组织，共回收问卷 520 份，剔除重复问卷与残缺问卷后，最终形成有效问卷 470 份。

（二）变量设定与说明

1. 因变量：捐赠额度

我们通过"2019 年，您是否向所在救援组织捐赠，以及捐赠的金额是多少？"这一问题测量志愿者对所服务非营利组织的捐赠金额。这个问题包含两个方面的信息：第一，志愿者是否对所在非营利组织捐款；第二，志愿者向非营利组织捐款的额度大小。具体而言，在 470 个样本中，有 46.6% 的未向所服务非营利组织捐款，36.0% 的捐款在 500 元以下，6.0% 的捐款在 2000 元以上。

2. 自变量：志愿经历

志愿者参与志愿服务活动的次数越多，表明志愿经历越多。我们通过"在过去的12个月内，您参与的志愿服务活动的次数是____？0次、1~5次、6~10次、11~20次、20次以上"这一问题测量志愿经历。具体而言，有5%的志愿者在2019年未参加志愿服务活动，28%的志愿者参加了1~5次志愿服务活动，20%的志愿者参加了6~10次志愿服务活动，15%的志愿者参加了11~20次志愿服务活动，32%的志愿者参加了20次以上志愿服务活动。

3. 调节变量：政府资助力度

我们通过"当地政府对您所服务的救援组织的资助力度如何？"这一问题测量政府资助力度，分为"很大、大、一般和无"四个等级程度。

4. 控制变量

人口统计特征在一定程度上影响捐赠意愿，根据既往研究，本文将从志愿者特征和非营利组织特征两个方面控制以下变量：性别、年龄、婚姻状态、宗教信仰、政治身份、年收入、职业状态、社区居住时间、日工作时间、城镇化率、组织成立年限、组织知名度。下面介绍上述变量的具体操作化过程：年龄采用取对数的方式；婚姻状态，将有配偶的编码为1，无配偶的编码为0；宗教信仰，将信仰佛教、基督教、伊斯兰教、道教或其他宗教的编码为1，没有宗教信仰的编码为0；政治身份，为非中共党员的编码为1，为中共党员的编码为0；年收入是类别变量，将年收入在3万~8万元的编码为1，8万~15万元的编码为2，15万~30万元的编码为3，30万~50万元的编码为4，50万~100万元的编码为5，100万元及以上的编码为6；职业状态，将有固定工作的编码为1，无固定工作的编码为0；城镇化率通过志愿者所处应急救援社会组织所在乡镇的人口与乡镇总人口的比例来衡量；组织成立年限，组织从成立之初到2019年的年数；组织知名度，将志愿者服务于首家成立组织编码为1，服务于其他组织编码为0。上述变量的操作化见表2。

表 2　控制变量的操作化

变量名称	操作化
捐赠额度	2019 年捐赠给所服务非营利组织的金额：ln（非 0 部分）
志愿经历	类别变量：2019 年参加志愿服务活动的次数
政府资助力度	类别变量：很大 = 4，大 = 3，一般 = 2，无 = 1
性别	虚拟变量：男 = 1，女 = 0
年龄	年龄（取对数）
婚姻状态	虚拟变量：有配偶 = 1，无配偶 = 0
宗教信仰	虚拟变量：信教 = 1，其他 = 0
政治身份	虚拟变量：非中共党员 = 1，中共党员 = 0
年收入	类别变量：3 万~8 万元 = 1，8 万~15 万元 = 2，15 万~30 万元 = 3，30 万~50 万元 = 4，50 万~100 万元 = 5；100 万元及以上 = 6
职业状态	类别变量：有固定工作 = 1，无固定工作 = 0
社区居住时间	类别变量：小于 5 年 = 1，5~10 年 = 2；10~15 年 = 3，15~20 年 = 4，20 年及以上 = 5
日工作时间	类别变量：低于 3 小时 – 1，3~5 小时 = 2，5~8 小时 = 3，8 小时及以上 = 4
城镇化率	志愿者所处应急救援社会组织所在乡镇的人口/乡镇总人口
组织成立年限	组织成立时长
组织知名度	虚拟变量：首家成立组织 = 1，其他组织 = 0

（三）模型估计

本文利用 Tobit 模型来估计志愿经历与捐赠额度之间的关系，Tobit 模型常被用于分析受限因变量模型，适合处理大量删失值的因变量（如很多志愿者捐款额度为 0）的数据（刘风芹、卢玮静，2013）。Tobit 模型可以用如下关系表示：

$$y_t = \begin{cases} x_t\beta + e_t & if \quad x_t\beta + e_t > 0 \\ 0 & if \quad x_t\beta + e_t \leq 0 \end{cases}$$

$$t = 1, 2, \cdots, N$$

其中，N 为样本量，y_t 是因变量，x_t 为自变量，β 为待估计的参数，e_t 为误差项。与 Logistic 模型相比，Tobit 模型充分有效地利用了"志愿者是否向所在非营利组织捐赠""不同志愿者投入不同捐赠金额"这两部分有效信息。

四 实证结果

（一）描述性统计

表3列出了主要变量的描述性统计结果。数据结果显示，2019年样本间的捐赠额度（对数）的差异化程度比较大，其中最小值为0，最大值为8.987，均值为3.270，意味着志愿者捐赠水平比较低，与我国个人慈善捐赠的总体水平相符合。志愿者在2019年参与的志愿服务活动次数平均值为3.415，志愿者参与志愿服务活动的次数具有差异性。在志愿者个体人口统计学特征中，具有党员身份的属于少数，大部分是非党员群体。城镇化率均值为0.516，城镇与农村比例相当。在组织特征方面，组织成立年限最长为11年，平均成立年限接近5年，有相当比例的志愿者在首家成立的非营利组织中参与志愿服务。政府对志愿者所服务非营利组织资助力度的数据显示，平均值为1.968，标准差为0.773，表明政府对不同非营利组织的资助力度具有一定的差异性。

表3 主要变量的描述性统计结果（$N = 470$）

变量	均值	标准差	最小值	最大值
捐赠额度	3.270	3.260	0	8.987
志愿经历	3.415	1.327	1	5
政府资助力度	1.968	0.773	1	4
性别	0.817	0.387	0	1
年龄	3.67	0.193	2.89	4.143
婚姻状态	0.834	0.372	0	1
政治身份	0.789	0.408	0	1
宗教信仰	0.668	0.471	0	1

续表

变量	均值	标准差	最小值	最大值
职业状态	0.191	0.445	0	5
年收入	2.013	1.053	1	6
社区居住时间	4.053	1.368	1	5
日工作时间	3.355	0.767	1	4
城镇化率	0.516	0.152	0.174	1
组织成立年限	4.906	3.191	1	11
组织知名度	0.321	0.467	0	1

（二）回归结果与分析

表4列出了捐赠额度的Tobit模型检验结果。模型1是在不考虑解释变量的情形下，检验控制变量与被解释变量的关系。结果表明，志愿者部分人口统计学特征变量，如年龄（$m=1.986$，$p<0.01$）、年收入（$m=0.620$，$p<0.01$）、宗教信仰（$m=0.490$，$p<0.10$）、城镇化率（$m=3.191$，$p<0.01$），对志愿者捐款额度具有显著正向影响。具体而言，随着志愿者年龄的增长，捐赠额度越来越大，人们对捐赠的认识日趋成熟，捐赠的可能性会增加。志愿者的年收入越高，其捐赠的可能性越大，捐赠额度越大。具有宗教信仰的志愿者，捐赠额度更大，志愿者的政治身份与捐赠额度并无显著关系。城镇化率越高，志愿者捐赠的额度越大，与既往研究结论类似。

模型2在模型1的基础上加入了解释变量"志愿经历"。估计系数显示，志愿经历与捐赠额度呈正向一致变化（$m=0.321$，$p<0.01$），模型3在模型2的基础上加入了调节变量"政府资助力度"，系数结果再次验证了二者关系的稳定性，表明有志愿经历的人更愿意向所服务非营利组织捐款，且志愿经历越多，捐赠额度越大。假设1得到初步验证，相应地，假设2并未得到验证。上述结果呈现出一种志愿时间与金钱捐赠的补充效应。

表4 捐款额度的Tobit模型检验结果

变量	模型1	模型2	模型3	模型4
性别	0.226 (0.342)	0.093 (0.339)	0.083 (0.338)	0.120 (0.337)
年龄	1.986 (0.673)***	1.901 (0.665)***	1.765 (0.667)***	1.877 (0.665)***
婚姻状态	0.413 (0.343)	0.396 (0.339)	0.452 (0.339)	0.470 (0.337)
政治身份	-0.344 (0.305)	-0.212 (0.304)	-0.238 (0.303)	-0.210 (0.302)
宗教信仰	0.490 (0.264)*	0.513 (0.260)**	0.565 (0.261)**	0.544 (0.259)**
职业状态	0.234 (0.287)	0.310 (0.285)	0.275 (0.284)	0.219 (0.284)
年收入	0.620 (0.119)***	0.641 (0.118)***	0.617 (0.118)***	0.611 (0.118)***
社区居住时间	0.027 (0.095)	-0.013 (0.094)	0.001 (0.094)	0.001 (0.094)
日工作时间	0.243 (0.162)	0.246 (0.160)	0.226 (0.160)	0.231 (0.159)
城镇化率	3.191 (0.857)***	3.217 (0.847)***	3.348 (0.846)***	3.429 (0.842)***
组织成立年限	-0.004 (0.048)	-0.019 (0.048)	-0.015 (0.048)	-0.012 (0.047)
组织知名度	0.339 (0.337)	0.430 (0.333)	0.417 (0.332)	0.439 (0.331)
志愿经历		0.321 (0.091)***	0.321 (0.091)***	0.318 (0.091)***
政府资助力度			0.301 (0.155)*	0.309 (0.154)**
志愿经历×政府资助力度				0.248 (0.109)**
伪R^2	0.026	0.031	0.032	0.034
样本数	470	470	470	470

注：括号外为平均边际效应，括号内为稳健标准误，由于篇幅有限，省略了系数；* $p<0.10$，** $p<0.05$，*** $p<0.01$。

为了进一步检验政府资助力度的调节效应，依据既往研究对调节变量数据的处理原则，本文将志愿经历和政府资助力度进行中心化处理之后，构建了"志愿经历×政府资助力度"的交互项，并在模型3的基础上构建了调节变量模型4，结果显示，交互项与捐赠额度呈现正向显著关系（$m = 0.248$，$p < 0.05$）。进一步，我们描绘出政府资助力度调节效应的边际效应（见图1），政府资助力度（X16）是志愿经历与捐赠额度之间的调节变量，意味着志愿者经历与捐赠额度之间的关系受到政府资助力度的调节。政府对非营利组织的资助力度越大，二者的正向关系就越强，政府资助力度对志愿者的捐赠额度具有挤进效应，假设H3得到检验。另外，结合H1的验证假设，政府资助力度与志愿经历具有正向叠加效应。反之，H4、H5和H6未得到验证。

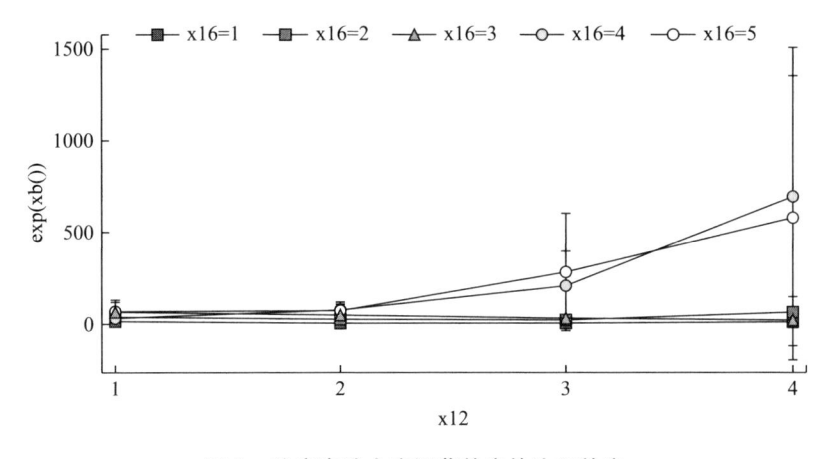

图1　政府资助力度调节效应的边际效应

（三）志愿者何以能成为捐赠者？

尽管定量回归模型的结果提供了志愿经历与捐赠额度呈现补充关系的证据，但对志愿者如何成为捐赠者的作用机制还缺乏深入认识。我们通过对C县应急救援社会组织及志愿者的深度访谈，进一步识别了志愿经历使志愿者成为捐赠者的三种作用机制。

首先，信息机制辨析捐赠渠道。非营利组织向社会进行募捐时，通常需要以广告的形式展示组织使命、项目、信誉等信息以获取更多的社会信任，而志愿者服务于所在非营利组织，对其公益使命和项目工作更为了解。C县民政局相关负责人介绍：

> C县应急救援社会组织是基于一定的行业或兴趣组织发展起来的，如快递员行业、出租车队、登山爱好者、冬泳协会、信教人群、爱心人士等。这些组织成员大多长期生活在县域范围内，处于一个相对封闭的熟人圈子。他们成为应急救援社会组织的志愿者后，对组织成立的初衷、组织发展过程都比较熟悉。（C县民政局访谈）

非营利组织面向志愿者筹资营销的传统筹资方式，节省了广告费用，同时由于与非营利组织的直接接触，志愿者不仅会获取更多的组织信息，以及更便利的捐款渠道，还会在一定程度上影响周边的人。正如H组织的志愿者所言：

> 我们一般不对外募捐，而是通过队员及其亲戚朋友自发性捐赠。（H组织访谈）

其次，使命机制增强捐赠意愿。由于救援活动是非常专业的活动，志愿者必须具备一定的专业技能，大多数应急救援社会组织的志愿者需要花费大量的闲暇时间参与培训。志愿者为所服务非营利组织的公益事业付出了心血，就会以一种主人翁的意识和责任感支持非营利组织的发展。因此，非营利组织向志愿者筹资时，会更容易得到志愿者的理解。

> 我们一般是晚上进行训练，有时间就来，每次有10多人，成员全部由兼职的志愿者组成。（H组织访谈）
>
> 团队的一些出租车司机，最开始是抱着一种在闲暇时间帮帮

忙的想法（参加志愿服务活动的）。（他们）参加团队的一些公益活动后，转而形成了在Y组织中的主人翁意识，利用Y组织提供的参与公益活动的机会，从被动参与转化为主动参与。后面的几次活动，队员们的积极性越来越高，大多会说出点钱没关系。（Y组织访谈）

实际上，我国许多草根非营利组织成立之初也是如此，发起人或志愿者骨干自掏腰包或者以不领工资等形式，支持组织在资源匮乏的情况下正常运转。有时参加救援活动，志愿者还会自己出油费、住宿费，不向组织报销相关费用，这也是一种变相的金钱捐赠。

> 我们的队员都是兼职志愿者，不发工资。我们救援组织购买相关救援设备的钱一般都是队员自掏腰包筹集的，有的人都拿出了近百万元。（H组织访谈）

> 每次都有队员不找我们报销在参加救援过程中的一些费用，他们都是自己掏腰包。比如有时要连续几天集中在一个地点开展活动，需要住酒店。如果是住在家里或远处，那么万一有突发问题，队员再赶过来救援就不行了，所以他们都自费解决住宿问题。这部分费用可不是小数目，因为有时盯点的人员挺多，仔细算一下，如果都找我们报销，那费用挺高的。（Y组织访谈）

最后，激励机制强化了捐赠关系。非营利组织捐赠来源中的社会爱心人士捐赠具有很大的偶然性，尽管这些捐赠对非营利组织的使命维系具有重要的支持作用，但并不是可持续的。一般而言，非营利组织要通过加强组织机构的宣传沟通和制订营销计划来维系社会和个人捐赠资源，而志愿者由于实际参与非营利组织的公益活动，并与社会组织进行多方面的互动，会形成一种具有共同社会使命感的公共社群团体，志愿者与非营利组织会产生更多的联结，更乐于支持社会组织实现组织使命。正如 Y 组织负责人所言：

> 他们（志愿者）很高兴可以加入救援队，因为之前并没有想到一个普通的出租车司机竟然还可以在应急救援中发挥重要作用，可以展现技能和实现价值，得到社会的认可……他们不仅是救援过程中的主力军，而且与组织形成了一种共生关系。（Y 组织访谈）

C 县党委和政府对当地应急救援社会组织的认同及资助强化了上述机制效应。C 县位处自然灾害多发区，受台风影响严重。实际上，在 C 县应急救援社会组织发展的早期，很多人对应急救援社会组织并不了解，认为应急救援是政府的事情，普通人关注和参与的很少。近年来民间应急救援力量得到地方党委和政府的高度认可，如"公益 C 县""属地救援""救援铁军"等治理经验宣传，多次出现在政府部门的政策报告和新闻报道中，并得到国家层面的认可。C 县应急管理局领导表示，"应急救援队伍集中反映了 C 县近年来的社会文明程度，是 C 县的一大特色，更是广大市民的精神依托"。政府对民间应急救援力量的认同和背书，塑造和强化了组织与志愿者守护家园的使命精神和家乡认同感。

相应地，应急救援社会组织期待得到政府的认同和实际支持。地方政府积极搭建应急救援社会组织的联动参与平台，以及年均近 500 万元的政府购买服务项目。政府在组织培育、队伍建设、装备更新、技能培训和人身保险等方面的举措，增强了应急救援社会组织和志愿者的信心，激励着应急救援社会组织和志愿者的参与自觉，正如某志愿者所言：

> 救援不仅仅是政府的事情，我们也能很好地协助政府。政府能给予一些帮助更好，要是没有政府的资金支持，我们也一样会做，我们只是想为家乡做一点事情。（C 组织访谈）

五 结论与启示

我国的个人捐赠研究仍处于起步阶段，既往研究对志愿者捐款的市场营销行为关注不足。志愿者奉献了宝贵的时间，是组织捐赠的重要潜在者，本文重点关注志愿者是否会成为捐赠者？本文基于 C 县 470 名应急救援社会组织的志愿者的捐赠数据，构建 Tobit 回归模型，检验了志愿经历与捐赠额度之间的关系，并考察了政府资助力度对二者间关系的调节效应。研究发现，志愿经历越多，志愿者向所服务非营利组织的金钱捐赠越多，这呈现出志愿时间与金钱捐赠的补充关系。另外，志愿者经历与捐赠之间的关系受到外部政府资助力度的调节，政府资助力度越大，二者的正向关系就越强，政府资助力度对志愿经历与金钱捐赠之间的补充关系具有挤进效应，呈现出正向叠加效应。以上结论表明，志愿者也会成为捐赠者。志愿者不仅是非营利组织重要的人力资源，而且是值得挖掘的捐赠资源。通过进一步的访谈发现，志愿者之所以能成为组织的捐赠者，是因为其在志愿经历中的信息获取、使命达成和激励机制发挥了重要作用。志愿者通过参与志愿服务增进对组织愿景和项目进展的了解，并在实践过程中付出了自己的心血，同时与组织达成更多的联结，形成具有共同社会使命感的社群团体。他们更希望看到组织愿景的达成，愿意为组织捐赠一定的金钱。

以上结论的启示在于以下三个方面。（1）注重对内部志愿者的市场营销。如何进一步挖掘个人捐赠成为我国现代慈善事业发展的关键，但非营利组织将募捐精力过多地放在外部不确定的社会个体的信任培育上，而忽视了组织内部对志愿者捐赠资源的挖掘。非营利组织要在某些适当场合向志愿者陈述组织资源状况，开展募捐营销宣传活动以支持组织发展。（2）加强志愿者关系管理与维护。非营利组织可以借助传统志愿者管理内容，与志愿者开展良性沟通和互动，宣传组织使命与项目细节，增进志愿者的同理心，形成稳定的心灵纽带，进而逐渐扩展并维系组织的社会网络和资源。（3）作为政府培育发展非营利组织的重要政策工具，政府资助对非营利组织的社会捐赠水平具有积极影响，其正外部性之一表现为志愿者受到政府资助力度的挤进效应的影响。人们通常认为政府资助多为资金项目的扶持，除此之外，政府还应在现有培育政策的基础上，制定应急救援社会组织的行业标准，加强官方组织应急救援培训，协调业务主管部门和指导部门的合作机制，积极扶持引导非营利组织的发展。如 C 县通过财政资金为志愿者购买相关商业保险，增强了非营利组织和志愿者对公益服务的信心和认可。

当然，本文存在一定的局限性：首先，囿于数据的可得性和准确性，本文只选取了县域的志愿者样本，同时应急救援志愿服务领域区别于常态化的志愿服务，使研究结论的推广受到一定限制，后续研究应扩大研究对象的范围，对不同层级、区域、领域的志愿者展开调研；其次，本文对志愿者成为捐赠者的作用机制仍处于初步探索阶段，未来仍需进行系统和深入检验。

【参考文献】

陈天祥、姚明，2012，《个人捐赠非营利组织的行为影响因素研究——基于广州市的问卷调查》，《浙江大学学报》（人文社会科学版）第 4 期，第 114 ~ 131 页。

高鉴国，2010，《美国慈善捐赠的外部监督机制对中国的启示》，《探索与争鸣》第 7 期，第 67 ~ 70 页。

胡荣、沈珊，2013，《中国农村居民的社会资本与捐赠行为》，《公共行政评论》第 5 期，第 60 ~ 75 页。

蒋晶，2014，《影响我国个人捐赠者捐赠决策过程的心理机制——基于情感适应理论的实证研究》，《中国软科学》第 6 期，第 44 ~ 57 页。

林志扬、肖前、周志强，2014，《道德倾向与慈善捐赠行为关系实证研究——基于道德认同的调节作用》，《外国经济与管理》第 6 期，第 15 ~ 23 页。

刘凤芹、卢玮静，2013，《社会经济地位对慈善捐款行为的影响》，《北京师范大学学报》（社会科学版）第3期，第113~120页。

刘能，2004，《中国都市地区普通公众参加社会捐助活动的意愿和行为取向分析》，《社会学研究》第2期，第68~78页。

沈永东、虞志红，2019，《政府资助影响社会组织非政府渠道筹资收入——基于中国3016家基金会的实证研究》，《经济社会体制比较》第4期，第128~137页。

田园，2019，《个人慈善捐赠的实验研究趋势和核心议题探析——基于西方主流学术期刊发表文献》，《中国非营利评论》第2期，第291~310页。

汪大海、刘金发，2012，《政府支出与慈善捐赠的挤出效应研究——基于2003~2010年中国省市面板数据》，《中国市场》第50期，第48~55页。

王名、蓝煜昕、王玉宝、陶泽，2020，《第三次分配：理论、实践与政策建议》，《中国行政管理》第3期，第101~105页。

王银春，2015，《社会慈善：基于差异与否定差异》，《伦理学研究》第3期，第134~138页。

徐延辉、李志滨，2020，《个人捐赠何以可为：慈善信息与组织信任的作用机制研究》，《社会保障研究》第1期，第77~85页。

杨永政，2019，《挤出还是挤入：政府社会救助支出对个人慈善捐赠影响的实证研究》，《中国非营利评论》第2期，第162~187页。

张进美、刘天翠、刘武，2011，《基于计划行为理论的公民慈善捐赠行为影响因素分析——以辽宁省数据为例》，《软科学》第8期，第71~77页。

张奇林、宋心璐，2018，《中国政府社会救助支出对民间慈善捐赠的挤出效应》，《社会保障评论》第4期，第111~124页。

Apinunmahakul, A., Barham, V., & Devlin, R. A. 2009. "Charitable Giving, Volunteering, and the Paid Labor Market." *Nonprofit & Voluntary Sector Quarterly* 38 (1): 77–94.

Bauer, T. K., Bredtmann, J., & Schmidt, C. M. 2013. "Time vs. Money—The Supply of Voluntary Labor and Charitable Donations Across Europe." *European Journal of Political Economy* 32 (8): 80–94.

Bendapudi, N., Singh, S. N., & Bendapudi, V. 1996. "Enhancing Helping Behavior: An Integrative Framework for Promotion Planning." *Journal of Marketing* 60 (3): 33 – 49.

Brown, E. & Lankford, H. 1992. "Gifts of Money and Gifts of Time: Estimating the Effects of Tax Prices and Available Time." *Journal of Public Economics* (47): 321 – 341.

Brudney, J. L., Meijs, L. C. P. M., & Overbeeke, P. S. M. 2019. "More is Less? The Volunteer Stewardship Framework and Models." *Nonprofit Management and Leadership* 30 (1): 69 – 87.

Cappellari, L., Ghinetti, P., & Turati, G. 2011. "On Time and Money Donations." *The Journal of Socio-Economics* (40): 853 – 867.

Carvalho, A. & Sampaio, M. 2007. "Volunteer Management Beyond Prescribed Best Practice: A Case Study of Portuguese Non-Profits." *Personnel Review* 46 (2): 410 – 428.

Duncan, B. 1999. "Modeling Charitable Contributions of Time and Money." *Journal of Public Economics* 72 (2): 213 – 242.

Fran, T. & Andrew, P. 1999. "Trust, Confidence and Voluntary Organisations: Between Values and Institutions." *Sociology* 33 (2): 257 – 274.

James, A. & Payne, A. A. 2003. "Do Government Grants to Private Charities Crowd out Giving or Fund-Raising?" *American Economic Review* 93 (3): 792 – 812.

James, A. & Payne, A. A. 2011. "Is Crowding Out Due Entirely to Fundraising? Evidence From a Panel of Charities." *Journal of Public Economics* (95): 334 – 343.

Keneth, E. 1970. *Boulding: Economic as a Science*. New York: McGraw-hill.

Knapp, J., Sprinkle, T. A. Urick, M. J., et al. 2019. "The Belonging Model of Trust." *Nonprofit Management & Leadership* 30 (1): 133 – 153.

Langlois, R. N. 1990. "The Fatal Conceit: The Errors of Socialism." *Journal of Economic Behavior & Organization* 13 (1): 180 – 182.

Letki, N. 2006. "Investigating the Roots of Civic Morality: Trust, Social Capital, and Institutional Performance." *Political Behavior* 28 (4): 305 – 325.

Li, H. & Mcdougle, L. 2017. "Information Source Reliance and Charitable Giving Decisions." *Nonprofit Management & Leadership* 27 (4): 549–560.

Salamon, L. M. & Anheier, H. K. 1998. "Social Origins of Civil Society: Explaining the Nonprofit Sector Cross-Nationally." *Voluntas: International Journal of Voluntary and Nonprofit Organizations* (9): 213–248.

书 评

实效利他主义及其挑战

——评《行最大的善：实效利他主义改变我们的生活》*

黄 杰 薛美琴**

摘 要：实效利他主义是当代西方世界新兴的一种大众慈善形式。《行最大的善：实效利他主义改变我们的生活》一书，系统归纳和分析了实效利他主义的思想理念及行动机制。受功利主义影响，实效利他主义特别强调理性的价值，鼓励人们用证据和推理选择行善的方式，以最大限度实现慈善的效益。在促进传统慈善方式变革的同时，实效利他主义受到了不少的批评、面临着不小的挑战。其中，既有关于实效利他主义价值正当性的质疑，也有关于其运作模式及长期效能的担心。借鉴西方的经验，我国慈善事业的未来发展需要鼓励慈善形式的创新，提高慈善透明度，同时要加强对新型慈善的管理，防止慈善过度市场化和技术化。

---

* 基金项目：国家社科基金青年项目"新型政商关系视野下'民企二代'统战问题研究"（项目编号：19CZZ006）。

** 黄杰，南京大学政府管理学院助理研究员，香港大学博士，主要从事当代中国商业政治、比较政治经济学、社会科学方法论等方面的研究，E-mail：hjacademic@nju.edu.cn；薛美琴，南京理工大学公共事务学院副教授，上海交通大学管理学博士，主要从事社会组织、基层治理等方面的研究，E-mail：tjuswu@126.com。

关键词：实效利他主义；新型慈善；大众慈善；理性化

一 引言

过去十多年，一股名为"实效利他主义"（effective altruism）的新慈善潮流在西方世界兴起。实效利他主义鼓励普通人将慈善参与作为生活的一部分，特别是通过应用经验证据来达到最佳慈善效果。至今，实效利他主义者已经积聚了不少力量：他们不仅每年召开国际论坛，还建立了包括"善捐"（Givewell）、"尽我所能"（Giving What We Can）等多个实效利他主义的基础性平台。这些平台致力于为公众提供慈善捐赠的可靠信息和建议，已经累计获得了超过15亿美元的捐款。不少年轻人受实效利他主义的感召，承诺要持续地把自己收入的10%捐给他们认为最有效率的慈善项目（MacAskill, 2018）。

在实效利他主义的发展过程中，著名哲学家彼得·辛格（Peter Singer）发挥了至关重要的作用。辛格1946年出生于澳大利亚，曾就读于墨尔本大学，并在牛津大学获得哲学博士学位，目前是普林斯顿大学应用伦理学的教授。作为当今世界最著名的功利主义哲学家，辛格长期以来一直呼吁人们通过行善来改变世界。1975年，辛格出版了《动物解放》，呼吁人们应该尊重动物的权利，它成为现代动物解放运动的重要宣言。2005年，辛格出版了《你能拯救的生命》一书，同年成立与该书同名的慈善机构，倡导人们以最有效的方式拯救他人生命。辛格培养了数位实效利他主义的发起人，他的思想直接影响了实效利他主义的发展，所以不少人称他是实效利他主义智识之父。

本文是对辛格的著作《行最大的善：实效利他主义改变我们的生活》（*The Most Good You Can Do: How Effective Altruism is Changing Ideas about Living Ethically*）的批判性评述。该书的底本源于辛格2013年在耶鲁大学"伦理学、政治学与经济学"卡索系列讲座的内容。由于该书系统总结了实效利他主义的最新理论和实践，且语言生动、通俗易懂，因而甫一出版便广受好评，甚至被一些研究者认为是目前实效利他主义最重要的出版物①。本文首先将简要介绍实效利他主义的基本理念，之后指出实效利他主义目前受到的若干理论和实践的批评，最后在此基础上讨论实效利他主义对我国大众慈善发展的可能启示。

二 实效利他主义的基本理念

根据辛格（2019）的看法，实效利他主义的标准定义是"一种哲学和一场社会运动，旨在应用证据和理性来找到改善世界最有效的方式"。显然，一方面，实效利他主义是利他主义导向的，强调人们应用自己的善行改善他人的福利。这种利他主义的倾向是对西方世界人们日益普遍的消费主义生活方式的批判。晚近以来，随着科技的发展和社会的繁荣，人们越来越沉溺于物质消费带来的快乐，对公共生活则仅止于遵守一般的伦理准则——不偷窃、不欺骗、不伤人、不杀人。然而，这种消费主义生活方式在为个体带来短暂的快乐之后，会让其陷入更加长久的孤独和空虚。真正持久的快乐，在实效利他主义者看来，源于承认他人的生命和幸福与我们自己的生命和幸福一样重要，并努力通过自己的行动尽可能改善他人的福利。在这一点上，实效利他主义和当代其他道德哲学都认为，人之为人不应仅仅满足于自我的物质生活，而应通过无私地帮助他人努力过一种富有伦理的生活。

另一方面，实效利他主义是高度"理性化"的，它特别强调要以最低的成本实现慈善效益的最大化。正如辛格一再指出的，我们每个人拥有的时间和资源均是有限的，不同的项目又有明显不同的慈善效应。因此，为了使我们已有资源的慈善效应最大化，我们必须理性规划和使

---

① 这一评价来自实效利他主义的另一位代表人物——维尔·麦克斯基尔（Will MacAskill）。有关其他学者对此书的赞誉，可参见该书英文版封底。

用既有的资源。经济学的成本-效益（cost-effectiveness）分析则是最大化慈善效应的重要工具。简单说来，就是把所有可能的收益转换为可衡量的指标性数据，然后通过比较指标性数据来选择慈善项目。例如，辛格经常提到的一个例子是，在美国很多人会捐款给训练导盲犬的组织以帮助盲人，训练一只导盲犬的成本平均高达 10000 美元。与此同时，非洲国家有大量儿童因沙眼而失明，而预防沙眼的成本仅仅为 25 美元。这就意味着，在美国训练一只导盲犬的经费可以拯救 400 名非洲儿童免于失明。尽管都是在行善，但是同样的投入能带来 400 倍的更多效益，实效利他主义自然会认为前者无效率，因而更加偏爱后者。

更进一步看，实效利他主义的这种理性化决策离不开科学、系统的评估。如果没有坚实的经验证据，那么人们显然很难判断何种慈善决策最优。因此，实效利他主义鼓励人们在做慈善决策前要尽可能收集各类项目信息，以便在不同项目间做出理性选择。在这一过程中，前面提到的各种基础性平台发挥了重要作用。这些平台的主要工作是收集、整理各类慈善组织的成本-收益信息，评估慈善项目的可能收益。例如，作为具有影响力的第三方平台，"善捐"会定期发布有关各类健康问题慈善项目的评估报告，并给出明确的推荐意见。其评估的内容包括是否具有详尽的评估资料、行动成本是否合理、善款的使用能力以及组织的透明度等。除了这些基础性的信息评估外，"慈捐"最近的一个重要发展是开始广泛运用随机控制实验（randomized controlled trials）、自然实验（natural experiment）等科学研究方法，即通过严格的实验设计（控制组-干预组比较）来评估慈善干预（如分发蚊帐对疟疾的预防、为贫困家庭提供现金支持）的影响。

从总体上看，实效利他主义为我们提供了一种新兴的大众慈善形态。传统的大众慈善，要么是"激情的慈善"（passionate philanthropy），一次性向一个自己十分关心的慈善项目捐赠所有善款；要么是"温情的捐赠"（warm-glow giving），不定期向许多自己关心的慈善机构捐赠小额善款。无论是"激情的慈善"还是"温情的慈善"，在实效利他主义看来，都不免受到个人感情和经历的影响，缺乏理性的指导，因而是不可取的（辛格，2019）。实效利他主义倡导的是基于经验证据和理性开展慈善活动，尽可能排除个人价值和情感的影响。在这一状态下，帮助我们所爱之人未必优于帮助陌生人，帮助本国公民未必优于帮助他国公民，甚至对人类的关爱也未必优于对动物的保护，所有的选择端赖实际慈善效应的比较。尽管表面上实效利他主义有些不近人情，但是客观上实效利他主义不仅提高了慈善的效率，也扩大了慈善的覆盖范围。因此，在一些评论家看来，实效利他主义是21世纪最有潜力的慈善形式。

三　实效利他主义的批评者

尽管实效利他主义在西方社会方兴未艾，但它受到了不少的批评、面临着不小的挑战。具体而言，一些意见质疑实效利他主义的价值正当性。如前所述，为了使慈善效益最大化，实效利他主义尊奉"理性优先"的原则。一切只考虑慈善的成本－受益，其他各种价值（如正义、自由、平等）都要以它们对社会福利的影响程度进行取舍。辛格在书中多次批评那些将巨额资金捐给剧院和博物馆的做法，认为他们应当被用于更加需要支持的发展中国家的疾病预防和治理。从经济理性的角度看，虽然实效利他主义的选择有其合理性，但这无疑忽视了人作为伦理生物是有多元的价值追求的。假设某人钟爱艺术，捐款给剧院和博物馆不仅满足了他本人对艺术的追求，也改善了大众的艺术体验。那么，我们何以觉得捐赠于非洲的卫生事业就一定优于捐赠于本国的艺术事业？可见，绝对的理性优先有可能走向了理性霸权，使所谓利他主义沦为纯粹理性的算计。

另一些意见担心实效利他主义中个人化的倾向。实效利他主义可能过分夸大了个体的能动性，把慈善塑造成个人英雄主义的事业。辛格（2019）在陈述其学生何以选择实效利他主义生活时写道："假如你看见一栋起火的楼，你冲进熊熊烈焰，踢开门，让100个人逃生。这将是你生命中最伟大的时刻。而我也可以做出同样伟大的善举！"尽管这种个人英雄主义倾向确实能够吸引和动员不少年轻人，但有时也会影响慈善效果。例如，不少研究者观察到，实效利他主义基本上不信任自身圈子以外的慈善行动者（毕索普、格林，2011；Rubenstein，2016）。在发展中国家的不少项目中，他们大多亲力亲为，很少与当地政府部门或社会团体有联系。更严重的问题是，实效利他主义认为只要理性规划便能达到预期目的，因而很少关心项目受助者的意见。结果是不少项目仅满足了捐赠者的美好愿望，而没能充分调动受助者的能动性，甚至撕裂了当地社会。

此外，还有一些意见怀疑实效利他主义带来系统性变革的可能性。批评者认为，贫困和不平等从根本上说是由政治和经济结构的失衡导致的。例如，根据最近的估算，贸易保护主义使世界最贫困国家的人民每年损失1000亿美元，而非法的资金流动则让他们每年进一步损失了250亿美元（Gabriel，2017）。如能在这些问题上做出有效的改革，显然能够更好地改善穷人的生活。然而，实效利他主义仅仅考虑如何以更高效的方式利用既有资源，对政治和经济结构的变革则不甚关心。辛格（2019）就曾冷漠地写道："让富人变得更富，但同时避免让穷人变得更穷，我们还不清楚这会不会在总体上导致糟糕的后果。这会增强富人帮助穷人的能力，而且世界上最富有的一些人，包括比尔·盖茨和沃伦·巴菲特，如果按其捐款的资金数额衡量的话，都已成为人类历史上最杰出的实效利他主义者。"由于缺乏对系统变革的追求，在批评者看来，实效利他主义至多能消除个体的不幸，与实现"最大善"的目标则差之远矣。

概括而言，以上种种批评既有理论层面的，也有实践层面的，涉及实效利他主义的各个方面。对于这些批评，以辛格为代表的实效利他主义发起人有清楚的认知，并在许多方面做了回应。在最近的一些作品中，辛格和他的合作者们就试图将部分批评意见融入实效利他主义的框架中。实效利他主义在强调理性主导的同时，包容不同价值，并将其作为辅助性标准（Greaves and Theron，2019）。在慈善项目运作中，实效利他主义应当更多加强与当地社团的合作，并将受助者的意见纳入项目的最终考核（Gabriel，2017）。实效利他主义不仅要关注全球健康等当下的社会问题，也要关注应对气候变化、防止核战争等那些涉及人类发展的长远议题（MacAskill，2015）。尽管这些努力未必能完全消除批评者的担忧，但它们无疑都提高了实效利他主义的理论包容性，为这一新兴大众慈善运动的未来发展指明了方向。

四 对我国大众慈善发展的借鉴意义

慈善是中华民族世代相承的传统美德。改革开放以后，我国的慈善事业得到了恢复和蓬勃发展。据不完全统计，截至 2020 年底，全国共有登记认定的慈善组织 9480 家，社会捐赠总额 2253 亿元，其中现金捐赠 1474 亿元[①]。尽管我国的慈善事业取得了显著的成就，但总体上仍然与西方发达国家存在一定差距。特别是，我国慈善捐赠主要源于各类企业，普通大众对慈善捐赠的参与度较低，慈善意识薄弱（周俊、王法硕，2021）。作为一种新兴的、有影响力的大众慈善形式，西方实效利他主义的理论和实践为未来我国大众慈善的发展提供了有益借鉴。

首先，应该充分调动年轻人参与慈善的积极性，鼓励慈善形式的创新。年轻人朝气蓬勃，历来是社会慈善运动的重要动力。在西方，实效利他主义的支持者大多是"千禧一代"，其中不少是牛津大学、耶鲁大学等名校的毕业生。这些年轻人具有公共情怀，同时对慈善效益高度敏感。与之类似，随着受教育程度的提高，中国年轻一代的个体自主性和

---

① 《2020 年度我国共接受境内外慈善捐赠超 2253 亿元》，https://baijiahao.baidu.com/s?id=1717462899294918355&wfr=spider&for=pc，最后访问日期：2021 年 12 月 25 日。

社会责任感越来越强。他们不仅关心结果，也重视过程。他们崇尚独立，厌恶不合理的"被代表"（阎云翔，2012）。正是由于这些特点，中国年轻一代对传统的动员式慈善及慈善组织的封闭式运作多有微词。为了激发年轻一代的慈善潜力，政府和社会各界应当给予青年人更多的空间，开展各种青年人喜闻乐见的慈善活动。特别是，应当结合现代信息技术，大力发展面向青年人的在线捐赠、慈善消费、慈善义演、志愿者服务等新型慈善形式。

其次，应该加强慈善机构的制度建设，提高慈善的透明度。慈善机构透明度不足是困扰中外慈善事业发展的重要问题。实效利他主义的一个重要目标是，通过引入新型慈善机构（如"善捐"等平台）及标准（如成本效益原则）促使既有慈善机构加强信息透明化建设。相比于西方，中国慈善组织透明度的问题显然更加严重。由于我国的慈善组织大多有官方背景，组织运作行政化取向明显，在信息透明化方面缺乏足够的动力（王名等，2018）。为了提高慈善机构的透明度，未来政府有关部门应该建立健全慈善行业信息统计制度，完善慈善公益信息统计平台，及时发布慈善数据，定期发布慈善事业发展报告；建立和完善以慈善业务年审为主要手段的监管制度，重点加强对信息披露、财务报表和重大活动的监管。在一些条件成熟的慈善领域，政府可以探索委托第三方机构开展慈善审计和监督。

最后，要加强对新型慈善的管理，防止慈善过度市场化和技术化。前文已经指出，实效利他主义由于过分强调理性的价值，存在过度市场化和技术化的风险。尽管目前中国还没有真正意义上的实效利他主义运动，但最近几年兴起的互联网平台慈善已有部分实效利他主义的元素，如重视成本-效益原则、个体化慈善努力、商业化的项目运作等（张卫、张硕，2021）。一些敏锐的观察者已经注意到，这些新型慈善形式在提高慈善参与度的同时，破坏了原有的社会团结，制造了新的不平等（叶晓君，2018）。因此，中国大众慈善的未来发展在学习借鉴西方先进经验的同时，必须充分考虑本国社会的现实条件，坚持多元化的方向，坚持社会平等的价值底线，而不是夸大新型慈善的社会功能，寄希望于技术一劳永逸地解决所有问题。

【参考文献】

彼得·辛格，2006，《动物解放》，祖述宪译，青岛出版社。

彼得·辛格，2019，《行最大的善：实效利他主义改变我们的生活》，陈玮、姜雪竹译，生活·读书·新知三联书店。

马庆，2020，《最大或更好地行善：有效利他主义的兴起及其争议》，《国外社会科学前沿》第 10 期，第 13～20 页。

马修·毕索普、迈克尔·格林，2011，《慈善资本主义：富人在如何拯救世界》，丁开杰等译，社会科学文献出版社。

王名等，2018，《中国社会组织（1978～2018）》，社会科学文献出版社。

阎云翔，2012，《中国社会的个体化》，陆洋等译，上海译文出版社。

叶晓君，2018，《技术神话光环下的中国慈善公益》，《文化纵横》第 5 期，第 110～118 页。

张卫、张硕，2021，《"互联网 + 慈善"新模式：内在逻辑、多重困境与对策》，《现代经济探讨》第 11 期，第 91～97 页。

周俊、王法硕，2021，《慈善文化与伦理》，北京大学出版社。

Gabriel, L. 2017. "Effective Altruism and Its Critics." *Journal of Applied Philosophy* 34 (4): 457 – 473.

Greaves, H. & Theron, P. 2019. *Effective Altruism: Philosophical Issues*. Oxford University Press.

MacAskill, W. 2015. *Doing Good Better: How Effective Altruism Can Help You Make a Difference*. Penguin Random House.

MacAskill, W. 2018. "Understanding Effective Altruism and Its Challenges." in Boonin, D. ed. *The Palgrave Handbook of Philosophy and Public Policy*. Palgrave Macmillan: 441 – 453.

Rubenstein, J. 2016. "The Lessons of Effective Altruism." *Ethics & International Af-*

fairs 30 (4): 511-526.

Singer, P. 2005. *The Life You Can Save: How do Your Part to End World Poverty*. Random House Trade Paperbacks.

Singer, P. 2015. *The Most Good You Can Do: How Effective Altruism is Changing Ideas about Living Ethically*. Yale University Press.

非营利组织的专业之道

——评《创业型非营利组织：社会企业家的战略工具》*

季　曦**

摘　要：非营利组织的专业化发展是调整内部结构、提升组织能力、优化外部关系的重要基础。市场化浪潮为实现企业行为和社会参与的融合提供了机遇，社会创业成为非营利组织追求专业化发展的重要路径。《创业型非营利组织：社会企业家的战略工具》一书为社会创业和社会企业研究提供了新的知识。该书主要由"社会企业家精神""制定组织使命""识别和评估新的机遇"等十章组成。该书以社会创业为核心，系统而全面地梳理了社会创业的基础概念和实践操作，是一本非营利组织、社会创新等领域的重要著作。

关键词：非营利组织；社会企业家；专业化；社会创业

社会创业是社会参与和企业行为的有机结合。近年来非营利组织逐渐加入社会创业领域，成为社会创业的重要主体。传统研究关注企业

---

* 基金项目：国家社会科学基金重大项目"慈善组织的治理和监督机制研究"（项目编号：20&ZD182）。

** 季曦，上海交通大学国际与公共事务学院博士研究生，主要从事社会组织、基层治理、技术治理等方面的研究，E-mail：JXMNGO@sjtu.edu.cn。

社会责任和社会创业在商业以及不同类型商业组织中的应用，一些企业开发了超越其具体生产或市场需求的社会项目，将企业的部分利润投入慈善事业。在企业逐渐深入慈善领域的同时，以公益性和志愿性为核心特征的非营利组织开始投身社会创业领域，这为其在社会服务供给领域的传统工作增加了新的内容。社会创业的概念早在20世纪50年代就已经出现，但直到近年来，社会创业才成为一个重要且有影响力的研究前沿领域（Saebi et al.，2018）。由于创业型非营利组织的加入，社会创业的社会属性更加凸显，通过经济手段的组合实现社会目标、推动社会发展成为社会创业的核心内容。

社会创业对非营利组织的发展提出了新的要求。社会创业基于现代社会的广泛需求而生，为创业者提供了大量的市场机会，但机会往往伴随着高风险和高成本（Zahra et al.，2008）。这一现实情况催生了既具有社会使命感又掌握一定商业技巧的社会创业者。非营利组织的服务对象往往处于较低的支付水平，非营利组织提供公共服务的费用往往需要政府、企业和非营利组织共同承担。对于长期将社会捐赠作为主要资金来源的非营利组织而言，社会创业的"自我造血"功能具有非常强烈的吸引力。非营利组织通过社会创业进一步提升组织的持续发展能力。

一 创业型非营利组织的类型学阐释

《创业型非营利组织：社会企业家的战略工具》是一本由 J. 格雷戈里·迪斯、杰德·艾默生和彼得·伊卡诺米共同编写的著作，他们作为资深的研究者和实践者共同关注社会创新。该书结合非营利组织参与社会创新的经典案例，依托管理学的基本框架展开论述，从组织管理视角探讨了非营利组织参与社会创新背后的思维逻辑和行动方式，从而为非营利组织的研究者和实践者提供有益经验。

近年来，社会企业、社会创业、社会创新等在国内逐渐成为理论研究和实务工作的热门议题。上述概念都反映了创业型非营利组织这一新的组织业态在中国具有良好的发展前景。然而作为一个新兴的概念，创业型非营利组织缺乏明确的边界这一现实掣肘了理论研究，因而实践的开展也缺乏可靠的理论指导。作为一个舶来品，创业型非营利组织在中国的发展必须借鉴国外的相关理论和经验。《创业型非营利组织：社会企业家的战略工具》是一部关于创业型非营利组织的经典之作，作者的深度观察和经验总结为读者展示了创业型非营利组织的总体框架和战略工具。

针对创业型非营利组织这一新兴的组织形式，该书详细介绍了使命定义、机遇评估、资源动员等组织管理过程的具体内容。该书是一本关于创业型非营利组织的工具书，在每一章都提供了极具启发性的经典案例，论述了创业型非营利组织在具体的工作情境下运用战略工具的方法与步骤，并告知要避免的常见错误。该书作为一本致力于实现"用户友好"目标的工具书，从框架结构到内容设计都为读者快速了解运用于组织实践的技巧提供了专业指导。

作为一类致力于服务社会公益事业的组织，非营利组织在运作过程中遭遇的一大困境是如何平衡组织的财务需求和服务需求，以便为无法支付费用的客户提供其所需的服务。长期以来，非营利组织通过政府、企业、基金会及个人的慷慨捐赠来获取项目资金和维持机构运作。然而在社会风险急剧增加的当下社会，许多非营利组织的资金来源不足，部分资金来源渠道甚至已经干涸。面对资金汲取方面的重大困难，越来越多的非营利组织开始尝试采取新颖的、不同于以往的方式来获取社会资金。

创业型非营利组织通过运用企业家行为及技术的方式实现组织的持续化运营。世界正在变化，非营利组织的领导者面临诸多挑战：政府资金日益削减，基金会不断提升对业绩指标的要求，企业希望从慈善事业中获得战略利益，来自商业部门的新型竞争愈演愈烈，公众严重质疑传统慈善救济的方式在解决社会问题方面的有效性及适用性（迪斯等，

2021)。社会环境的变化为非营利组织带来了机遇和挑战。

许多非营利组织不再将商业部门视为天敌,而是转向学习市场规则、商业技巧以及应用于创造社会价值的行动框架。总体来看,经过多年的长期发展,创业型非营利组织积累了大量实务经验。创业型非营利组织的运作逐渐成为一门科学,参与者需要学习相应技巧以实现组织使命、为服务对象创造社会价值,当代的非营利组织领导者比以往任何时候都需要学习如何转变成创业者。

创业型非营利组织的组建方式和组织类型呈现出多样化的发展趋势。表1用类型学方法对创业型非营利组织的边界和类型加以展示,纯慈善组织在一端,纯商业组织在另一端,其他各种可能的组织形式居中展示。

表1 创业型非营利组织的范围图谱

	纯慈善组织	混合型组织	纯商业组织
组织动机	以善意为根本	混合动机	以个人利益为根本
行为驱动力	使命驱动	使命和市场的平衡	市场驱动
组织目标	创造社会价值	创造社会价值和经济价值	创造经济价值
受益人	免付费	支付部分费用,或者一部分人全价付费、另一部分人零付费相结合	以市场价付费
资金来源	捐赠	低于市场价的资金,或者一部分人全价付费、另一部分人零付费相结合	市场价的资本
人力来源	志愿者	低于市场价的工资,或者志愿者与全职带薪员工相结合	市场价薪酬购买
定价机制	实物捐赠	特殊优惠,或者实物捐赠与全价付费相结合	按市场价定价

资料来源:迪斯等,2021:15。

二 创业型非营利组织的重要工具

《创业型非营利组织:社会企业家的战略工具》一书介绍了制定组织使命、识别和评估新的机遇、资源动员等创业型非营利组织必须掌握的重要能力,为非营利组织的专业化发展提供了有效的工具。下文主要介绍组织使命、识别和评估新的机遇和资源动员三个方面的内容。

(一) 最有用的工具——组织使命

在各行各业,使命都是高效组织的奠基石。使命是领导者、出资者、从业者和服务对象对组织目标的清晰认知,推动组织朝着机会导向型和客户导向型发展。对于创业型非营利组织而言,面向社会创业的组织使命并不像商业组织一样关注突破性和新需求,而是重视通过创新方式更有效地实现社会服务的目标(Austin et al., 2006)。所有使命导向的组织都面临着一个挑战:如何在专注组织使命和灵活应用既定目标之间保持平衡。表2展示了组织平衡专注度与灵活性的三种类型,位于表格左侧的组织更关注内部运行,具有较少的创新精神;位于右侧的组织更倾向于机会导向,使命的引领作用相对较弱。

表2 组织平衡专注度与灵活性的三种类型

使命僵化	使命导向	使命漂移
使命就是一切(比如消除饥饿)	使命是日常工作的指南	日常工作根本不受使命的约束
达到使命的指标异常艰巨,无法评估	领导者明白使命可以变化,定期重温使命才能让使命与客户和组织能力相匹配	无限制寻求机会,不考虑机会是否与使命相关
所有努力都用以维护现有使命,可能会忽视新的机遇	客户及其他利益相关者通过观察组织行动就能理解组织的使命	组织的行动不再诠释组织的使命,因此他人对组织使命的理解是发散的

资料来源:迪斯等,2021:34。

良好的使命促使公众选择参与创业型非营利组织的活动,对使命的认同则进一步强化了人与资源协调配合的效果。对于创业型非营利组织而言,使命的出现是自然而然的过程,社会大众对创业型非营利组织的信任必然是出于对使命的认可。使命已经成为创业型非营利组织聚合资金和人才、制定行动策略、激发社会参与活力、改变人们生活的重要工具。

（二）可习得的工具——识别和评估新的机遇

创业活动中最重要的内容是识别和评估新的机遇。许多研究表明，成功创业者具有某些共同特征，然而这并不意味着一个充满激情、有动力、勤奋、永恒的乐观主义者就一定拥有良好的识别机遇的技能，事实可能恰恰相反（迪斯等，2021）。对于创业型非营利组织而言，识别和评估新的机遇是一项可以习得的技巧，而不是与生俱来的性格特征。

识别机遇、利用机会帮助组织走向成功需要具备一定的知识和技能，既需要创业者的直觉和判断，也需要持续化的创业行动。识别机遇的一种重要方法是通过资源的重新组合实现突破。卓越的创意往往来自创业者获取的原始材料，基于时间、需求和其他要素的多重约束，部分原始材料的再组合产生了意料之外的结果。人际网络则是识别机遇的另一种重要方法。正确的时间和地点是利用好机遇获得成功的关键，与更多的人建立联系，获得更多的新想法。

（三）效率最高的工具——资源动员

创业型非营利组织的资源动员是一门艺术。这门艺术要求领导者少花钱、多办事，能说服他人以优惠条件提供组织急需的资源。创业型非营利组织的资源不仅仅与钱有关，资源动员也并非仅仅是筹款。创业型非营利组织的资源动员过程发端于领导者的动员思路，结束于领导者通过获得相应资源和能力来实现社会目标，筹款仅仅是一个中间环节。创业型非营利组织领导者的核心任务在于完成某项社会事业，而非关注资产的积累，资金只是帮助组织提高能力最终实现组织使命和创造社会价值的一种工具。

资源动员的方法和工具需要在应用过程中加以调整和优化。"商业导向"是创业型非营利组织可持续发展的重要武器，创业型非营利组织的领导者必须学习并掌握市场营销、财务管理等多方面的技能（苏芳等，2016）。在认定一种方法之前，创业型非营利组织的领导者必须考虑多种运营架构和经济模式，发现更加有效的方式运用资源以实现组织使命。创业型非营利组织的领导者对资源需求的评估以组织目标为基础，然后确定组织的资源需求。创业型非营利组织的资源动员效果取决于三种无形资产：社会资本、信誉度和认可度。因此，无形资产逐渐成为创业型非营利组织认真管理和发展的重要内容。

三 创业型非营利组织对中国的启示及借鉴意义

创业型非营利组织带来了对社会服务领域的"绩效主义"的再思考。在当代组织管理中，绩效管理通常被实践者当成一种管理技术，其目的是提高组织运行的科学化水平（张乾友，2019）。创业型非营利组织的领导者都是机会导向型的领导风格，他们看到可能性，并思考达成目标的可能方式，而不是看到障碍，并寻找不能达到目标的借口（迪斯等，2021）。创业型非营利组织在行动符合公益标准与行动形成有效产出二者间寻求平衡之道。创业型非营利组织在达成组织使命和实现公共价值的同时，也将取得良好绩效作为组织的重要任务之一。

自我反馈机制成为创业型非营利组织持续发展的重要促进力量。由于非营利组织的社会价值导向，创业型非营利组织的领导者无法像商业部门的企业家一样获得市场反馈。从长远来看，有成效地为客户创造价值的商业企业将获得回报，并最终以利润的方式回馈投资者。然而，创造社会价值并不一定能为创业型非营利组织带来类似的长期回报（迪斯等，2021）。对于创业型非营利组织的领导者而言，自我反馈是更为有效的回报机制，领导者通过评估社会价值的实现情况来衡量自身的价值。创业型非营利组织的领导者是否成功的最佳标准不是他们创造的利润，而是他们在多大程度上创造了社会价值。

创业型非营利组织的领导者可能已经通过创业深度参与非营利组织和社会慈善事业，然而其对此一无所知。一位参与哈佛商学院培训课程的企业家这样说道："课程结束时，教授宣称我就是一名社会企业家——这个词我以前闻所未闻。在获得这个称谓前，我一直以为自己做的就是为组织创造多元化的收入策略和项目策略，其中一些属于这种特殊企业的范畴。"（迪斯等，2021）许多企业家实际已经参与到非营利事业之中，其所在的组织在通过市场机制获取利润的同时，也为一大批贫困者提供了技能培训和就业保障。

总体来看，创业型非营利组织具有政治、行政、市场和公益四个层面的具体逻辑。政治逻辑阐释了创业型非营利组织在中国的合法性，创业型非营利组织依托党政资源，深度参与社会治理、脱贫攻坚等工作。行政逻辑阐释了创业型非营利组织作为治理工具的独特价值。创业型非营利组织作为政府执行公共政策的合作者，充分发挥其作为政策工具的培育与认证功能。市场逻辑将市场营销的商业技巧和满足人们需求的社会创新目标相结合，阐释了创业型非营利组织借鉴商业运作模式实现社会价值目标的整体过程。公益逻辑则回归了非营利组织的志愿性和公共性的本质，创业型非营利组织将成为社会创新这一领域新的增长点和突破口。

创业型非营利组织在中国仍然处于初步发展阶段，创业型非营利组织的蓬勃发展需要社会各界力量的支持。在社会经济发展情况悬殊的中国，源于西方的各类非营利组织治理、培训和管理方案，仍然被不少从业者奉为圭臬（Spires，2011）。中国创业型非营利组织的发展必须以中国的制度结构为基础、以社会发展需求为依据，实现创业型非营利组织的可持续发展。第一，积极培育社会资本。领导者重视"强关系－弱关系"在创业型非营利组织领域的应用，发挥非正式关系在联结非营利组织与政府、企业中的关键作用。第二，主动形成网络化治理结构。推动政府、市场与社会之间的协同与合作，超越不同主体之间的边界，形成更为高效的治理结构。第三，形成有利于创业型非营利组织发展的制度环境，提升政策规制的有效性，加强行业基础设施建设。第四，强化绩效评估。建立符合非营利组织发展实际的指标体系，合理衡量创业型非营利组织的价值和绩效,防止出现使命漂移、公益失灵等现象。

【参考文献】

J. 格雷戈里·迪斯、杰德·艾默生、彼得·伊卡诺米编,2021,《创业型非营利组织:社会企业家的战略工具》,李博、崔世存译,社会科学文献出版社。

苏芳、毛基业、谢卫红,2016,《资源贫乏企业应对环境剧变的拼凑过程研究》,《管理世界》第 8 期,第 137~149 页。

张乾友,2019,《寻找绩效管理的规范政治解释——兼论"从实践出发"与"理论指导实践"的统一》,《中国行政管理》第 9 期,第 82~88 页。

Austin, J., Stevenson, H., & Wei-Skillern, J. 2006. "Social and Commercial Entrepreneurship: Same, Different or Both?" *Entrepreneurship Theory and Practice* 47 (3): 370 – 384.

Saebi, T., Foss, J., & Linder, S. 2018. "Social Entrepreneurship Research: Past Achievements and Future Promises." *Journal of Management* 1: 70 – 95.

Spires, J. 2011. "Organizational Homophily in International Grantmaking: US-based Foundations and Their Grantees in China." *Journal of Civil Society* 7 (3): 3305 – 3331.

Zahra, A., Rawhouser, N., Bhawe, N., Neubaum, O., & Hayton, C. 2008. "Globalization of Social Entrepreneurship Opportunities." *Strategic Entrepreneurship Journal* 2: 117 – 131.

访谈录

慈善组织规范化建设之思

——访北京仁泽公益基金会理事长庞健

成丽姣

访谈时间：2021年10月17日 14：00~16：00
访谈地点：上海市徐汇区天平宾馆
被访者：庞健（北京仁泽公益基金会理事长）
访谈人：成丽姣（上海交通大学国际与公共事务学院博士研究生）

【北京仁泽公益基金会简介】

北京仁泽公益基金会（Beijing Renze Foundation）于2012年6月6日，是一家成立由北京市民政局审核批准并登记注册的非公募基金会。北京仁泽公益基金会自成立以来，以"提供民生服务，促进全民健康"为宗旨，以"给其健康，助其发展"为方法，以"对公众进行疾病教育和管理，降低公众各种健康风险；向特定的弱势人群免费提供适宜的医疗产品或者服务，提升其医疗支付能力；向基层医生传递疾病治疗和管理的知识，培养医疗技能，提升基层医疗的可及性"为使命，以医患教育，患者援助、患者关爱项目为支撑，希望通过高效创新的公益实践手段，成为社会信赖的公益合作伙伴。北京仁泽公益基金会借鉴企业管理逻辑，从规范的项目设计、可复制的项目运作模式、可评估的项目绩效以及独特的项目渠道，制定了企业式闭环管理系统，用数据库监控受助申请、审核及批准等全过程。北京仁泽公益基金会借助政府支持、依托组织平台，整合社会各项有利资源，结合互联网大数据时代，不断规划创新型公益平台及公益项目。

【人物简介】

庞健，男，北京仁泽公益基金会理事长；本科毕业于中国药科大学企业管理专业，在医疗健康领域有二十余年的医疗传播和组织管理经验；2017年进入基金会，主要负责项目创新和技术研发工作。

成丽姣： 庞理事长好，非常感谢您接受我的访谈。我希望在此次访谈中向您了解更多关于机构的故事，您能简要介绍下北京仁泽公益基金会近些年主要开展的工作吗？

庞　健： 我们基金会主要专注于医疗健康领域。结合我们基金会的自身优势以及医疗服务领域中待解决的重大问题，我们把基金会的工作聚焦在以下三个方面：第一，对公众进行疾病教育和管理，降低公众的健康风险。很多临床研究已经充分证明，患者对疾病知识的掌握程度对其是否能够痊愈发挥了决定性作用。患者对疾病知识的掌握程度越高，其对疾病管理和控制的能力可能就越强。第二，向特定的弱势人群免费提供适宜的医疗产品或者服务，提高患者的医疗支付能力。我们基金会的理念是对患者一视同仁，不因为患者经济水平的差异而出现治疗效果上的差异。从中国社会的现实情况来看，全国大约有一半家庭年收入在10万元以下。贫困群体和重大疾病患者是我们基金会的主要服务对象。第三，对公众进行疾病教育和管理，降低公众各种健康风险；向特定的弱势人群免费提供适宜的医疗产品或者服务，提升其医疗支付能力；向基层医生传递疾病治疗和管理的知识，培养医疗技能，提升基层医疗的可及性。从中美专业医疗队伍的对比来看，美国有3.6亿人口，共有77万名从业医生，且医生大多获得博士学位；中国有14亿人口，但仅有340万名医生。从人口平均数来看，中美医生的数量相当。但是中国医生中具有博士学历的占比不到10%，具有硕士学历的仅占14%，具有本科的学历占55%，具有大专以下学历的占25%。这些低学历的医生主要在基层工作，这就是中国目前面临的比较严峻的医疗现状，因此我们需要大力提高基层医生的诊疗水平。

成丽姣：请问北京仁泽公益基金会的理事会和监事会有几位成员？职业构成如何？

庞　健：仁泽的理事会是决策机构，而监事会则是重要的监督机构。理事会共有9位成员，主要是来自其他相关单位的从业者和财务管理、项目管理、组织运作等方面的专业人员，监事会则由3位教授担任监事。按照《基金会管理条例》的规定，理事会和监事会一年召开两次，在理事会下设立两个管理中心：一个是运维中心，它是保证基金会正常运作的部门，如人力、财务和行政、知识产权管理等方面的工作都交给运维中心，主要发挥类似于后勤保障的作用；另一个是项目管理中心，下面设有项目管理团队、项目审核团队和项目支持团队，主要开展项目管理工作。

成丽姣：北京仁泽公益基金会的志愿者队伍构成情况如何？

庞　健：我们机构没有专业的志愿者，所有志愿者都是按照项目需求临时召集。项目志愿者有很多种类型，提供活动类志愿服务的志愿者有四五百人，提供专业服务的志愿者人数更多，一般包括执行患者教育项目、开展患者援助项目的医生和药师等。医生和药师也是我们机构的志愿者，总人数在2万名左右。

成丽姣：北京仁泽公益基金会如何利用和链接医生资源？是否会和医院的现有资源产生冲突？

庞　健：我们目前没有遇到发生冲突的情况。首先，医生和药师都是通过公开招聘的方式选用的。其次，这些医生和药师参与公益项目与做好其本职工作并不矛盾，都是为了患者的健康而奉献，而且医生和药师参与志愿服务都是在其非工作时间进行的。一般来说，医院重视开展医疗服务，但并不擅长持续性、经常性的患者教育，同时医院在开展此类工作的时候也会遇到缺少人、财、物支持的情况，这个时候，我们基金会就可以发挥优势，和医院一起做好患者教育和健康管理工作。医院也建议部分医生来参加基金会的项目和活动，医院和基金会在志愿服务的目标上是一致的，医院和药店都非常支持医生和药师参加我们基金会的项目和活动。

成丽姣：您如何看待社会大众对医疗服务的满意度较低这一问题？

庞　健：现在中国的老百姓普遍对医疗服务不满意，"看病难，看病贵"似乎成为大家的共识。这个问题的根源在于我们国家的物质发展水平还不够高，长期的低医疗水平形成了全社会对医疗服务的刻板印象。同时，医疗信息不对称的问题可能会导致患者不了解如何科学规划就医过程，亦可能出现患者对医疗结果的过高预期等问题。信息不对称既造成了医患关系的紧张，又造成了患者有限的钱财浪费。现在国家大力倡导通过医疗改革降低老百姓的医疗成本，我们基金会下一步也会在解决医疗信息不对称方面开展一些工作。我相信，随着中国社会的不断发展和进步，全社会对医疗服务的满意度会逐渐提升。

成丽姣：医疗资源的匮乏背后是物质需求尚未被填补的问题，北京仁泽公益基金会在其中做了哪些工作？北京仁泽公益基金会作为一家非公募基金会，筹款情况如何？

庞　健：2020年我们基金会筹款总额约为8700万元，2021年筹款总额在1.2亿元左右。有大约40%的筹款是直接用于向患者提供药品、医疗救济金和医疗看护服务等医疗资源。在提供医疗资源的过程中，基金会严格遵守按照经济学水平区别化对待的原则，这和政府对不同收入水平的家庭提供公租房、廉租房、经济适用房的做法类似。举个例子，我们可以设定一个标准，面向某个经济水平之下的患者，我们可以向患者提供一部分药物，然后患者再自费购买一部分。这个做法和经济适用房政策有些类似，自己出一部分，国家补贴一部分，低保就全免。我们基金会认为，这样的做法能让有限的医疗资源发挥出最大的效用。

成丽姣：您认为北京慈善组织规范化建设的工作成效如何？

庞　健：基金会的规范化建设水平可以依据基金会中心网发布的中基透明指数 FTI，这是一个行业内比较认可的指标。中基透明指数 FTI 的满分是 100 分，北京的得分是 70 多分，这个分数在全国属于第一梯队。因此，我觉得从整体来看，北京的基金会在组织规范化建设方面做了大量的工作，取得了一定的成绩。北京仁泽公益基金会的中基透明指数 FTI 得分已经连续 5 年是 100 分，这是我们长期努力的结果。

成丽姣：北京仁泽公益基金会的 100 分相较于整个北京的 70 多分来说，在透明度和规范化建设上是比较前沿的，那组织在愿景、透明度建设上做了哪些努力？

庞　健：这涉及组织的管理理念，慈善组织具备良好的内部治理是一个基础要求还是一个特别高的要求？对于北京仁泽公益基金会而言，做好内部治理仅仅是达到了及格的标准。把慈善组织治理好就像把自己的住所收拾好一样，对我而言仅仅是及格线。内部治理和外部运作相关性不大，内部治理做得好和项目做得好是两回事，项目做得好的基金会在内部治理方面未必就能取得很好的结果。

成丽姣：发展初期内部治理和外部运作关系不大，但随着组织的日益发展和壮大，内部规范化建设不到位是否可能会制约组织的外部运作？

庞　健：第一，如果纳入没有民政监管这个要素，仅仅是看内部治理和业务发展二者间的关系，我认为在大部分情况下基金会的内部治理和业务发展没有必然关系，除非慈善组织负责人对组织做出很高的要求。只有民政部门的严格要求，才能实现基金会的内部治理有效性。如果一个地区民政部门的监督管理不严，那么这个地区基金会的中基透明指数 FTI 得分一般不会很高。北京的民政部门非常重视慈善组织管理，因此北京的基金会在中基透明指数 FTI 得分上具有优势，比其他地区的基金会得分更高。大部分地区基金会的内部治理情况和当地民政部门的监督管理情况是一种正相关关系，民政部门的高标准和严要求恰恰促进了整个行业规范化生态的生成和发展。此外，公共舆论也具有强大的监督功能。数据归档、发票开支等规范化建设的具体举措对于大多数慈善组织而言，是一种负担，因此很多慈善组织不愿意在这个方面耗费大量资源，从而阻碍了慈善组织的透明度建设。

成丽姣：从更微观的角度来说，您如何看待基金会的内部治理？

庞　健：我以前从事的是企业工作，企业的情况和基金会不太一样。企业的钱是组织自身获得的，只要是合法投资，即使投资失败也不会受到国家的过多监管和干涉。但是基金会是社会资产，社会组织的财务管理和企业的不一样。钱花在哪里这个问题需要民政部门对慈善组织开展监管。从内外部的监管强度来看，企业的内部监管很强，而基金会的外部监管比较强。

成丽姣：您在北京仁泽公益基金会担任理事长期间有没有把您在企业管理方面的思维运用在内部治理过程中？您具体采取了哪些措施？您是企业背景出身，但很多社会组织从业人员是政府背景和社工背景出身，对慈善组织的规范化建设并不熟悉。您认为自己在这方面有何优势？

庞　健：企业管理这一块没有任何秘密。你到书店或者通过参加各种培训，都可以获得如何进行组织的内部治理的相关知识。我觉得很多从业者不了解慈善组织规范化建设这一情况，可能是由于以下原因：第一，不了解内部治理做得好的基金会是如何开展工作的；第二，不认可优秀的组织管理对组织效率提升的价值，因此不愿意投入太多精力和资源用于组织管理；第三，理念层面存在短板，很多慈善组织的领导人更关注价值观和公益性，更专注做事而不是管理，往往采用一种"把事情做好即可"的思维方式。北京仁泽公益基金会设立了一套完整的内外部监督体系，包括法律监督、财务监督、合规监督和审计监督四个方面。北京仁泽公益基金会的信息公开渠道包括网站信息公开、微信公众号信息公开、捐赠方项目工作月报信息公开、公共邮箱信息公开四个部分。在组织内部管理方面，北京仁泽公益基金会的管理系统采用全数字化技术，即使是最复杂的资料，患者按照流程也可在5分钟内完成项目申请，并且不会有遗漏资料；患者的领药申请一般在15分钟内完成审批，发放流程在1分钟内完成，系统会自动统计整理药品发放和仓储数据，将相关信息上传至项目办公室。基于内部的监督体系，北京仁泽公益基金会完全接受公众对基金会信息的公开要求和对项目的监督。

成丽姣：您觉得如何从战略规划设计方面看待慈善组织规范化建设？比如在慈善组织内部管理制度完善、未来使命设定、未来项目额、增设新部门等方面，是否可以进一步予以优化？

庞　健：这个问题需要细分，A基金会和B基金会的差异远高于A公司和B公司的差异。北京仁泽公益基金会是一家由民间力量运营的基金会，我们没有收到政府部门的任何拨款，项目运作资金都是民间筹集。北京仁泽公益基金会的内部监督体系可以阐述为"1个核心机制，3个财务机制，2个保障机制"：1个核心机制是指基金会的决策机制，3个财务机制是指项目管理机制、财务管理机制和工作创新机制，2个保障机制涉及党建工作机制和人员成长机制。但是这些并不是所有基金会都需要的。每个基金会都需要结合自己的实际情况来制定自己的发展规划。

成丽姣：谢谢庞理事长的分享！和您交谈收获颇多，祝基金会发展越来越好！

根植社区，党建引领，探寻慈善组织发展之路

——访安徽省君善公益发展中心理事长梅绍辉

张煜婕　梅　俊

访谈时间：2021 年 10 月 10 日 16：00～18：00
访谈地点：上海市徐汇区天平宾馆
受访者：梅绍辉（安徽省君善公益发展中心理事长）
访谈人：张煜婕（上海交通大学国际与公共事务学院博士研究生）、梅俊（安徽外国语学院文学与艺术传媒学院讲师）

【安徽省君善公益发展中心】

安徽省君善公益发展中心（以下简称"君善公益"）于 2014 年 7 月注册成立，是中国社会组织评估为 5A 级的社会组织，同时是合肥市首家慈善组织以及中央财政支持社会组织示范项目单位。君善公益的活动领域主要包括公益慈善捐赠、政府服务购买、儿童教育及青少年专业服务、社会组织孵化、高校社会服务人才（见习）基地、精准扶贫、社会捐赠及公益活动承接。君善公益注重党建引领，其党支部成立于 2014 年 12 月，现有正式党员 10 名、入党积极分子 1 名。2016 年民政部出版的《全国公益性慈善领军人才》论文集刊收录了君善公益理事长梅绍辉撰写的《公益慈善类社会组织领军人物培养与加强公益组织党建工作机制的认识与

感悟》一文，该文受到民政部及业界好评。2016年，君善公益荣获"市级双比双争"先进社会组织党组织称号、合肥市社会组织党建示范基地。2018年，君善公益荣获第二批省级"双比双争"先进社会组织党组织称号。2019年，君善公益荣获"安徽省社会组织优秀党组织"称号。

【人物简介】

梅绍辉打过工、开过出租车、办过企业，但他始终不变的是那颗"永远跟党走、为善行天下"的大爱之心。2003年他荣获合肥市拾金不昧"党员示范车"和"百佳司机"称号，被省市媒体报道。2005年他荣获合肥市"优秀共产党员"和"对外宣传员"称号。2013年他当选为蜀山区"第五届道德模范"和"社区邻里之星"。2014年，在党和政府不断倡导公益事业和"万众创新、大众创业"的号角声中，梅绍辉创办了君善公益，全身心地投入社会公益事业，并率先成立了君善公益党支部，党支部荣获"合肥市优秀社会组织党代表"称号。2016年7月，梅绍辉荣获"全国性公益慈善类社会组织领军人才"称号。

张煜婕： 梅理事长好，非常荣幸能对您进行访谈。君善公益自成立以来就坚持扎根社区，通过党建引领促进机构发展，目前已经是5A级社会组织，您能介绍下君善公益的使命和发展目标的具体内容吗？

梅绍辉： 君善公益以"君子怀德，善行天下"的服务理念，积极倡导培养全社会的公益慈善意识，同时以社会需求为己任，以服务他人为根本宗旨，用传承美德、传递爱心的实际善举，彰显公益的力量。在发展目标方面，我们制定了"5-10-20"发展规划，即2014~2019年，用5年时间实现基础建设基本完善目标；2019~2029年，利用10年时间打造君善公益模式，引领创新公益慈善健康发展的标准之道，重在打造君善公益人才管理模式、项目标准化管理模式和党建管理模式；

2029～2049年，再用20年时间让君善公益模式服务于国家和人民，谱写新辉煌。通过科学系统的长远规划，君善公益的发展思路明确、运营状况良好，第一阶段的任务顺利完成，目前正在推进第二阶段的工作。

张煜婕：君善公益的使命和发展目标的设定与您的个人经历有关系吗？

梅绍辉：我出生于1976年，1998年我刚20岁出头，在父亲的熏陶和组织的培养下，我成为一名中共党员。在这一年，我国遭受了一次特大洪水灾害。我当时居住在寿县泄洪区，就跟随父亲和当地其他党员干部冲在抗洪抢险第一线，日夜轮班，一起守护县城的安全。在进入公益领域之前，我当过司机、创过业，2003年我荣获合肥市拾金不昧"党员示范车"和"百佳司机"称号，被省市媒体报道；2005年我又荣获合肥市"优秀共产党员"和"对外宣传员"称号。在进入公益领域之前，我就已经开始积极助人，与公益事业结下了不解之缘。

促使我投身公益事业的是2008年"5·12"汶川大地震。我带着志愿者按下"11枚红手印"，作为安徽省第一批援建队伍之一赶到都江堰，并第一个完成石羊镇皂角小学、安龙镇安龙小学、徐渡中学等校舍援建任务。在援建期间，我来回奔波于十几个工地之间进行统一协调。每日的艰苦劳作使腹泻、感冒、皮肤过敏脱皮、脸上浮肿等各种状况接踵而至，我还遭遇了两次危险，但我和队友们手上的工作并没有丝毫停滞。安龙小学竣工后，学校周边的村民和学生家长纷纷送来了锦旗，有不少村民还将自家的腊肉和凑钱买来的新鲜猪肉抬到工棚里，做成可口的饭菜送到工地，令我们非常感动。此后，我又多次为之前捐建的学校捐献物资。汶川地震开启了中国公益事业元年，也开启了我的终身公益事业。

援建工作结束后，我觉得国内的公益事业还处在初步发展阶段，于是在2012～2013年分别前往香港和美国学习考察国内外先进的公益组织运作思想和理念。学习考察回来后，我于2014年创办了君善公益，并从社区服务项目开始做起，走出了君善公益参与慈善事业的第一步。

我有一个口号，也是我用以自省的座右铭——用有限的生命投入无限的服务中去，再用无限的服务拓宽有限的生命。我想我和君善公益的最大价值就是用我们的实践行动传播公益慈善理念，带动身边人和组织积极参与公益慈善事业，努力让安徽的公益慈善事业跟上时代发展的步伐。君善公益的使命与发展目标也与我个人的公益之路有着密不可分的关系。

张煜婕：君善公益起步的时候，主要的资金来源有哪些渠道？与现在的资金来源构成有什么不同？

梅绍辉：机构起步时主要资金来源于机构发起人的个人出资，刚开始两年我几乎花完了打工和创业的所有积蓄。随着君善公益的发展，我们度过了最艰难的时期，现在的资金来源更加多元化，既有中央财政支持的社会组织示范项目，也有地方政府部门购买服务的资金，更主要的是社会各界爱心人士的捐赠。

张煜婕：机构起步时，主要的项目集中在哪些区域？后来如何向外扩展？

梅绍辉：机构起步时主要项目集中在合肥市的几个社区，随后扩展到街道、区政府、全市、全省范围，再逐步拓展到全国部分省市。在扩展过程中，君善公益注重借助政府力量为公益赋能，积极和安徽省民政厅、退役军人事务厅合作，打造了"社区老少活动家园""公益组织家园""爱心送进光荣门"等公益慈善项目。政府部门的支持，大大提升了君善公益的公信力和号召力。

张煜婕：目前您的主要合作伙伴有哪些组织或个人？在选择合作伙伴时主要遵从什么标准？

梅绍辉：目前君善公益的主要合作伙伴有长三角社会组织、基金会、高校、媒体，以及党委组织部、省区市文明办、民政部门、政府机关、部队、退役军人事务厅等。选择合作伙伴时我主要遵从对君善公益理念的认可，秉承"君子怀德，善行天下"的服务宗旨与志愿服务的奉献精神相结合。

张煜婕： 君善公益经过多年发展，积累的机构知名度和声誉是否对君善公益开展业务带来了一些优势？

梅绍辉： 声誉是公益慈善组织的生命。我于2016年被评为"全国最美志愿者"，荣获"合肥市优秀共产党员"称号，被选为"蜀山区第四届党代表"。2017年荣获"安徽省社会组织优秀党组织书记"称号，团队成员多次获得"合肥市志愿服务工作优秀个人""合肥好人"等荣誉称号。这些荣誉既是党和人民对我们工作成绩的认可，也是我们开展业务的最大便利。近年来，我们先后承担了国家级项目3项、省级项目7项、市级项目17项、区级项目26项，在安徽省都是名列前茅的。

张煜婕： 您觉得在业务方面目前遇到的最大挑战是什么？

梅绍辉： 人才队伍的可持续建设可以算是目前遇到的最大挑战。国家发展靠人才，民族振兴靠人才，公益慈善事业的发展同样离不开人才。随着"十四五"规划将慈善事业纳入第三次分配，公益慈善事业在国家发展中的地位和作用越来越重要，人才队伍建设必须要跟上。

从目前来看，社会对公益慈善事业认识不足，加上公益行业人才的薪酬待遇不高、晋升空间不明确，导致很多相关专业的年轻人在择业时并没有把公益慈善组织作为第一选择。很多人即使进入公益行业，也缺少将公益慈善事业作为终身志业的想法，导致本行业的人员流动性较大。可以说，公益行业目前还不属于优秀人才的求职范围。

为了改变这个现状，我也做过很多努力，如在现有法律法规的要求下为从业人员提供尽可能高的薪酬待遇。在人才的成长发展方面，我为君善公益的工作人员提供更好的成长空间和未来预期。不过，要真正实现公益慈善人才队伍的专业化和高素质化，还需要政府、高校、社会组织各方面的共同努力，在薪酬待遇、资格认证、保障制度、培养提升等方面提供更加完善的制度体系保障。

张煜婕： 对于君善公益来说，我们在参与长三角一体化方面具体做了哪些探索？

梅绍辉： 君善公益作为上海长三角社会组织发展中心的理事单位，

一直是长三角一体化的积极倡导者、参与者和推动者。

一是学习先进，融入前沿。作为君善公益的理事长，我积极参加各类学习交流活动，提升领导管理公益慈善组织的能力。我先后参加了上海交通大学中国公益发展研究院举办的"慈善法学习与社会组织能力建设"研讨班、"长三角一体化与社会组织创新发展"研讨会。通过学习交流，我了解了以上海为代表的先进地区的公益慈善实践经验。

二是加强社会组织之间的联动协作。君善公益注重加强与长三角地区社会组织的沟通，多次参加爱德社会组织培育中心成立十周年活动、复星基金会举办的"上善论坛"等社会组织的相关交流活动。不久前君善公益在合肥承办召开了上海长三角社会组织发展中心"第三次分配与长三角公益发展论坛"，通过密切沟通交流，探讨了下一步区域合作的方向。

张煜婕：根据我们现有的探索经验，您觉得社会组织参与长三角一体化的前景如何？

梅绍辉：可以用八个字概括——前景广阔、大有可为。长三角既是中国经济最发达、最活跃的区域之一，也是公益慈善事业发展最快最好的区域之一。长三角一体化不仅是经济发展的一体化，也是包括公益慈善事业在内的社会发展一体化。随着长三角一体化发展成为重要国家战略，长三角慈善一体化发展也已经进入提速换挡状态，社会组织能够拥有的发展空间更为广阔。

张煜婕：您觉得社会组织更好地参与长三角一体化还需要哪些方面的支持？

梅绍辉：如何发挥好公益慈善事业对长三角社会建设的促进作用，让社会组织成为推动社会发展一体化的中坚力量，需要政策导向、制度保障和实践引导。最关键的是加强顶层设计，这需要长三角地区政府部门密切沟通合作，加强政策层面的协调，可以尝试建立联席工作机制，在公益慈善事业制度标准制定、评价考核、信息沟通、人才流动等方面探索一体化路子，改变社会组织自发联系合作的低层次局面，让社会组织跨区域沟通行动更加便捷。

张煜婕：第三次分配背景下社会组织如何在促进区域共同富裕中开展有效工作？

梅绍辉：在第三次分配背景下，社会组织要在促进区域共同富裕中发挥好自己的独特优势，我认为有三个可以加强的方面。一是加强宣传倡导，打造慈善文化品牌，为搞好第三次分配营造良好的社会环境。以个人自愿为主导、强调道德机制的第三次分配，体现社会成员的更高精神追求，需要在全社会形成慈善共识。二是运用网络资源，推动技术创新，为搞好第三次分配探索新的方法。在互联网数字化时代，慈善组织要善于用数字化工具和大数据分析，通过互联网将捐赠意愿、受助需求、慈善组织三方资源链接，优化慈善资源配置，使第三次分配更加专业、高效。三是打破协作壁垒，畅通渠道机制，为搞好第三次分配搭建协作平台。加强长三角地区社会组织的联合整合、协作协同和互促互动，推动建立以线下论坛、线上信息网站、新媒体平台为枢纽，信息沟通渠道顺畅、项目协作高效、资源配置优化的长三角慈善一体化活动平台。在政府部门的指导下，形成社会组织沟通协作、决策议事的实际决策机制，把理论化的研讨落地为实践化的项目与行动。

梅　俊：君善公益在党建引领和扎根社区方面做得非常好，您能介绍一下君善公益在这方面的经验吗？

梅绍辉：君善公益的一个底线就是不违背"5-10-20"规划，也不脱离君善公益"君子怀德，善行天下"的理念。所以我们的业务开展都是采用稳步推进、落地生根的做法。例如，君善公益的每个项目都是从社区开始的，不会一开始就去开展省级、国家级项目。

君善公益最早在安徽省的一个社区开展活动，再扩大到在五个社区开展活动，我把这个做法称为"五行社区"战略。君善公益的活动范围从安徽的社区层面扩展到区级层面，再扩展到市级、省级层面。这与君善公益的党建引领、智库建设、人才培养和品牌化运作都有关系。我觉得我们的发展离不开社区，一直到今天，我们的发展也不能离开这个基础，走得再远也不能忘记来时的路。

我把社区定位为幸福港湾，君善公益的使命就是让每个群众回归社区的港湾。围绕社区一公里，我们积极参与社区治理、提供社区服务，我认为人民群众的事情是社会组织要做的事情，只有在社区做好了公共服务，才有能力在区级、省级、全国层面提供公共产品与服务。

梅　俊：您提到智库建设与人才培养，能具体谈谈君善公益如何进行智库建设与人才培养吗？

梅绍辉：我于2019年受聘为安徽省社会组织评估专家，作为专家组成员连续两年对安徽省相关社会组织开展了评估工作。在组织评估过程中我发现，安徽社会组织的发展距离全国的先进水平还有不小的差距，我也充分利用自己评估专家的身份，积极宣传介绍我学到的、根据自身实践得出的先进理论和经验成果。

君善公益建立了全国首家民间社会组织的研究机构——君善公益高级研究院，并邀请了上海交通大学中国公益发展研究院徐家良教授担任院长。在做好目前社区服务项目的基础上，君善公益高级研究院致力于公益慈善标准化建设。下一步，我希望依托君善公益高级研究院的人才力量，在公益慈善标准化建设方面做一些工作，能够让中国的公益慈善事业在更加规范的轨道上蓬勃发展。

智库建设还涉及人才的培养和选拔，我们选拔人才一直坚持党员优先和退役军人优先的原则，君善公益很看重人才有没有爱心、孝道和博爱精神。此外，君善公益还非常看重专业技术人才，我们也采用了人才建设的"五行"战略，即招募专业社工、法律人才、导师教授、心理师、营养师，构建我们的人才梯队。在将智库建设与人才培养相结合方面，我们输出了很多研究成果。比如，我们已经递交了三个国家标准，即公益慈善流程标准、志愿服务标准和项目服务标准，通过实践经验，帮助公益慈善走上标准化建设的规范发展道路。

梅　俊：君善公益如今不仅在安徽省建立了品牌知名度，而且在长三角乃至全国都形成了一定的品牌知名度，请问君善公益如何在全国建立起自己的品牌？

梅绍辉： 我们还是依靠君善公益的文化保证君善公益品牌的一致性，我们称呼自己的员工为君善家人，君善家人意味着大家要在理念、文化、追求的准则上保持一致。通过这样的方式，大家可以明白什么能做、什么不能做，我们的定位是，社会服务在每个地区都要落地生根、扎根社区。

我认为做慈善事业，要爱这个行业，这个很重要，这样的话再累你也感觉不到累。我希望君善公益可以传承，未来能够以星星之火将公益慈善传承到全天下。

张煜婕： 谢谢梅理事长！君善公益以实际行动证明了慈善组织可以通过党建引领扎根社区，实现自身的发展，促进社会的进步，传播公益慈善的理念。非常感谢您接受我们的访谈。

域外见闻

增进民间社会组织参与发展合作

——经合组织发展援助委员会的角色与实践*

吴维旭　张友谊**

摘　要：经合组织发展援助委员会（OECD-DAC）的大量发展援助项目通过民间社会组织（CSOs）执行运作。以发达国家为主体的发展援助委员会成员国在与各领域民间社会组织的长期互动过程中，形成了与民间社会组织开展广泛对话的基本原则与互动机制。相关调查研究显示，发展援助委员会成员国普遍认为与本国民间社会组织、国际社会组织（IC-SOs）的合作获益更多，并且在资助比例上明显倾向于本国民间社会组织、国际社会组织；发展援助委员会成员国倾向于通过民间社会组织来向发展中国家提供官方援助；发展援助委员会经由民间社会组织提供的援助多集中在社会基础设施与

---

* 基金项目：国家社会科学基金青年项目"地方政府培育社会组织的运作机制及改进策略研究"（项目编号：17CZZ029）、清华大学文科自主科研人才支持专项（项目编号：2019THZWLJ06）。

** 吴维旭，清华大学公共管理学院政府管理与创新研究所助理教授，上海交通大学管理学博士，主要从事区域发展与政策、转型国家与地区等方面的研究，E-mail：wuweixu1221@mail.tsinghua.edu.cn；张友谊（通讯作者），国务院发展研究中心国际发展知识中心副研究员，康奈尔大学国际政治经济学博士，主要从事国际发展合作、共建"一带一路"等方面的研究，E-mail：zhangyouyi12345@yahoo.com。

服务、人道主义援助领域。发展援助委员会长期将民间社会组织作为对外发展援助的重要合作者，其经验值得我国民间社会组织在推进国际援助合作方面借鉴。

关键词：发展援助委员会；民间社会组织；国际发展与合作

一 引言

2021年8月，国家国际发展合作署、外交部、商务部审议通过了《对外援助管理办法》，并于10月1日正式施行。根据《对外援助管理办法》有关条款（如第19条、20条）[①]，我国对外援助体系鼓励并支持国内外社会组织参与其中，民间社会组织（civil society organizations，CSOs）首次具有了参与我国对外援助体系的正式制度空间。由于民间社会组织普遍具有非营利属性，如何获得稳定持续的资助是各类民间社会组织开展项目活动必须考虑的内容。在全球对外援助领域，经济合作与发展组织（Organization for Economic Co-operation and Development，OECD）下属的发展援助委员会（Development Assistance Committee，DAC）是规模最为庞大的通过民间社会组织来实施全球性援助的专门机构。经合组织统计数据显示，2018年发展援助委员会成员向全球各类社会组织的官方拨款资助将近210亿美元，占经合组织双边官方发展援助总额的15%。此外，发展援助委员会成员国自身的民间社会组织也带来大约420亿美元的私营部门捐款（OECD，2020a）。

随着我国民间社会组织参与国家对外援助的制度空间得到进一步释放，借鉴经合组织发展援助委员会与各类民间社会组织合作的运作

---

① 《对外援助管理办法》第19条说明了对外援助项目类型，其中第8项"南南合作援助基金项目"为"使用南南合作援助基金，支持国际组织、社会组织、智库等实施的项目"；第20条说明了对外援助项目的实施方式，如"中方也可以同其他国家、国际组织、非政府组织等合作实施"等。

经验，将有助于我国民间社会组织在官方对外援助领域实现"行稳致远"发展。本文通过整理经合组织发展援助委员会新近发布的系列调查报告，分析经合组织对外援助数据库中的相关数据，以及结合笔者对经合组织资助发展中国家民间社会组织的部分项目观察，概括性地展示近十年发展援助委员会及其成员国在增进社会组织参与全球发展进程中所扮演的重要角色与发挥的重要作用。

二 发展援助委员会与民间社会组织对话的主要目标、基本原则和主要机制

经合组织成立于1961年，是总部设在巴黎的政府间大型国际经济组织，其成员国囊括了目前世界上的主要发达国家。经合组织成员国及其内设机构长期重视在各项政策领域发挥民间社会组织不可替代的作用，经合组织各委员会对其成员国的政策评估与监督工作也多有民间社会组织参与其中。发展援助委员会是经合组织下属的专业委员会。[①] 该委员会有30个成员单位（29国+欧盟），是目前国际社会对发展中国家进行援助的核心协调机构，另外世界银行、国际货币基金组织、联合国开发计划署等6个机构作为常驻观察员。发展援助委员会对外提供援助的目标包括落实联合国"2030年可持续发展议程"，联合国议程也鼓励各国动员民间社会组织参与并实施可持续发展目标（Sustainable Development Goals，SDGs）。各国民间社会组织接收和输送大量发展援助委员会的官方发展援助，是经合组织发展援助委员会开展全球发展合作与信息交流的关键利益攸关方，也是发展援助委员会成员达成可持续发展目标的重要执行伙伴。

发展援助委员会是经合组织中负责全球发展合作事务的重要决策

---

① 经合组织发展援助委员会的前身是创建于1960年7月的发展援助小组，现任主席是Sussanna Moorehead博士（2019年起任）。

与参与机构，也是目前全球最大官方发展援助提供者的代表机构，因此必须要与民间社会组织就各类全球发展与援助项目达成对话的基本共识。发展援助委员会与民间社会组织对话的基本准则比较契合发达国家对民间社会组织的角色定位，即根据发展援助委员会所做出的发展全球伙伴关系的相关承诺（GPEDC，2016），发展援助委员会成员尊重民间社会组织的独立性，并支持民间社会组织的自我协调与自律。

（一）发展援助委员会与民间社会组织对话的主要目标

发展援助委员会与民间社会组织对话，首先是要为后者提供一个参与并影响前者决策与工作的空间。如此，发展援助委员会就可以有效利用民间社会组织在消除贫困、促进性别平等等领域的专业知识与能力。具体而言，两者的对话旨在实现以下目标：第一，促进发展援助委员会与民间社会组织共同发挥在"发展行动者"角色上的互动作用；第二，促进关于发展援助委员会改革、相关政策等的辩论、协商；第三，建立两者的相互信任，分享在共同关心的发展类问题上的经验交流（OECD-DAC，2019）。

多数发展援助委员会成员与本国民间社会组织一般会进行广泛的政策对话协商，而欧盟委员会（EC）、西班牙国际发展合作署（AECID）、美国国际开发署（USAID）等少数发展援助委员会成员的官方机构也明确表示会与受援国[①]的民间社会组织进行相关领域的政策磋商。发展援助委员会的调查研究（OECD，2020a）显示，多数成员国表示会在本国较高的政治层面与本国民间社会组织举行定期制度性协商，欧盟发展政策论坛（EU Policy Forum for Development，PFD）就是民间社会组织与欧盟各国政府广泛协商后于2013年成立的。该论坛支持民间社会组织与各国政府就跨领域的发展类问题进行政策辩论、信息与经验的交流。比如，

---

① 经合组织的官方文件多将"受援国"（recipient country）用"伙伴国"（partner country）来表述。

法国国家发展与国际团结委员会（CNDSI）也是民间社会组织与法国政府、议会、企业等部门组织进行高级别、制度化磋商的对话平台。

（二）发展援助委员会与民间社会组织对话的基本原则和主要机制

发展援助委员会与民间社会组织进行了大规模的密切合作，目前双方已经形成一整套对话的基本原则和主要机制（见表1），这对发展援助委员会成员与各类民间社会组织（尤其是本国民间社会组织、国际社会组织）的良性互动具有比较明显的规范作用。

表1 发展援助委员会与民间社会组织对话的基本原则和主要机制

	基本原则
1	（1）发展援助委员会和民间社会组织间的对话是双方共同责任，双方均可组织并主导对话； （2）发展援助委员会和民间社会组织间的对话应具有战略性和前瞻性
2	（1）发展援助委员会在做出关键决定前应提供与民间社会组织磋商的空间； （2）发展援助委员会应定期、及时地向民间社会组织共享相关信息（但要遵守经合组织的保密要求）； （3）发展援助委员会应及时、透明地对民间社会组织的贡献提供反馈
3	（1）民间社会组织通过发展援助委员会的小组（CSOs Reference Group）来增进、协调两者的接触； （2）民间社会组织尽可能与发展援助委员会分享知识、经验与观点，将重要的发展援助和合作问题提交发展援助委员会，并与社会组织就相关观点与优先事项展开交流； （3）民间社会组织在地方、国家、区域和全球各个层级开展外联活动，互相联系的民间社会组织应增加其成员的多样性； （4）民间社会组织鼓励在发展援助委员会业务所涉领域与问题方面，分享其知识并提高相关认识； （5）双方共同加强发展中国家的民间社会组织对发展援助委员会相关事务的参与
	主要机制
1	（1）民间社会组织代表受邀参加发展援助委员会的部分高级别会议，受邀发言并被赋予观察员地位； （2）两者均可提议民间社会组织针对部分关键问题的实质性对话会议（至少每年一次）； （3）鼓励发展援助委员会或经合组织代表在民间社会组织所在地举行会议，并考虑发展援助委员会与民间社会组织进行联合的实地访问； （4）其他对话机制，包括专题网络研讨会、实时通讯和其他在线渠道
2	每年发展援助委员会会在内部评估两者的对话架构，并由外部第三方每四年进行一次评估，发展援助委员会根据评估结构修订双方的对话框架

资料来源：OECD-DCD/DAC，2018。

三 发展援助委员会与民间社会组织合作：
相关调查所展示的信息

经合组织一直建议其成员制定关于民间社会组织的政策与战略，并积极为其成员国政府与民间社会的合作提供透明和基于论证的总体框架（OECD，2012）。为进一步整体评析发展援助委员会成员与民间社会组织的合作方式，经合组织在2018年11月至2019年3月间开展了针对发展援助委员会和民间社会组织合作的大规模调查，最新公开的调查报告（OECD，2020a）[①]重点评估了发展援助委员会成员关于民间社会组织的诸多政策文件，以及成员国相关政府机构与民间社会组织进行线下、线上互动磋商的反馈情况，由此可见发展援助委员会与民间社会组织合作的基本概况以及所存在的部分问题。

该调查显示，发展援助委员会成员对民间社会组织的定义有强大的共识，发展援助委员会成员国与民间社会组织合作类型涵盖立法、政策、战略、指导方针、原则和行动计划等多种方式。其中，多数成员国（22/29[②]）出台了有关民间社会组织的系列政策，并允许民间社会组织参与政府的相关政策制定与监督。

（一）发展援助委员会与民间社会组织合作的目标选择

在与民间社会组织合作的目标诉求方面，发展援助委员会成员对不同目标的选择有所差异（见图1）。发展援助委员会在援助服务领域（包

---

① 本次调查由发展援助委员会成员国、民间社会组织和学者共同组成调查小组。该调查与发展援助委员会成员之间的协商包括2018年的发展援助委员会成员专家小组、民间社会国际捐助小组会议，以及2019年的发展援助委员会民间社会实践社区研讨会。Jacqueline Wood 是该调查研究团队的负责人，Karin Fällman 负责调查的指导与监督。
② 正式回复此调查的发展援助委员会成员有29个国家，"22/29"表示发展援助委员会成员选择（该选项）数量与参与该调查发展援助委员会成员数（29个国家）的比值，下文标注方式含义相同。

括各种形式的人道主义援助）为民间社会组织提供了大量资金，其中的大部分资金（约83%）用于应急、卫生、教育和农业等部门。涉及发展类的服务项目供给也是发展援助委员会与民间社会组织的主要合作方向。

在"增强受援国的民间社会力量"方面，发展援助委员会成员的常见做法包括：（1）为发展援助委员会成员本国的民间社会组织创造有利的社会环境（20/29），并通过本国民间社会组织为能力不足、发展环境不佳的受援国民间社会组织提供资金支持；（2）发展援助委员会的半数成员（15/29）表示它们会与国际社会组织（ICSOs）合作，直接针对受援国民间社会组织的具体需求和优先事项提供资金支持。本次调查也显示，发展援助委员会成员本国的民间社会组织与国际社会组织在支持受援国民间社会组织方面的实践结果好坏参半，因为受援国民间社会组织的能力建设更多侧重于进行有效的项目实施，而不是组织能力建设。而发展援助委员会成员本国在加强民间社会组织组织能力建设方面的实践更为多样，包括人力资源和制度发展、增强其技术和业务能力、提高绩效和项目有效性等。

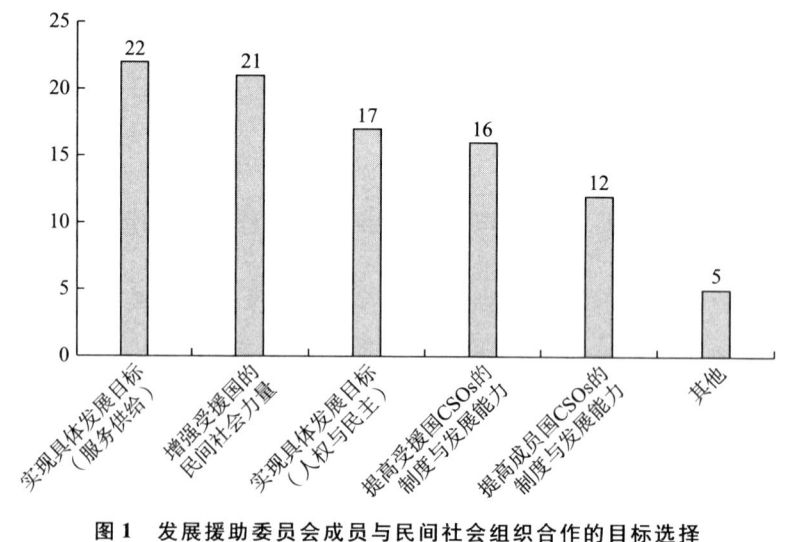

图1　发展援助委员会成员与民间社会组织合作的目标选择

注：发展援助委员会中有29个成员做出回应选择，选项可复选。
资料来源：OECD，2020b。

(二) 发展援助委员会与民间社会组织合作的利弊认知

相关调查显示，发展援助委员会成员普遍认识到与民间社会组织的合作获益更多，并且与成员国（含本国）民间社会组织、国际民间社会组织的合作程度要高于与受援国民间社会组织的合作程度。因为发展援助委员会成员普遍具有较好的内部问责制以及民主赋权的能力，其对本国民间社会组织、国际民间社会组织的服务意识以及资源的供给能力较强，但发展援助委员会成员的官方机构明显在接近受援国弱势群体方面存在能力上的不足。既有调查显示，发展援助委员会与成员国（含本国）民间社会组织、国际民间社会组织合作在"在成员国提升公共意识/公民参与能力""接触/支持弱势或受歧视/边缘化高风险人群的能力"等方面有一定的比较优势（见图2）。

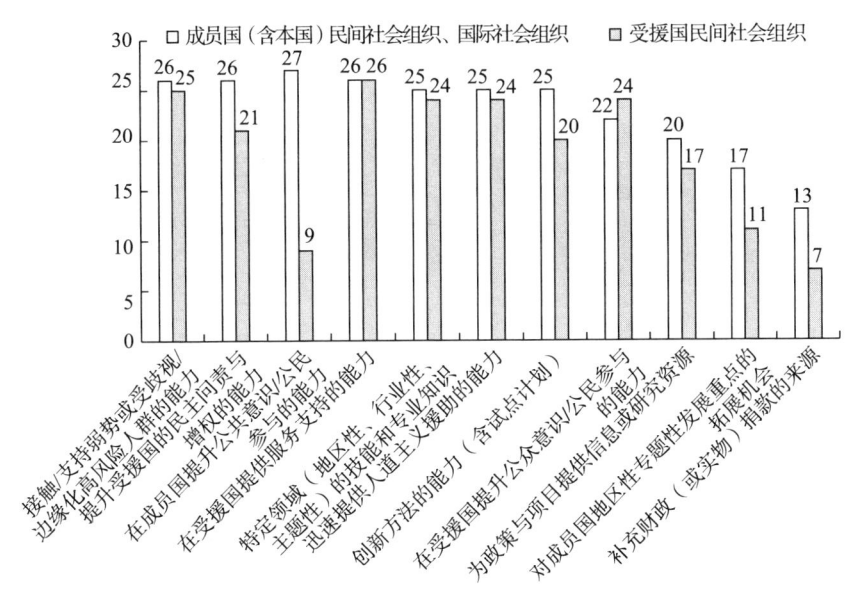

图2 发展援助委员会成员国（含本国）的民间社会组织、国际社会组织以及受援国民间社会组织合作的优点考量

资料来源：OECD，2020b。

发展援助委员会成员国表示在与本国或其他成员国的民间社会组织、国际社会组织合作时最常见的问题是民间社会组织之间的工作重复与缺乏协调，而发展援助委员会成员国（含本国）与受援国的民间社会组织合作常受制于后者能力有限（专业知识缺乏、人员更替等），且受援国民间社会组织相对而言缺乏问责与透明度（管理不善或腐败），许多发展援助委员会成员国表示要对受援国民间社会组织的资金支持进行必要的法律监督（见图3）。

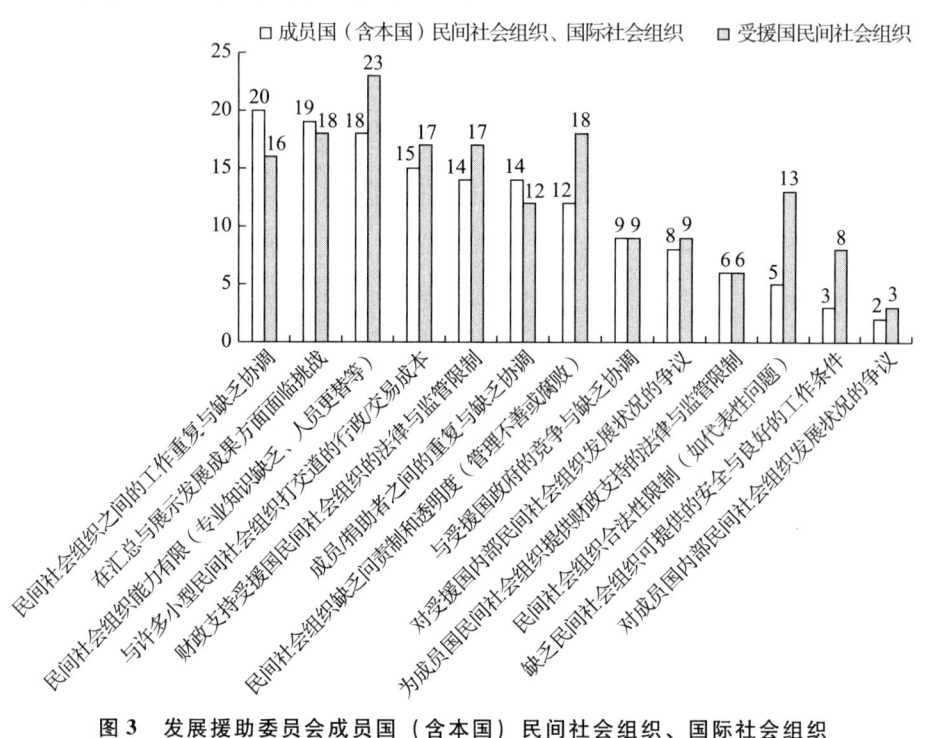

图3 发展援助委员会成员国（含本国）民间社会组织、国际社会组织以及受援国民间社会组织合作的缺点考量

资料来源：OECD，2020b。

四 发展援助委员会与民间社会组织合作：资助领域与资助组织

发展援助委员会于2010～2019年对民间社会组织的累计援助统计数据显示，美国对各类民间社会组织的援助占比最高（37.7%），达到715.6亿美元，英国、欧盟、德国、荷兰处于100亿～200亿美元的援助区间，瑞典、挪威、加拿大、瑞士处于50亿～100亿美元的援助区间，西班牙、丹麦、日本、法国、爱尔兰、意大利、芬兰处于10亿~50亿美元的援助区间，卢森堡、新西兰处于5亿~10亿美元的援助区间。

（一）发展援助委员会对民间社会组织的资助领域分布

发展援助委员会对民间社会组织资助领域的范围广泛，涵盖社会基础设施与服务（包括教育、健康、人口与生育、供水与卫生、支持妇女平等组织、政府与民间社会等）、人道主义援助（包括应急救援、重建救济、防灾与备灾）、经济基础设施与服务（包括运输及储存、通信技术、能源、银行与金融服务）、生产（包括农林渔业、工矿与建筑、贸易与旅游等）、环境保护、粮食援助、难民捐助等诸多领域，其中社会基础设施与服务、人道主义援助占据较大份额。在具体项目内容上，2012年后的"难民事务"类支出大幅提升，2019年此类支出提升至55.68亿美元，占总援助金额的31.4%；"政府与民间组织"类援助位居第二，2019年此类支出共计36.42亿美元（见图4）。

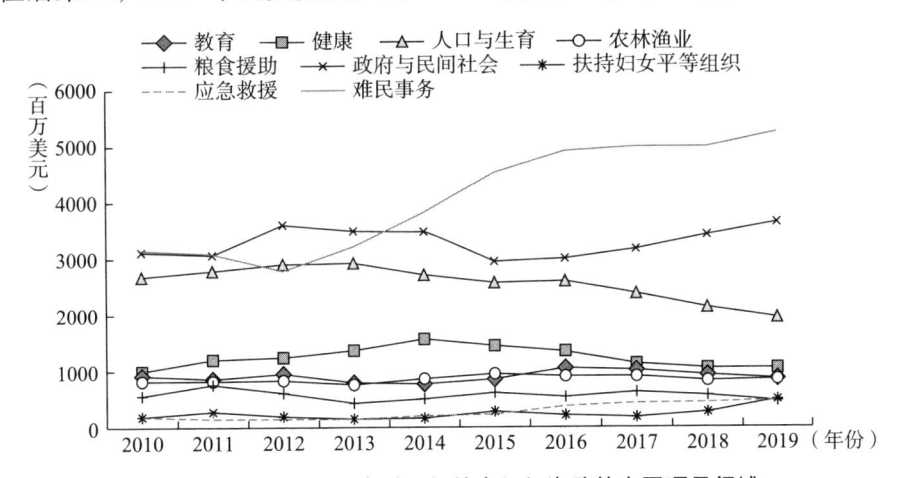

图4 发展援助委员会对民间社会组织资助的主要项目领域

注：此图选取项目为2019年度援助额度在4亿美元以上的项目。
资料来源：OECD-DAC Creditor Reporting System。

（二）发展援助委员会对民间社会组织资助的组织类型

发展援助委员会向民间社会组织提供财政资助的最常见机制是对

项目方案的支持。其中，因资助流动路径的不同可区分为两类：一类是通过民间社会组织（aid through CSOs）提供官方援助，另一类是直接对民间社会组织（aid to CSOs）提供资金援助①。多数发展援助委员会成员侧重于通过民间社会组织提供官方援助，比如美国（99.93%）、欧盟（99.60%）、西班牙（98.59%）、法国（96.06%）、加拿大（94.63%）、荷兰（91.85%）、芬兰（87.21%）、卢森堡（78.85%）、英国（75.37%）、瑞典（72.39%）、新西兰（71.43%）等均为占比超过七成的成员（见表2）。② 在援助总量上，通过民间社会组织提供官方援助占总资助额的85%，此类统计数据印证了发展援助委员会成员的民间社会组织获得多数官方援助，这些民间社会组织再将所获援助重新分配给发展中国家的民间社会组织。

表2 发展援助委员会与民间社会组织之间的两类援助额度与比例（2010~2019年）

总额单位：百万美元，%

	援助民间社会组织总额	直接对民间社会组织援助总额	直接对民间社会组织援助的比例	通过民间社会组织援助的总额	通过民间社会组织援助的比例
美国	71561	49	0.07	71512	99.93
英国	19805	4875	24.61	14928	75.37
欧盟	19565	82	0.42	19486	99.60
德国	12558	4176	33.25	8384	66.76
荷兰	11506	936	8.13	10568	91.85
瑞典	9880	2728	27.61	7152	72.39
挪威	8320	2537	30.49	5783	69.51
加拿大	7735	413	5.34	7320	94.63
瑞士	7219	2263	31.35	4955	68.64

① 对非政府组织（NGO/CSOs）的援助（aid to）是指对非政府组织自己制定并根据自己的权力和责任执行的方案和活动的正式捐助。通过非政府组织提供的援助（aid through）是指由官方部门支付非政府组织执行由官方部门制定并最终负责的项目和方案的费用。后者包括"联合筹资"计划，由政府机构和非政府组织就活动进行协商、共同核准和分享资金。
② 各国所占百分比系笔者根据经合组织的 Aid for Civil Society Organizations 研究报告数据计算所得，计算方式为：通过民间社会组织提供官方援助的资助额/发展援助委员会成员对民间社会组织提供的资助额。

续表

	援助民间社会组织总额	直接对民间社会组织援助总额	直接对民间社会组织援助的比例	通过民间社会组织援助的总额	通过民间社会组织援助的比例
西班牙	4838	70	1.45	4770	98.59
丹麦	4558	1643	36.05	2915	63.95
日本	2889	1849	64.00	1040	36.00
法国	2308	91	3.94	2217	96.06
爱尔兰	2106	1272	60.40	834	39.60
意大利	1761	948	53.83	813	46.17
芬兰	1634	209	12.79	1425	87.21
卢森堡	884	187	21.15	697	78.85
新西兰	525	150	28.57	375	71.43

注：此表选取2010~2019年对民间社会组织援助总额超过5亿美元的国家（含欧盟）。
资料来源：OECD-DAC Creditor Reporting System。

多数发展援助委员会成员高比例地资助本国民间社会组织，目前大致有三种解释。第一，由于成员国的法律、监管等行政要求，部分发展援助委员会成员国（如比利时、捷克、德国、葡萄牙、西班牙）的国内发展合作法律框架明确限制了可直接支持的民间社会组织类型，本国或其他发展援助委员会成员国的民间社会组织、国际社会组织可以较好地满足财务、行政监管的风险管理需求。第二，在政府的大量财政支持下，发展援助委员会成员本国的民间社会组织已具备专业、技能与经验，并与本国其他机构组织、国际社会组织建立了长期信任关系。第三，发展援助委员会成员本国的民间社会组织在增强本国公共意识和公民参与方面扮演着重要角色。对于这些国家而言，支持本国民间社会组织是提高公众认识并参与全球发展合作问题的重要手段，而这些民间社会组织也更容易因其在本国社会中的良好表现而获得民众的信任与政治支持。上述解释对多数发源于发展援助委员会成员的国际社会组织也基本适用，但对于受援国的民间社会组织而言，它们在上述三个方面均存在明显的劣势。

五　结语

随着全球化在过去数十年的快速推进，民间社会组织逐渐成为发达国家实施全球性官方援助以及参与全球发展治理的重要行动者。以发达国家为主体的经合组织发展援助委员会对民间社会组织在全球可持续发展中的关系定位、资助力度直接影响着这些组织在世界范围内的运作与活动范围。

发展援助委员会成员与本国民间社会组织、国际社会组织以及其他发展中国家的民间社会组织的合作领域广泛，互动形式多样，故本文通过总结近期发展援助委员会对民间社会组织的官方支持文件与调查报告，分析了发展援助委员会在2010~2019年通过民间社会组织实施全球性援助的主要领域，展示了发达国家与民间社会组织互动的多个面向，这有助于我们更好地理解当前发展援助委员会与民间社会组织合作的发展趋势。

我们应该看到，西方发达国家普遍通过持续性地支持民间社会组织来实现其全球发展战略，虽然目前这些发达国家与民间社会组织还存在资助分配不平衡、短期过度指导等问题，但发展援助委员会与民间社会组织基本形成了比较稳定的合作支持架构。随着中国综合国力的稳步提升，民间社会组织在我国社会主义现代化强国建设中的主体性日渐突出（徐家良，2017）。中国在全球发展治理领域的作为与影响力与日俱增，"一带一路"倡议的推进将越发需要中国民间社会组织"走出去"（邓国胜、王杨，2015）。中国民间社会组织如何更好地参与国家对外官方援助，并在其中发挥积极作用，已经成为具有现实意义的重要课题。吸收、借鉴发达国家与民间社会组织合作的相关经验与教训，将有助于中国在对外援助、全球治理等领域的发展。

【参考文献】

邓国胜、王杨，2015，《中国社会组织"走出去"的必要性与政策建议》，《教学与研究》第 9 期，第 28 – 34 页。

徐家良，2017，《社会组织在现代化强国建设中的主体性日渐突出》，《中国社会组织》第 20 期，第 21 页。

GPEDC. 2016. Nairobi outcome document, from https://www.effectivecooperation.org/content/nairobi-outcome-document.

OECD. 2011. How DAC Members Work with Civil Society Organisations: An Overview, OECD Publishing, Paris, from https://doi.org/10.1787/43267654-en.

OECD. 2012. Partnering with Civil Society: 12 Lessons from DAC Peer Reviews. OECD Publishing: Paris, FR, from https://doi.org/10.1093/obo/9780199756384–0148.

OECD. 2019. Development Co-operation Peer Reviews, OECD Publishing, Paris.

OECD. 2020a. Aid for Civil Society Organisations: Statistics based on 发展援助委员会 Members' reporting to the Creditor Reporting System database (CRS), 2018 – 2019. from https://www.oecd.org/DAC/financing-sustainable-development/development-finance-topics/Aid-for-CSOs–2020.pdf.

OECD. 2020b. Development Assistance Committee Members and Civil Society, The Development Dimension, OECD Publishing, Paris, from https://doi.org/10.1787/51eb6df1-en.

OECD. 2021. Aid for Civil Society Organisations, from https://www.oecd.org/DAC/financing-sustainable-development/development-finance-topics/Aid-for-CSOs-2021.pdf.

OECD-DAC. 2019. "DAC Recommendation on the Humanitarian-Development-Peace Nexus", OECD Publishing, Paris, from https://legalinstruments.oecd.org/en/instruments/OECD-LEGAL-5019.

OECD-DCD/DAC. 2018. Framework for Dialogue between the DAC and Civil Society Organisation, from https://www.oecd.org/officialdocuments/publicdisplaydocumentpdf/?cote=DCD/DAC(2018)28/FINAL&docLanguage=En.

致　谢

周俊（华东师范大学）、施从美（苏州大学）、马金芳（华东政法大学）、朱晓红（华北电力大学）、孙中伟（华南师范大学）、俞祖成（上海外国语大学）为《中国社会组织研究》第 22 卷进行匿名评审，对他（她）们辛勤、负责的工作表示衷心的感谢！

CHINA SOCIAL ORGANIZAYTION RESEARCH

Vol. 23 (2022)

Table of Contents & Abstracts

ARTICLES

The Effects of Party Organization on the Public Welfare Initiatives of Privately Owned Firms

Zhu Yapeng   Tang Haisheng / 1

Abstract: Shared prosperity is a fundamental strategic direction for China to move into the future. Mobilizing privately owned firms to participate in public welfare initiatives is critical to achieving the goal. So, it is essential to clarify the role and mechanism of the party building in mobilizing private enterprises to participate in philanthropy and public welfare to improve the three distributions and realize shared prosperity. However, existing studies have mainly focused on business performance and internal labor-management relations, with less attention paid to the role and mechanism of charitable donations. Based on the China Private Enterprise Survey (2012), this paper analyses the role and mechanism of party organizations on charitable giving in private enterprises. The results show that the party organization positively affects corporate donations and the cooperation between NGOs operated by official and privately owned firms and indirectly promotes charitable private firms by strengthening the collaboration with government-run public welfare organizations. However, we find no significant effect of private enterprise party organizations on the number of donations. The paper clarifies the impact of party organization on public welfare initiatives. It offers some advice for achieving shared prosperity for everyone and establishing a social governance model based on collaboration, participation, and shared interests privately owned firms.

Key words: party organization; private firms; public welfare initiatives; NGO operated by official; bidirectional organizational embedding

Empowerment and Restriction: The Multiple Logic of the Government's Purchase of Services

Fan Bin Zhu Haiyan / 26

Abstract: The purchase of social organization services by the government is an important component of promoting the transformation of government functions, improving the ruling levels of public services, and building a cooperative relationship between politics and society. At present, the government endows social organizations with functions and resources, which not only provides growth space for social organizations, but also restricts the professional development and growth of social organizations. This paper interprets this scene based on the empirical study on the implementation process of S municipal government's purchase service policy, and finds that the government bureaucratic constructive logic, risk prevention and control logic and technocratic executive logic to empower and restrict the development of social organizations. Social organizations strategically deconstruct the limitations of the system to obtain the space for the survival of the organization. This study suggests that we should establish and improve the institutional mechanism to promote the transformation of government functions and the rational allocation of social resources, clarify the boundary between the government and society, promote market operation, create a fair and open market environment, and adhere to the concept of inclusive development, and give social organizations more support and space for sustainable development and autonomous growth.

Key words: government purchase services; social organizations; empowerment; restriction

The Consensual Construction of Social Organization Grade Evaluation Mobilization

Peng Shanmin Zhu Haiyan / 48

Abstract: Evaluation and mobilization is not only an important link in promoting the evaluation as well as the healthy development of social organizations, but also a weak link in the practice of evaluation of social organizations. P District has developed a consensual mobilization strategy of social evaluation mobilization system construction, evaluation public discourse construction the policy construction and persuasive communication mechanism construction in many years of social organization evaluation practice. However, this kind of strategic construction and consensus generation depend more on the initiative and professionalism of the mobilization subject. In the long run, the incentive for the effectiveness of the evaluation of social organizations is more fundamental, and it can stimulate the mobilization object's recognition and conscious participation in the evaluation.

Key words: social organization evaluation; consensual mobilization; consensual construction

Five-dimensional Empowerment: Development-oriented Educational Model and Development Strategy of Non-profit Organizations—Take Jiangsu J Foundation as an Example

Zhang Jinmei   Ma Junqiu   Xie Yi / 62

Abstract: Nowadays, there are advantages and disadvantages in the three student-helping modes promoted by non-profit organizations. It is particularly important to study and set up examples of non-profit organizations with typical demonstration effects to promote the development of similar non-profit organizations. Using a case study tradition, drawing data from interviews and comparative analysis of the educational model of public welfare organizations, this paper explores the five-dimensional empowering development-oriented educational model, which includes five dimensions: economic empowerment, psychological empowerment, academic empowerment, practical empowerment and entrepreneurial empowerment. The five dimensions are independent and interrelated, which breaks the disadvantage of providing only material aid to poor students, cultivates and promotes the comprehensive ability of the students, and helps them become adults, talents and careers. From analyzing the characteristics, advantages and possible disadvantages of the five-dimensional empowerment development-oriented student aid model, this paper probes into the deep strategies of the development-oriented student aid public welfare organizations.

Key words: public welfare organization; development-oriented education aid; foundation; five-dimensional

Administrative Logic from the Perspective of the State—A Study on the Causes of the Formation and Development of Supportive Social Organizations

Ge Liang / 80

Abstract: If the internal motivation of society is sufficient to explain the prosperity of supportive social organizations in China in recent years, top-down and bottom-up support social organizations should develop at the same speed. However, this is not the case. We need to look for the motivation of its formation and development outside the supportive social organization. The national perspective means to specifically analyze the specific roles played by different levels or different types of national organizations, break the "black box" of national action, break the cognition of "monolithic" of the state, and analyze specific national behavior. "Administrative Logic" is an analytical element at the meso level from the perspective of the state. It means that national organizations achieve their rational goals by vigorously cultivating and developing supportive social organizations, that is, to achieve internal needs by realizing external needs. "Administrative Logic" attempts to reconcile the bureaucratic perspective and interest perspective in the action analysis of grass-roots national organizations. The formation and development cause of top-down supportive social organizations is the "Administrative Logic" of the state organization.

Key Words: national perspective; administrative logic; pivotal social organization; affiliated organization of political party

Embedded Development of Mission-driven Social Organizations—A Case Study of F Environmental Protection Social Organization

Xing Yuzhou Li Lin / 95

Abstract: Facing the changing environment, social organizations need to constantly adjust the relationship with external subjects, but the mission is still the internal driving force for their development. The F environmental protection social organization in this study has experienced the transformation from a volunteer group to a professional social organization in more than 20 years, and gained great influence in the field of environmental protection and public welfare. The findings suggest, firstly, the F organization has built a good political-social relationship by gaining legal status and strengthening strategic interaction; secondly, it forces enterprises to fulfill their environmental protection responsibilities through diversified combination strategies and actively respond to social needs; thirdly, it integrated all kinds of social resources and strengthened the connection with the public. Finally, on the one hand, the development of the organization benefits from building a multi-cooperative relationship which is good and interactive; on the other hand, it realizes the embedded development driven by the mission by strengthening the organizational cultural construction and adhering to the mission of environmental protection and public welfare, which brings insights to the sustainable development of civil society organizations from the practical level.

Key words: civil society organizations; institutional environment; mission-driven; embedded development

Dual Implementation of Contracts of Social Organizations and the Promotion of Situational Legitimacy—Evidence from Urban Community Projects for Autonomy in Shanghai

Zhang Zhenyang / 116

Abstract: Why do some social organizations boast high-level situational legitimacy while others not? This paper argues that the cooperation expectancy in projects and the behavior of social organizations matter. This paper, based on the examination of the operation process of urban social projects for autonomy, employs the method of single case study and finds that social organizations of high-level situational legitimacy often succeed in accumulating situational legitimacy through dual implementation of contracts. At first, social organizations usually work overtime and gain initial recognition by stakeholders. Moreover, social organizations on the one hand work as external brainpower by giving full play to professional expertise to achieve high-level performance to win the recognition of their capability by stakeholdes. On the other hand, social organizations often shoulder extra responsibilities by softening contact contents to enhance existing collaboration network and gain further recognition of their collaboration willingness and expertise by stakeholders. In turn, high-level performance helps social organizations gain the recognition of their partners in the project and finally promote the harmonious interaction among the collaboration network, governance performance and situational legitimacy of social organizations. The findings of this paper have enriched the knowledge of situational legitimacy of social organizations, and the determinants of situational legitimacy and the transformation mechanisms from other elements to situational legitimacy of social organizations need further study.

Key words: social organizations; dual implementation of contracts; situational legitimacy; projects for autonomy

Will Volunteers Be Donors? A Mixed Study of the Impact of Volunteer Experience on Personal Money Donations

Lin Shunhao   Sha Siting / 139

Abstract: Volunteers have played an important role in modern philanthropy, but the behavior of donating money by volunteers within non-profit organizations has not attracted scholars' attention. By selecting 470 emergency rescue organization volunteers from County C as a research sample, a Tobit regression model was constructed to deeply examine the relationship between volunteer experience and donation quota, and to examine the regulatory effect of government funding on the relationship between them. Studies have shown that the more volunteer experience they have, the more donations to the nonprofit organizations they serve, and the government's funding have a positive regulatory effect on the relationship between the two. Further interviews revealed that volunteers are more likely to donate to the organizations they serve under the influence of information mechanisms, mission mechanisms, and incentive mechanisms. This research focuses on volunteer donation behaviors within non-profit organizations, which not only provides empirical evidence for understanding the relationship between individual donations and behavioral motivations, but also provides useful management inspiration for marketing action of donated resources.

Key words: volunteers; volunteer experience; donors; government funding

BOOK REVIEW

Effective Altruism and Its Challenges—Book Review on The Most Good You Can Do: How Effective Altruism is Changing Ideas about Living Ethically

Huang Jie   Xue Meiqin / 161

The Professional Approach for Nonprofit Organizations—Book Review on Enterprising Nonprofits: A Toolkit for Social Entrepreneurs

Ji Xi / 171

INTERVIEWS

Thoughts on the Standardization Construction of Charity Organizations—Interview Pang Jian, President of Beijing Renze Foundation

Cheng Lijiao / 180

Rooted in the Community, Guided by Organizational Construction of The Communist Party of China, Explore the Development Path of Charitable Organizations—An Interview with Mei Shaohui, Chairman of Anhui Junshan Public Welfare Development Center

Zhang Yujie   Mei Jun / 187

INTRODUCTION OF RESEARCH INSTITUTION OVERSEAS

Enhancing the Participation of Civil Society in Development Cooperation— the Role and Actions of the OECD-DAC

WuWeixu   Zhang Youyi / 196

稿约及体例

《中国社会组织研究》（China Social Organization Research）由上海交通大学国际与公共事务学院、上海交通大学中国公益发展研究院、上海交通大学第三部门研究中心主办，上海交通大学中国公益发展研究院院长、上海交通大学第三部门研究中心主任徐家良教授担任主编，是社会科学文献出版社出版的 CSSCI 来源集刊，每年出版 2 卷，第 1 卷（2011 年 6 月）、第 2 卷（2011 年 11 月）、第 3 卷（2012 年 6 月）、第 4 卷（2012 年 12 月）、第 5 卷（2013 年 8 月）、第 6 卷（2013 年 12 月）、第 7 卷（2014 年 6 月）、第 8 卷（2014 年 12 月）由上海交通大学出版社公开出版。从第 9 卷开始由社会科学文献出版社出版，现已经出版到 22 卷（2021 年 12 月）。

本刊的研究对象为社会组织，以建构中国社会组织发展的理论和关注现实问题为己任，着力打造社会组织研究的交流平台。本刊主张学术自由，坚持学术规范，突出原创精神，注重定量和定性的实证研究方法，提倡建设性的学术对话，致力于提升社会组织研究的质量。现诚邀社会各界不吝赐稿，共同推动中国社会组织研究的发展。

《中国社会组织研究》设立四个栏目："主题论文"、"书评"、"访谈录"、"域外见闻"。"主题论文"栏目发表原创性的理论和实证研究文章；"书评"栏目发表有关社会组织重要学术专著评述的文章；"访谈录"栏目介绍资深学者或实务工作者的人生经历，记录学者或实务工作者体验社会组织研究和实践活动的感悟。"域外见闻"栏目介绍境外社会组织研究机构和研究成果。

《中国社会组织研究》采用匿名审稿制度，以质取文，只刊登尚未公开发表的文章。

来稿请注意以下格式要求：

一、学术规范

来稿必须遵循国际公认的学术规范，类目完整，按顺序包括：中英文标题、作者姓名、工作单位和联系方式、中英文摘要及关键词、正文、引注和参考文献。

（一）标题不超过20字，必要时可增加副标题。

（二）作者：多位作者用空格分隔，在篇首页用脚注注明作者简介，包括工作单位、职称、博士学位授予学校、博士学位专业、研究领域、电子邮箱。

（三）摘要：简明扼要提出论文的研究方法、研究发现和主要创新点，一般不超过300字。

（四）关键词：3—5个，关键词用分号隔开。

（五）正文：论文在8000—15000字，书评、访谈录、域外见闻2000—8000字。

（六）作者的说明和注释采用脚注的方式，序号一律采用"①、②、③……"，每页重新编号。引用采用文内注，在引文后加括号注明作者、出版年份，如原文直接引用则必须注明页码，详细文献出处作为参考文献列于文后，以作者、书（或文章）名、出版单位（或期刊名）、出版年份（期刊的卷期）、页码排序。文献按作者姓氏的第一个字母依A-Z顺序分中、英文两部分排列，中文文献在前，英文文献在后。作者自己的说明放在当页脚注。

（七）数字：公历纪元、年代、年月日、时间用阿拉伯数字；统计表、统计图或其他示意图等，也用阿拉伯数字连续编号，并注明图、表名称；表号及表题须标注于表的上方，图号及图题须标注于图的下方，例："表1……"、"图1……"等；"注"须标注于图表下方，以句号结尾；"资料来源"须标注于"注"的下方。

（八）来稿中出现外国人名时，一律按商务印书馆出版的《英文姓名译名手册》翻译，并在第一次出现时用圆括号附原文，以后出现时不再附原文。

二、资助来源

稿件如获基金、项目资助，请在首页脚注注明项目名称、来源与编号。

三、权利与责任

（一）请勿一稿数投。投稿在2个月之内会收到审稿意见。

（二）文章一经发表，版权即归本刊所有。凡涉及国内外版权问题，均遵照《中华人民共和国著作权法》及有关国际法规执行。

（三）本刊刊登的所有文章，如果要转载、摘发、翻译、拍照、复印等，请与本刊联系，并须得到书面许可。本刊保留法律追究的一切权利。

四、投稿

《中国社会组织研究》随时接受投稿，来稿请自备副本，一经录用，概不退稿。正式出版后，即送作者当辑集刊2册。期刊已采用线上投稿系统，具体可以登录 dsbm. cbpt. cnki. net 进行投稿操作（如有问题，请联系邮箱 cts@ sjtu. edu. cn）。

五、文献征引规范

为保护著作权、版权，投稿文章如有征引他人文献，必须注明出处。凡投稿者因违反法律法规规定或其他原因导致的知识产权、其他纠纷等问题，本刊保留法律追究和起诉的权利。本书遵循如下文中夹注和参考文献格式规范。

（一）文中夹注格式示例

（周雪光，2005）；（科尔曼，1990：52～58）；（Sugden，1986）；

(Barzel, 1997: 3-6)。

(二) 中文参考文献格式示例

曹正汉,2008,《产权的社会建构逻辑——从博弈论的观点评中国社会学家的产权研究》,《社会学研究》第1期,第200~216页。

朱晓阳,2008,《面向"法律的语言混乱"》,中央民族大学出版社。

詹姆斯·科尔曼,1990,《社会理论的基础》,邓方译,社会科学文献出版社。

阿尔多·贝特鲁奇,2001,《罗马自起源到共和末期的土地法制概览》,载徐国栋主编《罗马法与现代民法》(第2卷),中国法制出版社。

(三) 英文参考文献格式示例

North, D. and Robert Thomas. 1971. "The Rise and Fall of the Manorial System: A Theoretical Model." *The Journal of Economic History*, 31 (4), 777-803.

Coase, R. 1988. *The Firm, the Market, and the Law*. Chicago: Chicago University Press.

Nee, V. and Sijin Su. 1996. "Institutions, Social Ties, and Commitment in China's Corporatist Transformation." In McMillan J. and B. Naughton (eds.), *Reforming Asian Socialism: The Growth of Market Institutions*. Ann Arbor: The University of Michigan Press.

六、《中国社会组织研究》联系地址方式

上海市徐汇区华山路1954号

上海交通大学徐汇校区新建楼123室

上海交通大学中国公益发展研究院

上海交通大学第三部门研究中心

邮　编:200030　　　电　话:021-62932258

联系人:季　曦　　　手　机:15371996385

图书在版编目(CIP)数据

中国社会组织研究. 第23卷 / 徐家良主编. -- 北京：社会科学文献出版社，2022.6
 ISBN 978 - 7 - 5228 - 0250 - 3

Ⅰ.①中… Ⅱ.①徐… Ⅲ.①社会团体 - 研究 - 中国 Ⅳ.①C232

中国版本图书馆 CIP 数据核字（2022）第 100673 号

中国社会组织研究　第 23 卷

主　　编 / 徐家良

出 版 人 / 王利民
组稿编辑 / 杨桂凤
责任编辑 / 孟宁宁
责任印制 / 王京美

出　　版 / 社会科学文献出版社·群学出版分社（010）59366453
　　　　　 地址：北京市北三环中路甲 29 号院华龙大厦　邮编：100029
　　　　　 网址：www.ssap.com.cn

发　　行 / 社会科学文献出版社（010）59367028
印　　装 / 唐山玺诚印务有限公司

规　　格 / 开　本：787mm × 1092mm　1/16
　　　　　 印　张：15　字　数：206 千字

版　　次 / 2022 年 6 月第 1 版　2022 年 6 月第 1 次印刷
书　　号 / ISBN 978 - 7 - 5228 - 0250 - 3
定　　价 / 98.00 元

读者服务电话：4008918866

版权所有 翻印必究